Rudolf Steiner Taschenbücher
aus dem Gesamtwerk

Rudolf Steiner

Das Markus-Evangelium

Ein Zyklus von zehn Vorträgen,
gehalten in Basel vom 15. bis 24. September 1912
Mit einem Vorwort von Rudolf Steiner

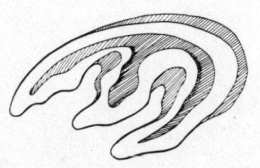

RUDOLF STEINER VERLAG
DORNACH/SCHWEIZ

Nach vom Vortragenden nicht durchgesehenen Nachschriften
herausgegeben von der Rudolf Steiner-Nachlaßverwaltung

1. Auflage Berlin 1918

Ungekürzte Ausgabe nach dem gleichnamigen Band
der Rudolf Steiner Gesamtausgabe
herausgegeben von P. Jenny, J. Waeger, P. G. Bellmann
(Bibliographie-Nr. 139, ISBN 3-7274-1390-5)
6. Auflage, Dornach 1985

Taschenbuchausgabe

1.–6. Tsd. Dornach 1988

Bestell-Nr. tb 6650

Zeichen auf dem Umschlag und Titelblatt von Rudolf Steiner

ISBN 3-7274-6650-2

Die Erkenntnis von der Bedeutung des Christus-Impulses für den Menschen und die Weltentwicklung bildet das Fundament der anthroposophisch orientierten Geisteswissenschaft Rudolf Steiners. Im Jahre 1902 erschien seine Schrift «Das Christentum als mystische Tatsache und die Mysterien des Altertums». In den folgenden Jahren sprach er in vielen Vorträgen und Vortragsreihen über die Inhalte der Evangelien, vor allem für die Mitglieder der damaligen Deutschen Sektion der Theosophischen Gesellschaft, in deren Rahmen er seine geisteswissenschaftlichen Forschungsergebnisse darstellen konnte. «Da war vor allem eine starke Neigung vorhanden, die Evangelien und den Schrift-Inhalt der Bibel überhaupt in dem Lichte dargestellt zu hören, das sich als das anthroposophische ergeben hatte. Man wollte in Kursen über die den Menschen gegebenen Offenbarungen hören.» (R. Steiner in «Mein Lebensgang»)

Die hier vorliegenden, im September 1912 in Basel gehaltenen Vorträge über das Markus-Evangelium bilden den letzten großen Vortragszyklus Rudolf Steiners über eines der vier Evangelien. Darauf folgten nur noch 1913/1914 die Vorträge über das «Fünfte Evangelium» (Gesamtausgabe Bibl.-Nr. 148). Früher wurde das Markus-Evangelium behandelt in den 1910 und 1911 in verschiedenen Städten gehaltenen Vorträgen «Exkurse in das Gebiet des Markus-Evangeliums» (Gesamtausgabe Bibl.-Nr. 124).

Ausgehend von der Gestalt des Hektor und des Empedokles und deren Wiederinkarnation in nachchristlicher Zeit sowie von Zarathustra und den alttestamentlichen Propheten schildert Rudolf Steiner besonders das Mysterium Johannes des Täufers und seines Weiterwirkens und die Geheimnisse um die zwölf Jünger. Das den Willen ansprechende Markus-Evangelium führt «in seiner erhabenen Einfachheit und dramatischen Steigerung von der Persönlichkeit Johannes des Täufers zu der des Christus Jesus». Hier liegt der Schwerpunkt dieses Evangeliums (11.–16. Kap.) und dieser Vorträge (7.–10. Vortr.): die Schilderung der tieferen Geheimnisse des Mysteriums von Golgatha von den verschiedensten Seiten her. Wegen dieser Ausrichtung ist das Markus-Evangelium von theologischer Seite als eine «Passionsgeschichte mit ausführlicher Einleitung» bezeichnet worden.

Da die Vorträge für einen internen Zuhörerkreis gehalten wurden, konnte Rudolf Steiner eine gewisse Kenntnis der geisteswissenschaftlichen Grundbegriffe voraussetzen, welche in seinen grundlegenden Werken dargestellt sind (siehe hierzu die Literaturhinweise am Schluß dieses Bandes). Zu beachten ist ferner, daß die Vorträge frei gesprochen wurden und dem gedruckten Text Mitschriften von Zuhörern zugrundeliegen, die ursprünglich nicht für den Druck vorgesehen waren. Die Möglichkeit von Lücken oder Nachschriftenfehlern kann deshalb nicht völlig ausgeschlossen werden.

INHALT

Leser dieses Vortragszyklus, die nicht miterlebt haben, was sich zur Zeit, als er gehalten worden ist, in der unter der Autorität von Annie Besant lebenden Theosophischen Gesellschaft abgespielt hat, werden vielleicht Anstoß daran nehmen, daß in demselben an vielen Stellen ein polemischer Ton angeschlagen ist, namentlich gegen die von dieser Persönlichkeit geltend gemachte Christusauffassung. Um diesen Ton zu verstehen, muß man ins Auge fassen, daß zu jener Zeit für viele Menschen, zu denen mit diesen Betrachtungen zu sprechen war, die Autorität Annie Besants noch etwas bedeutete und daß der Sprecher seine von ihm nie anders als hier vorgebrachte Christusauffassung zu verteidigen hatte. Jetzt, da diese Kämpfe weit zurückliegen, könnten die polemischen Stellen vielleicht getilgt werden nach mancher Meinung. Allein die gehaltenen Vorträge sollen nach der Meinung der sie Herausgebenden einfach historisch festgehalten werden, wie sie damals gegeben worden sind. Und für manchen könnte es ja auch nicht ohne Interesse sein, gegen welchen allem abendländischen Empfinden zuwiderlaufenden Aberglauben die hier vorgebrachte Christusauffassung zu verteidigen war. Man wird, wenn man die Sache recht ins Auge faßt, wohl auch sehen, daß es sich dem Vortragenden doch nicht um eines der in Weltanschauungsgesellschaften und Sekten üblichen Gezänke dogmatischer Art handelte, sondern um die Geltung dessen, was er vor seinem wissenschaftlichen Gewissen zu verantworten hatte gegen einen aus persönlichen Interessen aufgebrachten Wirrglauben, den man ja gewiß vernünftigen Menschen gegenüber durch seine Absurdität, durch sich selbst gerichtet glauben kann, der aber innerhalb der Theosophischen Gesellschaft damals als etwas dem von dem Vortragenden Vorgebrachten Gleichgeltendes entgegengehalten wurde. In der wirklichen Welt kann eben auch das eine Rolle spielen, was aller Vernunft zuwiderläuft.

Nun, daß der Vortragende auf seinem seit 1902 geltend gemachten und von hervorragenden Mitgliedern der Gesellschaft vorher durchaus nicht angefochtenen Christusstandpunkte stehenbleiben mußte, hat neben anderen ähnlich schönen Dingen dazu geführt, daß die unter Annie Besants Autorität stehende Theosophische Gesellschaft alle diejenigen Mitglieder ausschloß, die sich wegen der von dem Vortragenden vorgebrachten Gründe zu dem Besantschen Wirrglauben ablehnend verhielten. Die Theosophische Gesellschaft hat sich eben nach den Gepflogenheiten aller Ketzerrichter verhalten in einer Angelegenheit, die auf Seite des Vortragenden weder als dogmatisches Gezänk gedacht noch als solches behandelt worden war. Dieser wollte es nur mit einer sachlichen Auseinandersetzung zu tun haben. Allein es ging eben so, wie es immer geht, wenn sachlich geltend Gemachtes auf den aus persönlichen Interessen geborenen Fanatismus stößt. Nun, die Sache hat dazu geführt, daß die aus der Theosophischen Gesellschaft Ausgeschiedenen zu einer Anthroposophischen Gesellschaft wurden, die seither an Mitgliederzahl zugenommen hat. Und wenn man in Erwägung zieht, was an albernen Verleumdungen namentlich der theosophische Götze Annie Besant, aber auch manche in diesem Götzendienst benebelt Befangene, gegen die Anthroposophische Gesellschaft und gegen den Vortragenden insbesondere in die Welt geschleudert haben, und wenn man manches andere in Betracht zieht, was seither aus dem Schoße dieser Gesellschaft an Produkten «edelster Menschenliebe» aufgestiegen ist, so wird man die Abtrennung der Anthroposophischen Gesellschaft von der Theosophischen als etwas durchaus nicht Übles ansehen können. Und auch mancher Leser dieser Vorträge, der damals an der Abtrennung interessiert war, wird den Niederschlag der Kämpfe, der in den Betrachtungen da und dort auftritt, als ein Dokument aufnehmen bezüglich auf etwas, was aus den damaligen Zusammenhängen heraus, aus denen gesprochen werden mußte, zu begreifen ist, und auch als ein Zeugnis für die mancherlei Schwierigkeiten, die man findet, wenn man etwas aus rein sachlichen Gründen glaubt verteidigen zu müssen. Und wer auch das nicht gelten läßt, der möge Toleranz genug dazu haben, um ohne Groll dasjenige zu überschlagen, wovon er glaubt, daß es ihn nichts angehe, was aber doch für diejenigen, zu denen durch die Vorträge gesprochen worden ist, in der Zeit, da gesprochen wurde, eine gewisse gar nicht zu unterschätzende Bedeutung gehabt hat.

Berlin, 1918   *Rudolf Steiner*

ERSTER VORTRAG

Basel, 15. September 1912

Bekannt ist, daß das Markus-Evangelium mit den Worten beginnt: «Dies ist der Anfang des Evangeliums von Jesu Christo.»

Für denjenigen, der in unserer Gegenwart nach einem Verständnis dieses Markus-Evangeliums sucht, müssen schon diese allerersten Worte eigentlich drei Rätsel enthalten. Das erste Rätsel ist dasjenige, das in den Worten liegt: «Dies ist der Anfang ...» Wovon der Anfang? Wie kann dieser Anfang verstanden werden? Das zweite Rätsel ist: «... der Anfang des Evangeliums ...» Was ist im anthroposophischen Sinne das Wort Evangelium? Das dritte Rätsel ist nun dasjenige, wovon wir oftmals gesprochen haben: die Gestalt des Christus Jesus selber.

Demjenigen, der ernsthaft nach Erkenntnis und nach Vertiefung seines eigenen Selbstes sucht, muß schon einmal klar sein, daß die Menschheit in einer Entwickelung, in einem Fortschritt begriffen ist, und daß daher das Verständnis dieser oder jener Sache, dieser oder jener Offenbarung ebenfalls nichts Ständiges, nichts in irgendeinem Zeitraume Abgeschlossenes ist, sondern daß dieses Verständnis fortschreitet; so daß im Grunde genommen die tiefsten Dinge der Menschheit für den, der es mit den Worten Entwickelung und Fortschritt ernst nimmt, notwendigerweise erfordern, daß sie mit fortschreitender Zeit auch immer besser, gründlicher, tiefer verstanden werden können. Für so etwas wie das Markus-Evangelium ist eigentlich – und wir werden das an den drei ersten eben genannten Rätseln erhärten – ein gewisser Wendepunkt des Verständnisses erst in unserer Zeit gekommen, und langsam und allmählich, aber deutlich hat sich vorbereitet, was jetzt zum wahrhaften Verständnis dieses Markus-Evangeliums führen kann, führen kann schon dazu, zu verstehen, was es heißt: das Evangelium beginnt. Warum ist dies der Fall?

Wir brauchen nur ein wenig auf das zurückzublicken, was die Gemüter vor verhältnismäßig noch kurzer Zeit erfüllen konnte, und man wird schon sehen, wie sich die Art des Verständnisses geändert haben kann, ja, wie sie sich geändert haben muß in bezug auf eine solche Sache. Wir können zurückgehen hinter das 19. Jahrhundert und werden finden, daß wir, ins 18., 17. Jahrhundert zurückgehend, uns immer mehr einer Zeit nähern, in welcher diejenigen Menschen, welche es überhaupt in ihrem Geistesleben mit den Evangelien zu tun hatten, von ganz anderen Grundlagen des Verständnisses ausgehen konnten als die heutige Menschheit. Was konnte sich ein Mensch des 18. Jahrhunderts sagen, wenn er sich hineinstellen wollte in den Gesamtentwickelungsprozeß der Menschheit, wenn er nicht zu denjenigen gehörte – und das waren ja in den verflossenen Jahrhunderten sehr wenige –, die auf irgendwelchem Wege zusammenhingen mit der oder jener Einweihung, mit der oder jener okkulten Offenbarung, wenn er also im Leben stand und in sich aufgenommen hatte, was das äußere exoterische Leben bietet? Selbst die Allergebildetsten, die auf dem Höhepunkt der Zeitbildung standen, übersahen ja nicht mehr als, man könnte sagen, das Leben der Menschheit durch drei Jahrtausende, davon ein Jahrtausend – aber so, daß sich dieses schon in einem gewissen Nebeldunkel verlor – vor der christlichen Zeitrechnung und zwei nicht ganz, aber ungefähr erfüllte Jahrtausende seit der Begründung des Christentums. Drei Jahrtausende übersah er. Wenn man in dieses erste Jahrtausend zurückblickte, traten einem entgegen wie eine ganz mythisch dunkle Vorgeschichte der Menschheit die Zeiten des alten Persien. Dies und was sonst noch an einigen, man möchte sagen, Kenntnissen des alten ägyptischen Wesens da war, das galt als vorangegangen dem, was die eigentliche Geschichte ausmachte, die da begann mit dem Griechentum.

Dieses Griechentum bildete gewissermaßen die Grundlage der eigentlichen Zeitbildung, und alle, die tiefer hineinsehen wollten in das Menschenleben, gingen von dem Griechentum aus. Und innerhalb des Griechentums erschien alles, was über die urälteste Zeit dieses Volkes und seiner Menschheitsarbeit von Homer, von den griechischen Tragikern, von den griechischen Schriftstellern überhaupt stammt. Dann sah man, wie allmählich das Griechentum sich sozusagen zur Neige begab, wie es äußerlich von dem Römertum überwuchert wurde. Aber nur äußerlich, denn im Grunde genommen überwand das Römertum nur politisch das Griechentum, in Wirklichkeit aber nahm es griechische Bildung, griechische Kultur, griechisches Wesen an. So daß man auch sagen könnte: Politisch haben die Römer gesiegt über die Griechen, geistig haben die Griechen gesiegt über die Römer. Und während dieses Prozesses, wo das Griechentum geistig besiegte das Römertum, wo es durch Hunderte und aber Hunderte von Kanälen das, was es geleistet hatte, ins Römertum ergoß, von dem aus es wieder in alle übrige Kultur, in die Welt strömte, während dieses Prozesses strömte das Christentum in diese griechisch-römische Kultur hinein, ergoß sich immer mehr und mehr in sie und erfuhr eine wesentliche Umgestaltung, als die nordisch-germanischen Völker sich an dem Fortschritt dieser griechisch-römischen Kultur beteiligten. Mit diesem Ineinanderfließen von Griechentum, Römertum und Christentum verging das zweite Jahrtausend der Menschheitsgeschichte für den Menschen des 18. Jahrhunderts, das erste christliche Jahrtausend.

Dann sehen wir, wie das zweite christliche Jahrtausend – das dritte der Menschheitskultur für den Menschen des 18. Jahrhunderts – beginnt. Wir sehen, wie, trotzdem scheinbar alles in gleicher Art fortgeht, doch in diesem dritten Jahrtausend alles anders geht, wenn wir die Dinge tiefer erfassen. Man braucht nur zwei Gestalten heranzuziehen, einen Maler und einen Dichter, die, wenn sie auch erst ein paar Jahrhunderte nach der Jahrtausendwende auftreten, dennoch im wesentlichen zeigen, wie mit dem zweiten christlichen Jahrtausend wesentlich Neues begann für die abendländische Kultur, was dann wieder weiterwirkte. Diese zwei Gestalten sind *Giotto* und *Dante*, Giotto als Maler, Dante als Dichter. Für alles, was dann folgte, bilden diese zwei Gestalten den Anfang. Und was sie gaben, das wurde zur weiteren Bildung der abendländischen Kultur. – Das waren die drei Jahrtausende, die man übersah.

Aber nun kam das 19. Jahrhundert. Heute ist es nur dem, der tiefer hineinblicken will in die ganze Bildung der Zeitkultur, möglich, zu überschauen, was im 19. Jahrhundert alles geschah, was alles anders werden mußte. In den Gemütern, in den Seelen ist das alles darinnen; zum Verständnis bringen es sich heute erst ganz wenige. Die Perspektive der Menschen des 18. Jahrhunderts ging also nur zurück bis ins Griechentum; die vorgriechische Zeit war etwas Unbestimmtes. Was während des 19. Jahrhunderts geschah, was wenige verstanden, was heute noch wenig gewürdigt wird, das ist, daß der Orient, und zwar in einer ganz intensiven Weise, sich in die abendländische Kultur hereinstellte. Dieses Hereinstellen des Orients in einer ganz eigenartigen Weise ist es, was wir ins Auge fassen müssen für die Umwandlung, die mit der Bildung des 19. Jahrhunderts geschah. Im Grunde genommen warf dieses Eindringen des Orients Schatten und Lichter auf alles, was in die Bildung allmählich einfloß und immer mehr und mehr einfließen wird, was ein neues Verständnis erfordern wird der Dinge, welche die Menschheit bis dahin in ganz anderer Weise verstanden hat.

Wenn man einzelne Gestalten und Individualitäten betrachtet, welche auf die Bildung des Abendlandes gewirkt haben, und in denen man so ziemlich alles finden kann, was ein Mensch des beginnenden 19. Jahrhunderts in seiner Seele trug, wenn er sich um das Geistesleben kümmerte, so kann man anführen *David, Homer, Dante, Shakespeare* und den eben in das Leben eindringenden *Goethe*. Die künftige Geschichtsschreibung wird sich für die Wende des 18. zum 19. Jahrhundert ganz klar darüber sein, daß der Geistesgehalt der Menschen dieser Zeit durch diese fünf Gestalten bestimmt ist. Mehr als man nur irgendwie annehmen kann, lebte bis in die feinsten Regungen der Seelen das, was man nennen kann die Empfindungen, die Wahrheiten der Psalmen, lebte das, was im Grunde genommen schon bei Homer zu finden ist, das, was in Dante so grandiose Gestaltung angenommen hat, lebte dann, was, wenn es auch nicht in Shakespeare selbst so vorhanden war, bei Shakespeare schon so zum Ausdruck gekommen ist, wie es in dem Menschen der neueren Zeit lebt. Dazu kommt das Ringen der menschlichen Seele nach Wahrheit, das dann in der Schilderung des «Faust» zum Ausdruck gekommen ist und das ja in jeder Seele so lebt, daß man oft gesagt hat: Jeder nach Wahrheit ringende Mensch hat so etwas wie eine Faustnatur in sich.

Zu dem allem trat hinzu eine ganz neue Perspektive, die über diese drei Jahrtausende, welche die genannten fünf Gestalten umfassen, hinausging. Auf Wegen, die zunächst für die äußere Geschichte ganz unergründlich sind, trat hinzu ein innerer Orient in das Geistesleben Europas. Nicht etwa nur, daß sich zu den genannten Dichtungen hinzugesellte, was die Veden, die Bhagavad Gita gaben, nicht nur, daß man diese orientalischen Dichtungen kennenlernte und dadurch eine Gefühlsnuance gegenüber der Welt auftrat, die sich gründlich unterscheidet von der Gefühlsnuance der Psalmen oder dessen, was man bei Homer oder Dante findet, sondern es trat etwas auf, was auf geheimen Wegen eindrang und was im 19. Jahrhundert immer mehr und mehr sichtbar wurde. Man braucht nur an einen einzigen Namen zu erinnern, der ja um die Mitte des 19. Jahrhunderts großes Aufsehen gemacht hat, und man wird sich sogleich klar sein, wie da etwas vom Orient auf geheimnisvollen Wegen in Europa eindrang: man braucht nur hinzuweisen auf den Namen *Schopenhauer*. Was fällt einem bei Schopenhauer vor allem auf, wenn man nicht auf das Theoretische seines Systems sieht, sondern auf das, was als Gefühls- und Empfindungsgehalt sein ganzes Denken durchzieht? Die tiefe Verwandtschaft dieses Menschen des 19. Jahrhunderts mit orientalisch-arischer Denk- und Gesinnungsweise. Überall lebt in den Sätzen, man könnte sagen, in den Betonungen der Gefühle bei Schopenhauer das, was man nennen möchte das orientalische Element im Okzident. Und das ist übergegangen auf *Eduard von Hartmann* in der zweiten Hälfte des 19. Jahrhunderts.

Auf geheimnisvollen Wegen drang das ein, wurde eben gesagt. Diese geheimnisvollen Wege begreift man immer besser, wenn man sieht, daß sich in der Tat im Laufe der Entwickelung des 19. Jahrhunderts eine vollständige Umwandlung, eine Art Metamorphose alles menschlichen Denkens und Fühlens ergab, aber nicht nur an einem Orte der Erde, sondern im Geistesleben über die ganze Erde hin. Um das, was im Abendlande geschah, zu begreifen, genügt es, wenn man sich die Mühe nimmt, irgend etwas über die Religion, über die Philosophie, über irgendeinen Punkt des Geisteslebens Geschriebenes im 19. Jahrhundert zu vergleichen mit dem, was dem frühen 18. Jahrhundert angehört. Da wird man schon sehen, wie eine grundsätzliche Umwandlung und Metamorphose vor sich gegangen ist, wie alle Fragen nach den höchsten Welträtseln in der Menschheit locker geworden sind und wie die Menschheit hinstrebte nach ganz neuen Fragestellungen, nach ganz neuen Empfindungsweisen, wie das, was die Religion mit alledem, was zu ihr gehört, früher den Menschen gegeben hatte, nicht mehr in derselben Weise durch sie den Menschenseelen gegeben werden konnte. Überall verlangte man etwas, was noch tiefer, noch verborgener in den Untergründen der Religion sein sollte. Aber nicht nur in Europa. Und das ist eben das Charakteristische, daß um die Wende des 18. zum 19. Jahrhundert überall auf der gebildeten Erde die Menschen durch einen inneren Drang beginnen, anders zu denken, als sie vorher gedacht haben. Wenn man sich eine genauere Vorstellung verschaffen will von dem, was da eigentlich vorliegt, so muß man sehen, wie eine, man möchte sagen, allgemeine Annäherung der Völker und Völkerbildungen und Völkerbekenntnisse stattfindet, so stattfindet, daß Angehörige der verschiedensten Glaubensbekenntnisse im 19. Jahrhundert sich in einer ganz merkwürdigen Weise zu verständigen beginnen. Ein charakteristisches Beispiel sei angeführt, das uns mitten hineinstellen kann in das, was wir hier andeuten wollen.

In den dreißiger Jahren des 19. Jahrhunderts erschien in England ein Mann, der ein Brahmine war, und zwar innerhalb des Brahminentums sich bekannte zu der von ihm für wahr gehaltenen, rechtmäßigen Vedantalehre, *Ram Mohan Roy,* der im Jahre 1833 in London gestorben ist, der auf einen großen Teil der Zeitgenossen, die sich für solche Fragen interessiert haben, einen starken Einfluß gewonnen und auch einen großen Eindruck gemacht hat. Bei ihm ist das Merkwürdige, daß er auf der einen Seite dastand als ein allerdings unverstandener Reformator des Hinduismus und auf der anderen Seite in bezug auf das, was er als solcher damals sagte, von allen Europäern, die in Europa gewissermaßen auf der Höhe der Zeit waren, verstanden werden konnte; daß er ihnen nicht Ideen sagte, die man etwa nur aus dem Orientalismus heraus hätte verstehen können, sondern von denen man sich sagen konnte, man versteht sie aus der allgemeinen Menschenvernunft heraus.

Wie trat Ram Mohan Roy auf? So etwa sagte er: Ich lebe mitten im Hinduismus; da werden eine Anzahl von Göttern angebetet, die verschiedensten Göttergestalten. Wenn man die Leute fragt, warum sie diese oder jene Götter anbeten, dann sagen die Leute meines Vaterlandes: Das ist so alter Brauch, wir wissen es nicht anders, so ist es gewesen bei unseren Vätern, so war es bei deren Vätern und so weiter. Und weil die Leute, so meinte Ram Mohan Roy, nur unter diesem Eindruck standen, so ist es in meinem Vaterlande zu dem krassesten Götzendienst gekommen, zu einem ganz verwerflichen Götzendienst, zu einem Götzendienst, der nur Schande macht demjenigen, was die ursprüngliche Größe des religiösen Bekenntnisses meines Vaterlandes ausmacht. Da war einmal ein Bekenntnis, meinte er, das ja, zum Teil widerspruchsvoll, in den Veden erhalten ist, das aber für das menschliche Denken in der reinsten Gestalt in das Vedantasystem durch Vyasa gebracht worden ist. Zu dem, sagte er, wolle er sich bekennen. Und er hatte zu diesem Zweck nicht nur aus den verschiedenen unverständlichen Idiomen Übersetzungen gemacht in die Sprache, die man in Indien verstehen konnte, sondern er hatte aus dem, was er für die richtige Lehre hielt, auch Auszüge gemacht und sie unter den Menschen verbreitet. Denn was wollte Ram Mohan Roy damit? Er glaubte erkannt zu haben, daß in dem, was unter den vielen Göttern zum Ausdruck kommt, was in dem Götzendienst verehrt wurde, eine reine Lehre von einem ureinheitlichen Gotte stecke, von einem geistigen Gotte, der in allen Dingen lebt, der nicht mehr erkannt wird durch den Götzendienst hindurch, der aber wieder eindringen müsse in die Gemüter der Menschen. Und wenn er dann im einzelnen sprach, dieser indische Brahmine, über das, was er als die richtige Vedantalehre ansah, was er als das richtige indische Bekenntnis ansah, dann war es nicht so, als ob man irgend etwas Fremdes hörte, sondern es war den Leuten, die ihn richtig verstanden, so, als ob er eine Art von Vernunftglauben predigte, zu dem im Grunde genommen jeder gelangen könnte, wenn er sich aus seiner Vernunft heraus zu dem alleinheitlichen Gotte hinwenden würde.

Und Ram Mohan Roy hatte Nachfolger: *Debendranath Tagore* und andere. Einer der Nachfolger, das ist besonders interessant, hat im Jahre 1870 als Inder einen Vortrag gehalten über «Christus und das Christentum». Außerordentlich interessant, einen Inder sprechen zu hören über Christus und das Christentum. Was das eigentliche Mysterium des Christentums ist, das steht dem indischen Redner ganz fern, das berührt er gar nicht. Man sieht aus dem ganzen Verlaufe des Vortrages, daß er die Grundtatsache nicht erfassen kann: daß das Christentum nicht von einem persönlichen Lehrer ausgeht, sondern eben von dem Mysterium von Golgatha, von einer weltgeschichtlichen Tatsache, von dem Tode und der Auferstehung. Was er aber erfassen kann und was ihm einleuchtet, das ist, daß man in dem Christus Jesus eine ungeheuer bedeutungsvolle, für jedes Menschenherz wichtige Gestalt vor sich hat, eine Gestalt, die als eine Idealgestalt für die ganze Welt dastehen muß. Merkwürdig ist es, den Inder über den Christus reden zu hören, ihn sagen zu hören, wenn man sich in das Christentum vertiefe, dann müsse man sagen, daß dieses Christentum im Abendlande selbst noch eine Fortentwickelung erleben muß. Denn das, so meinte er, was in mein Vaterland die Europäer als Christentum bringen, das scheint mir nicht das wahre Christentum zu sein.

Aus diesen Beispielen sehen wir, daß nicht etwa nur in Europa die Geister begannen, sozusagen hinter die religiösen Bekenntnisse sehen zu wollen, sondern daß auch im fernen Indien – und man könnte das für viele Orte der Erde anführen – die Geister sich zu regen begannen und von einem ganz neuen Gesichtspunkte aus an das, was sie durch Jahrhunderte und Jahrtausende hindurch gehabt hatten, neuerdings herantraten. Diese Metamorphose der Seelen im 19. Jahrhundert wird ja erst im Laufe der Zeit ganz durchschaut werden. Und erst eine spätere Geschichtsschreibung wird erkennen, daß durch solche Vorgänge, die scheinbar nur wenige berührten, die aber durch tausend und aber tausend Kanäle bis in unsere Herzen und Seelen hereinströmten und die heute alle Menschen, die sich nur irgendwie am Geistesleben beteiligen, in ihren Seelen darinnen haben, eine völlige Erneuerung, eine Umwandlung aller Fragen und jeglicher Art des Verständnisses gegenüber den alten Anschauungen eintreten mußte. So ist überall draußen in der Welt wirklich heute schon eine gewissermaßen großartige Vertiefung der Fragen vorhanden.

Was unsere Geistesbewegung will, ist die Beantwortung dieser Fragen. Diese Geistesbewegung ist davon überzeugt, daß diese Fragen, so wie sie gestellt sind, nicht durch die alten Traditionen, nicht durch die moderne Naturwissenschaft, nicht durch eine Weltanschauung, die nur mit den Faktoren der modernen Naturwissenschaft arbeitet, beantwortet werden können, sondern daß dazu Geisteswissenschaft, Forschung in den geistigen Welten, notwendig ist; mit anderen Worten, daß die Menschheit heute nach dem ganzen Hergang ihrer Entwickelung Fragen stellen muß, die nur durch die Forschung aus den übersinnlichen Welten heraus beantwortet werden können. Ganz langsam und allmählich traten auch aus dem abendländischen Geistesleben heraus diejenigen Dinge auf, welche wieder an die schönsten Überlieferungen des Orients anklangen. Sie wissen, daß immer dargelegt worden ist, wie aus dem abendländischen Geistesleben selbst heraus das Gesetz der Reinkarnation folgt und wie es ebensowenig als etwas Historisches aus dem Buddhismus übernommen zu werden braucht, wie etwa heute der pythagoreische Lehrsatz aus den geschichtlichen Überlieferungen übernommen zu werden braucht. Das ist immer betont worden. Aber dadurch, daß die Idee von der Reinkarnation in der modernen Seele auftauchte, war die Brücke gebaut zu dem, was über die charakterisierten drei Jahrtausende hinüberreicht; denn diese hatten die Lehre von der Reinkarnation eben nicht in den Mittelpunkt ihres Denkens gestellt – bis auf die Gestalt des Buddha. Erweitert wurde eben der Horizont, erweitert wurde die Perspektive nach der Entwickelung der Menschheit hin über die drei Jahrtausende hinaus, und das zeitigte überall neue Fragen, Fragen, die nur aus der Geisteswissenschaft heraus beantwortet werden können.

Stellen wir gleich im Anfang die Frage, die sich ergibt aus dem Beginne dieses Evangeliums: daß gegeben werden soll in diesem Markus-Evangelium der «Beginn des Evangeliums von Jesu Christo». Und erinnern wir uns, daß gleich auf diese Eingangsworte folgt nicht nur die Charakteristik der alten Prophetenstelle, sondern die Ankündigung des Christus durch den Täufer Johannes, und daß diese Ankündigung durch den Täufer so charakterisiert wird, daß sie in die Worte gefaßt werden kann: Die Zeit ist erfüllt; das Reich des Göttlichen breitet sich herunter über das Erdendasein. Was heißt das alles?

Versuchen wir einmal, in dem Lichte, wie es uns die moderne geisteswissenschaftliche Forschung geben kann, die Zeiten ein wenig an uns vorüberziehen zu lassen, welche die «Erfüllung» wie in ihrer Mitte enthalten. Versuchen wir zu verstehen, was es heißt: eine alte Zeit ist erfüllt, eine neue Zeit beginnt. Wir werden am leichtesten dafür Verständnis gewinnen, wenn wir den Blick hinlenken auf etwas, was in älteren Zeiten liegt, und dann auf etwas, was in den neueren Zeiten liegt, so daß zwischen den beiden Orten, auf die wir den Blick richten, gleichsam in der Mitte, das Mysterium von Golgatha liegt. Nehmen wir also etwas, was vor dem Mysterium von Golgatha liegt, und dann etwas, was nach demselben liegt, und versuchen wir, uns zu vertiefen in den Unterschied der Zeit, damit wir erkennen können, inwiefern eine alte Zeit sich erfüllt hat, inwiefern eine neue Zeit begonnen hat; und versuchen wir, uns dabei nicht in Abstraktionen zu ergehen, sondern das Konkrete ins Auge zu fassen.

Da möchte ich Ihren Blick hinlenken auf etwas, was sozusagen dem ersten Jahrtausend der früheren Betrachtung der Menschheitsentwickelung angehört. Da ragt aus den ältesten Zeiten dieses ersten Jahrtausends zu uns herüber die Gestalt des Homer, des griechischen Dichters und Sängers. Kaum mehr als der Name ist sozusagen der Menschheit erhalten von demjenigen, dem diese beiden zu den größten Leistungen der Menschheit gehörigen Dichtungen zugeschrieben werden: Ilias und Odyssee; kaum mehr als der Name. Und sogar an diesen Namen sind arge Zweifel im 19. Jahrhundert angeknüpft worden. Darauf braucht hier nicht eingegangen zu werden. Wie eine Erscheinung, die man um so mehr bewundert, je mehr man sie kennenlernt, steht Homer vor uns. Und man darf sagen: Für den, der sich überhaupt mit solchen Dingen befaßt, stehen lebendiger als alle rein politischen Gestalten des Griechentums jene Gestalten vor unserer Seele, die Homer geschaffen hat, die uns in der Ilias und Odyssee vorliegen. Es haben die verschiedensten Leute, wenn sie sich immer wieder auf Homer eingelassen haben, gesagt, daß aus der Präzision der Schilderung, aus der Art, wie er darstellt, man eigentlich bei ihm annehmen könne, daß er Arzt gewesen sein müsse. Andere meinen, er müsse Künstler gewesen sein, Plastiker; ja, andere meinen, er müsse irgendwie Handwerker gewesen sein. Napoleon hat die Taktik, die Strategie in seiner Darstellung bewundert. Andere wiederum halten ihn für einen Bettler, der im Land herumzog. Wenn nichts anderes, so kommt doch durch diese verschiedenen Auffassungen die ganz eigenartige Individualität Homers heraus.

Nur eine seiner Gestalten sei jetzt herausgegriffen, die des *Hektor*. Ich bitte Sie, wenn Sie einmal Zeit haben, sehen Sie sich in der Iliade die Gestalt des Hektor an, wie er plastisch geschildert ist, wie er zugleich so geschildert ist, daß er abgerundet und abgeschlossen vor uns steht. Sehen Sie sich sein Verhältnis zu seiner Vaterstadt Troja an, wie er zu seiner Gattin Andromache steht, sein Verhältnis zu Achill, sein Verhältnis zum Heere und zur Heeresführung. Versuchen Sie, sich diesen Mann vor die Seele zu rufen, diesen Mann mit allen Weichheiten des Gatten, diesen Mann, der ganz im antiken Sinne an seiner Vaterstadt Troja hing, diesen Mann, der Täuschungen unterworfen sein konnte – ich bitte Sie, an das Verhältnis zu Achill zu denken –, wie es nur bei einem großen Menschen der Fall sein kann. Ein Mensch mit großer, mit umfassender Menschlichkeit steht in Hektor vor uns, wie ihn Homer schildert. So ragt er herüber aus uralten Zeiten – denn selbstverständlich ist das, was Homer schildert, seiner eigenen Zeit vorangegangen und steht dadurch noch mehr in dem Dunkel der Vergangenheit – und ragt so herüber als Gestalt, die, wie alle Gestalten des Homer, schon mythisch genug ist für den modernen Menschen. Auf diese eine Gestalt weise ich Sie hin. Es mögen Skeptiker und alle möglichen Philologen daran zweifeln, daß es einen Hektor gegeben hat, wie sie auch daran zweifeln, daß es einen Homer gegeben hat. Wer aber alles in Erwägung zieht, was aus rein Menschlichem heraus in Erwägung gezogen werden kann, der wird daraus die Überzeugung gewinnen, daß Homer nur Tatsachen schildert, die als solche bestanden haben, und daß auch Hektor eine Gestalt ist, die in Troja gewandelt ist, ebenso wie Achill und die anderen Gestalten. Wie wirkliche Gestalten des Erdendaseins stehen sie noch vor uns, und wir blicken zu ihnen hinüber wie zu Menschen ganz anderer Art, die heute nur noch schwer verständlich sind, die uns aber durch den Dichter in allen Einzelheiten vor die Seele treten können. Wir wollen eine solche Gestalt wie Hektor, der besiegt wird von Achill, einmal als wirkliche Gestalt eines der hauptsächlichen trojanischen Heerführer uns vor die Seele stellen. Wir haben in einer solchen Gestalt so recht etwas, was der vorchristlichen Zeit der Menschheit angehört, woran man ermessen kann, wie die Menschen dieser Zeit waren, als der Christus noch nicht gelebt hatte.

Ich lenke Ihren Blick weiter hin zu einer anderen Gestalt, zu einer Gestalt des fünften vorchristlichen Jahrhunderts, zu einem großen Philosophen, der einen großen Teil seines Lebens auf Sizilien verbracht hat, zu einer merkwürdigen Gestalt, zu *Empedokles.* Nicht nur ist er derjenige, der zuerst gesprochen hat von den vier Elementen Feuer, Wasser, Luft, Erde, davon, daß alles, was im Stofflichen geschieht, durch Vermischung und Entmischung dieser vier Elemente vor sich geht nach den Prinzipien von Haß und Liebe, die in diesen Elementen walten, sondern der vor allem in der Weise auf Sizilien gewirkt hat, daß er bedeutsame staatliche Einrichtungen ins Leben gerufen hat, der herumgezogen ist und die Leute zum geistigen Leben hingeführt hat. Ein abenteuerliches ebensosehr wie ein tief geistiges Leben ist es, auf das wir zurückblicken, wenn wir auf Empedokles hinschauen. Mögen es andere bezweifeln, die Geisteswissenschaft weiß es, daß Empedokles ebenso auf Sizilien gewandelt ist als Staatsmann, als Eingeweihter, als Magier, wie Hektor in Troja gewandelt ist, so wie ihn Homer uns schildert. Und um die merkwürdige Stellung des Empedokles zur Welt zu charakterisieren, tritt uns die Tatsache entgegen, die nicht erfunden ist, die wahr ist, daß er dadurch endete – um sich zu vereinigen mit allem Dasein, das ihn umgab –, daß er sich in den Ätna stürzte und im Feuer des Ätna verbrannte. So steht eine zweite Gestalt der vorchristlichen Zeit vor uns.

Betrachten wir nun mit den Mitteln der modernen Geisteswissenschaft solche Gestalten. Da wissen wir zunächst, daß solche Gestalten wieder auftreten werden, daß die Seelen wiederkommen. Wir wollen von Zwischeninkarnationen absehen und wollen sie irgendwie suchen in der nachchristlichen Zeit; dann haben wir etwas von der Veränderung der Zeit, etwas von dem, was uns verständlich machen kann, wie das Mysterium von Golgatha in die Menschheitsentwickelung eingeschlagen hat. Wenn man sagen kann: Solche Gestalten wie Hektor, wie Empedokles sind wiedererschienen; wie wandeln sie in der nachchristlichen Zeit unter den Menschen? – dann hat man sich den Einschlag des Mysteriums von Golgatha, die Erfüllung und den Neubeginn der Zeit eben an den Seelen einmal veranschaulicht. Wir brauchen, da wir als ernste Anthroposophen hier zusammenkommen, nicht mehr zurückzuschrecken vor den Mitteilungen der wirklichen geistigen Wissenschaft, die eben geprüft werden kann an dem, was äußerlich vorliegt.

Ich möchte auf etwas anderes noch Ihren Blick lenken, auf etwas, was sich in der nachchristlichen Zeit vollzogen hat. Man kann ja wieder sagen, man hätte es mit einer dichterischen Gestalt zu tun. Aber diese «dichterische Gestalt» geht eben auf eine wirkliche Persönlichkeit zurück, die im Leben gestanden hat. Ich lenke Ihren Blick auf die Gestalt, die Shakespeare geschaffen hat in seinem Hamlet. Wer die Grundgestalt Shakespeares kennt, soweit man sie äußerlich kennenlernen kann, insbesondere aber, wer sie aus der Geisteswissenschaft kennt, der weiß, daß der Hamlet Shakespeares nur der umgestaltete wirkliche Dänenprinz war, der auch einmal gelebt hat. Die Gestalt Hamlet, die Shakespeare geschaffen hat, hat wirklich gelebt. Ich kann mich jetzt nicht darauf einlassen, zu zeigen, wie die historische Gestalt der dichterischen Figur des Shakespeare zugrunde liegt. Aber auf das geisteswissenschaftliche Resultat möchte ich mich einlassen, möchte Ihnen hier an einem eklatanten Fall zeigen, wie ein Geist des Altertums im nachchristlichen Zeitalter wieder auftaucht. Die wirkliche Gestalt, die dem zugrunde liegt, was Shakespeare als Hamlet gestaltet hat, ist Hektor. Dieselbe Seele lebte in Hamlet, die in Hektor lebte. Gerade an einem solchen charakteristischen Beispiele, wo die Verschiedenheit des Sichdarlebens der Seele eklatant hervortritt, kann man sich klarmachen, was eigentlich in der Zwischenzeit geschehen ist. Eine Persönlichkeit wie die des Hektor steht vor uns auf der einen Seite in der vorchristlichen Zeit. Hinein schlägt in die Menschheitsentwickelung das Mysterium von Golgatha, und der Funke, der in die Seele des Hektor hineinschlägt, läßt in ihr erstehen das Urbild des Hamlet, von dem Goethe gesagt hat: eine Seele, die keiner Lage gewachsen ist, und der auch keine genügt, der eine Aufgabe zugewiesen ist, die sie aber nicht erfüllen kann. Man kann fragen: Warum drückte es Shakespeare so aus? Er wußte es nicht. Wer aber durch die Geisteswissenschaft in diese Zusammenhänge hineinblickt, der weiß, welche Kräfte dahinterstanden. Der Dichter schafft im Unbewußten, weil gleichsam zuerst vor ihm steht die Gestalt, die er schafft, und dann wie ein Tableau – wovon er aber nichts weiß – die ganze Individualität, die damit verknüpft ist. Warum hebt Shakespeare gerade besondere Charaktereigenschaften des Hamlet hervor und betont sie ganz scharf, die vielleicht kein zeitgenössischer Beobachter an der Gestalt des Hamlet bemerkt haben würde? Weil er sie auf dem Hintergrunde der Zeit beobachtet: Er fühlt, wie anders eine Seele geworden ist beim Übergang vom alten Leben in das neue. Der Zweifler, der Skeptiker Hamlet, der sich in den Lagen des Lebens nicht auskennt, der Zauderer, der ist zunächst geworden aus dem treffsicheren Hektor.

Ich lenke Ihren Blick auf eine andere Gestalt der neueren Zeit, die wieder zunächst durch das dichterische Bild an die Menschen herangetreten ist, durch eine Dichtung, deren Hauptgestalt in der Menschheit gewiß noch lange leben wird, wenn der Dichter selbst für die Nachwelt nur noch ebenso dastehen wird wie heute Homer und Shakespeare, in der Weise, daß man von dem einen gar nichts, von dem anderen furchtbar wenig weiß. Man wird längst vergessen haben, was die Notizensammler und Biographen von Goethe mitteilen, man wird längst vergessen haben, wofür sich heute die Menschen so sehr bei Goethe interessieren, trotz Buchdruckerkunst und der anderen modernen Mittel, wenn noch dastehen wird in lebendiger Größe und lebendiger Plastik die Faustgestalt, die Goethe geschaffen hat. Wie die Menschen von Homer nichts wissen, von Hektor und Achill aber sehr viel, so werden sie einstmals nicht viel wissen von der Persönlichkeit Goethes – und das wird gut sein –, aber sie werden immer wissen von dem Faust.

Faust ist nun wieder eine solche Gestalt, die, so wie sie uns in der Literatur und dann bei Goethe wie in einer Art von Abschluß entgegentritt, zurückführt auf eine reale Gestalt. Er hat als eine Gestalt des 16. Jahrhunderts gelebt, er war da; war nicht so da, wie ihn Goethe in seiner Faustfigur schildert. Aber warum schildert ihn Goethe so? Goethe wußte es selber nicht. Aber wenn er den Blick hinlenkte auf den Faust, wie er überliefert war, den er schon vom Puppenspiel aus seiner Knabenzeit her kannte, so wirkten in ihm Kräfte von dem, was hinter dem Faust stand, was eine vorhergehende Inkarnation des Faust war: Empedokles, der alte griechische Philosoph. Das alles strahlte herein in die Gestalt des Faust. Und man möchte sagen: Wenn Empedokles sich in den Ätna stürzt, sich mit dem Feuerelement der Erde verbindet, welch wunderbare Vergeistigung, welch wunderbare Spiritualisierung dieser, man möchte sagen, vorchristlichen Naturmystik, die so zur Tatsache wird, ist das Schlußtableau des Goetheschen «Faust», das Aufsteigen des Faust in das Feuerelement des Himmels durch den Pater Seraphicus und so weiter! Langsam und allmählich lebt sich eine ganz neue Geistesrichtung herein in dem, was die Menschen tiefer erstreben. Lange Zeit schon begann die Tatsache sich geltend zu machen für die tieferen Geister der Menschheit, ohne daß sie von Reinkarnation und Karma etwas wußten, daß, wenn sie eine Seele betrachteten, die umfassend war, die sie schildern wollten aus den Grundfesten ihres inneren Lebens heraus, sie das schilderten, was aus den früheren Inkarnationen herüberleuchtete. Wie Shakespeare Hamlet so schilderte, wie wir ihn kennen, obwohl er nichts davon wußte, daß in Hektor und Hamlet dieselbe Seele lebte, so schilderte Goethe den Faust, wie wenn dahinter die Seele des Empedokles mit allen ihren Sonderbarkeiten stände, weil eben in Faust die Seele des Empedokles war. Aber charakteristisch ist es, daß so der Fortgang und der Fortschritt des Menschengeschlechtes ist.

Zwei charakteristische Gestalten habe ich herausgehoben, an denen beiden wir sehen können, wie die antiken Größen in der modernen nachchristlichen Zeit in ihrer tiefsten Seele so erschüttert dastehen, daß sie sich nur schwer im Leben zurechtfinden können. Alles ist in ihnen, was früher in ihnen war. Man fühlt, wenn man zum Beispiel Hamlet auf sich wirken läßt, wie die ganze Kraft des Hektor in ihm ist. Aber man fühlt, daß diese Kraft in der nachchristlichen Zeit nicht herauskommen kann, daß sie zunächst Widerstände findet in der nachchristlichen Zeit, daß da etwas auf die Seele gewirkt hat, was ein Anfang ist, während man es früher bei den Gestalten, die einem im Altertum entgegentreten, mit einem Ende zu tun hat. Sowohl Hektor wie Empedokles sind ein Abschluß. Plastisch abgeschlossen stehen sie vor uns. Was aber in der Menschheit weiterwirkt, das muß neue Wege finden in die neuen Inkarnationen hinein. So bei Hektor in Hamlet, so bei Empedokles in Faust, der alles, was abgründiges Streben nach den Naturtiefen ist, der das ganze empedokleische Element in sich hat, der allein durch dieses tiefgründige Wesen sagen kann: Ich will die Bibel eine Weile unter die Bank legen, will sein ein Naturforscher und Mediziner und will kein Theologe mehr sein; der ein Bedürfnis hatte, mit dämonenartigen Wesenheiten umzugehen, was ihn herumschweifen läßt durch die Welt, was ihn bestaunen, aber unverstanden sein läßt. Da wirkt das empedokleische Element nach, aber es findet sich nicht zurecht mit dem, was der Mensch sein muß, nachdem eine neue Zeit hereingebrochen ist.

Ich wollte durch diese Auseinandersetzung zeigen, wie an bedeutenden Seelen, an Seelen, über die sich jeder informieren kann, ein gewaltiger Umschwung sich zeigt, daß gerade dann, wenn man in die Tiefen hineingeht, dieser gewaltige Umschwung sich zeigt. Und wenn man fragt: Was ist geschehen zwischen den alten Inkarnationen und den neuen Inkarnationen einer solchen Individualität? – so bekommt man immer zur Antwort: Das Mysterium von Golgatha, dasjenige, was der Täufer ankündigte, indem er sagte: Die Zeit ist erfüllt, die Reiche des Geistes – oder die Reiche der Himmel – gehen in das Menschenreich über. Ja, sie ergriffen gewaltig dieses Menschenreich, die Reiche der Himmel! Und diejenigen, welche dieses Ergreifen äußerlich nehmen, können es eben nicht verstehen. Sie ergriffen es so gewaltig, daß in sich gediegene, kompakte antike Größen neu beginnen mußten mit der Evolution auf der Erde, daß sich gerade an ihnen zeigt bis zum Abschluß der alten Zeit, bis zum Mysterium von Golgatha hin: da ist etwas abgelaufen, was seine Erfüllung gefunden hat, was die Menschen so hinstellt, daß sie vor uns stehen als in sich gerundete Persönlichkeiten. Dann aber trat etwas ein, was notwendig machte in den Seelen, daß sie einen neuen Anfang mit sich selber machten, daß alles neugestaltet, umgegossen werden mußte und daß uns Seelen, die groß waren, wie Seelen erscheinen, die klein sind, weil sie umwandeln müssen die Seele zur Kindheit, weil etwas ganz Neues beginnt. Das ist es, was wir uns in die Seele schreiben müssen, wenn wir verstehen wollen, was gleich im Beginne des Markus-Evangeliums gemeint ist: ein «Anfang». Ja, ein Anfang, der die Seelen in ihrem tiefsten Wesen erschüttert, der einen ganz neuen Impuls hereinbringt in die Menschheitsentwickelung, ein «Anfang des Evangeliums».

Was ist das «Evangelium»? Es ist das, was herunterkommt aus den Reichen, die wir öfter in den Hierarchien der höheren Wesenheiten beschrieben haben, wo die Angeloi, die Archangeloi sind, was heruntersteigt durch die Welt, die sich erhebt über der Menschenwelt. Da gewinnt man die Perspektive auf einen tieferen Sinn des Wortes Evangelium. Ein Impuls, der heruntersteigt durch das Reich der Archangeloi, der Angeloi, ist das Evangelium; es ist das diesen Reichen Entsteigende, das in die Menschheit eintritt. Alle abstrakten Übersetzungen treffen im Grunde genommen nur wenig die Sache. In Wahrheit soll schon in dem Worte Evangelium angedeutet werden, daß in einem Zeitpunkt etwas beginnt auf die Erde niederzufließen, was früher nur dort geströmt hat, wo die Angeloi und die Archangeloi sind, was heruntergekommen ist auf die Erde, was hier die Seelen durchrüttelt, und die stärksten Seelen gerade am meisten. Und der Beginn, der also eine Fortsetzung hat, der wird verzeichnet. Das heißt, das Evangelium dauert fort. Es ist der Anfang gemacht in der damaligen Zeit, und im Grunde genommen werden wir sehen, daß die ganze Menschheitsentwickelung seit jener Zeit eine Fortsetzung des Beginns ist des Herunterfließens des Impulses aus dem Reiche der Angeloi, den man Evangelium nennen kann.

Man kann nicht tief genug suchen und forschen, wenn man die einzelnen Evangelien charakterisieren will, und gerade am Markus-Evangelium wird sich uns zeigen, wie es nur verstanden werden kann, wenn man im rechten Sinne die Menschheitsentwickelung begreift mit allen ihren Impulsen, mit alledem, was in ihrem Verlaufe geschehen ist. Nicht äußerlich wollte ich Ihnen das charakterisieren, sondern ich wollte es Ihnen an den Seelen charakterisieren und zeigen, wie eigentlich erst die Anerkennung der Tatsache der Reinkarnation, die, wenn sie zur wirklichen Forschung wird, uns den Werdegang einer Seele wie der des Hektor oder des Empedokles zeigt, uns die ganze Bedeutung des Impulses, der durch das Christus-Ereignis kam, vor die Seele führen kann. Sonst kann man sehr schöne Dinge vorbringen, bleibt aber doch nur an der Oberfläche haften. Was aber hinter allem äußeren Geschehen der Christus-Impuls war, das zeigt sich eigentlich nur dadurch, daß man mit der Geistesforschung in das Tiefere der Menschenseele hineinleuchtet, daß man nicht nur erkennt, wie das Leben als einzelnes sich vollzieht, sondern in der Aufeinanderfolge der Inkarnationen. Man muß mit der Idee der Reinkarnation Ernst machen, muß sie wirklich so in die Geschichte einführen, daß sie zum belebenden Element der Geschichte wird, dann wird sich schon zeigen die Wirkung des größten Impulses, des Ereignisses von Golgatha. Und besonders in den Seelen wird sich der Impuls zeigen, den wir schon öfter beschrieben haben.

ZWEITER VORTRAG

Basel, 16. September 1912

Wenn Sie sich erinnern, was gewissermaßen der Hauptpunkt und das Hauptziel der gestrigen Auseinandersetzungen war, so werden Sie sich vor die Seele rücken können, wie ganz anders die menschliche Wesenheit sich darlebt in bezug auf ihr Innerstes in der Zeit vor dem Mysterium von Golgatha und in der Zeit nach demselben. Ich versuchte nicht, eine Charakteristik anzuführen, sondern ich gab Ihnen Beispiele aus der Geisteswissenschaft, solche Beispiele, die uns Seelen zeigen der alten Zeit und Seelen der neuen Zeit, charakteristische Beispiele, an denen wir wahrnehmen können, wie bestimmte Seelen aus früheren Zeiten in der neuen Zeit sich umgeändert, metamorphosiert wieder darstellen. Welches der Grund zu einer solchen gewaltigen Umwandlung ist, wird uns erst aus dem ganzen Sinn dieses Vortragszyklus hervorgehen.

Jetzt darf nur vielleicht einleitend auf das eine hingewiesen werden, was öfter schon in unseren Betrachtungen, die ähnliche Gegenstände berührten, erwähnt worden ist: daß das Bewußtwerden, das volle Bewußtwerden des menschlichen Ich, zu dessen Ausbildung und Ausprägung die Mission des Erdplaneten da ist, eigentlich erst durch das Mysterium von Golgatha eingetreten ist. Es ist nicht genau, aber annähernd genau gesprochen, daß, wenn wir sehr weit in der Menschheitsentwickelung zurückgehen, wir finden, wie die Menschenseelen eigentlich noch nicht individualisiert sind, sondern noch in der Gruppenseelenhaftigkeit befangen sind. Dieses Befangensein in der Gruppenseelenhaftigkeit ist gerade bei den hervorragenderen Gestalten der Fall, so daß man sagen kann: Ein Hektor, ein Empedokles sind typische gruppenseelenhafte Vertreter ihrer ganzen Menschengemeinschaft; Hektor, herausgewachsen aus dem, was die Seele von Troja ist, ein Abbild der Gruppenseele des trojanischen Volkes in einer ganz bestimmten Form, gewiß spezialisiert, aber ebenso in der Gruppenseele wurzelnd wie Empedokles. Wenn sie in der nachchristlichen Zeit wieder inkarniert werden, so sind sie dann vor die Notwendigkeit gestellt, das Ich-Bewußtsein auszuleben. Das Übergehen von der Gruppenseelenhaftigkeit zu dem Ausleben der Individualseele ist es, was einen so gewaltigen Ruck nach vorwärts gibt. Und das macht, daß Seelen, die so fest geschlossen dastehen wie zum Beispiel Hektor, in der nachchristlichen Zeit wankend erscheinen, als ob sie dem Leben nicht gewachsen seien, wie zum Beispiel die Seele des Hamlet, und daß auf der anderen Seite eine Seele wie die des Empedokles, die in der nachchristlichen Zeit als die Seele des Faust des 16. Jahrhunderts wiedererscheint, scheinbar eine Art von Abenteurer wird und in mancherlei Lagen gebracht wird, aus denen sie sich sehr schwer herausfinden kann, und die von den Mitmenschen, ja von der ganzen Nachwelt mißverstanden wird.

Es ist ja öfter betont worden, daß für eine solche Entwickelung, wie sie eben angedeutet worden ist, das, was seit dem Verlauf des Mysteriums von Golgatha bis heute bereits geschehen ist, noch nichts Besonderes bedeutet. Das ist alles erst im Anfange, und mit der Zukunft der Erdenentwickelung werden erst die großen Impulse, die man dem Christentum zuschreiben kann, herauskommen. Es muß immer wieder und wieder betont werden: das Christentum steht erst im Anfange seiner großen Entwickelung. Aber will man sich hineinstellen in diese große Entwickelung, so muß man mit seinem Verständnisse mitgehen mit dem immer weiteren Fortschreiten der Offenbarungen, der Impulse, die mit der Begründung des Christentums ihren Anfang genommen haben.

Vor allem wird man in der nächsten Zeit etwas lernen müssen – und es bedarf nicht viel Hellsehens dazu, um sich darüber klar zu werden, daß man etwas ganz Bestimmtes lernen muß, etwas, das einen guten Anfang für ein fortgeschrittenes Verständnis des Christentums bilden wird –, man wird lernen müssen, die Bibel in einer ganz neuen Weise zu lesen. Heute gibt es noch viele Hindernisse dafür. Teilweise ist daran schuld der Umstand, daß ja noch immer das Bibelverständnis in weiten Kreisen in einer etwas süßlich-sentimentalen Art getrieben wird, daß die Bibel nicht zu einem Erkenntnisbuch, sondern zu einem Gebrauchsbuch für alle möglichen persönlichen Seelenlagen benutzt wird. Wenn jemand für seine persönlichen Lebenslagen etwas aufmunterungsbedürftig ist, so vertieft er sich in das eine oder andere

Kapitel der Bibel, läßt das eine oder andere auf sich wirken, und nur selten kommt er über ein persönliches Verhältnis zur Bibel hinaus. Auf der anderen Seite hat die Gelehrsamkeit in den letzten Jahrzehnten – eigentlich durch das ganze 19. Jahrhundert hindurch – das wirkliche Verständnis der Bibel sehr erschwert, indem sie dieselbe zerrissen hat und behauptet hat, daß zum Beispiel das Neue Testament aus allen möglichen Dingen zusammengestellt sei, welche dann später zusammengetragen sein sollen, und daß ebenso auch das Alte Testament eine Zusammenfügung sei aus ganz verschiedenen Dingen, die zu verschiedenen Zeiten zusammengekommen sein sollen. Dadurch hätte man in der Bibel lauter Fragmente, die sehr leicht den Eindruck machen, daß sie ein Aggregat, eine Zusammenfügung darstellen, daß sie «zusammengenäht» worden wären im Laufe der Zeit.

Solche Gelehrsamkeit wird populär, und sie ist heute schon populär geworden. Es ist schon bei sehr vielen Leuten eine Ansicht geworden, daß zum Beispiel das Alte Testament aus vielen einzelnen Teilen zusammengefügt ist. Diese Ansicht aber stört das, was als ein wirkliches ernstes Bibellesen der nächsten Zukunft kommen muß. Wenn dieses Bibellesen eintreten wird, dann wird man vieles, was auch vom anthroposophischen Gesichtspunkte aus über die Geheimnisse der Bibel zu sagen sein wird, viel besser noch verstehen. Man wird zum Beispiel lernen müssen, alles bis dahin, wo das Alte Testament in den gebräuchlichen Bibelausgaben schließt, als etwas Ganzes zu nehmen. Man wird sich nicht beirren lassen dürfen durch alles, was gegen die Einheitlichkeit des Alten Testamentes eingewendet werden kann. Und wenn man nicht einseitig vorgeht von dem Standpunkte aus, daß man persönliche Erbauung sucht, daß man dieses oder jenes von diesem Gesichtspunkte aus liest, sondern wenn man einmal das Alte Testament, wie man es hat, als Ganzes auf sich wirken lassen wird und verbinden wird den Blick auf das Inhaltliche mit dem, was, wie Sie durch unsere geisteswissenschaftliche Entwickelung der letzten Jahre hinlänglich haben sehen können, gerade durch die Geisteswissenschaft in die Welt kommen wird, wenn man damit verbinden wird, aber geistig, einen gewissen spirituell-künstlerischen Sinn, so daß man darauf ausgehen wird, zu sehen, wie die Dinge aufeinander künstlerisch folgen, wie sie künstlerisch komponiert sind, wie sich die Fäden verschlingen und lösen, nicht so sehr im äußerlich kompositionellen Sinne, sondern wenn man auch das tief Künstlerische anwenden wird auf so etwas, wie es das Alte Testament ist, erst dann wird man darauf kommen, welche ungeheure dramatische Kraft, welche innerliche, spirituell-dramatische Kraft in der Komposition und in dem Aufbau des ganzen Alten Testamentes eigentlich liegt. Erst dann wird man das herrliche dramatische Tableau als eine Einheitlichkeit, als ein Ganzes übersehen und nicht mehr glauben, es sei ein Stück in der Mitte von dorther, ein anderes Stück von woanders herrührend, sondern dann wird man den einheitlichen Geist in der Bibel erblicken.

Man wird sehen, daß es ein ganz von einheitlichem Geiste beherrschtes Fortschreiten ist von der Zeit der ersten Schöpfungsgeschichte an durch die Patriarchenzeit hindurch, durch die Zeit der Richter, durch die Zeit der jüdischen Könige hindurch, bis alles in einem wunderbaren dramatischen Gipfelpunkte zusammenläuft in dem Buche der Makkabäer, in den Söhnen des Mattathias, den Brüdern des Judas, die gegen den König Antiochus von Syrien kämpfen. Darin ist eine innere dramatische Kraft. Da ist ein gewisser Kulminationspunkt dann am Schlusse erlangt. Und man wird fühlen, daß es nicht eine bloße Redensart, eine Phrase ist, daß den, der ausgerüstet ist mit der okkulten Betrachtungsweise, ein besonderes Gefühl beschleicht, wenn er an das Ende dieses Buches kommt, dort sieben Söhne der Makkabäermutter vor sich hat und fünf Söhne des Mattathias. Fünf Söhne des Mattathias und sieben Söhne der Makkabäermutter, das gibt eine merkwürdige Zwölfzahl, eine Zwölfzahl, die uns auch sonst begegnet, wo wir in die Geheimnisse der Evolution eingeführt werden. Die Zwölfzahl am Ende des Alten Testamentes, in einem Kulminationspunkt dargestellt! Zunächst kann es uns als eine Empfindung beschleichen, wenn die sieben Makkabäersöhne den Märtyrertod sterben. Wie sie nach und nach gemartert werden, wie sie sich aber nach und nach erheben – lesen Sie, welche innere Dramatik darin ist! –, wie zuerst der erste nur hindeutet auf das, was zuletzt in dem siebenten zum Ausdruck kommt als das Bekenntnis der Unsterblichkeit der Seele, wie er so dem Könige entgegenschleudert das Wort: Du Ruch-

loser, du willst ja nichts wissen von dem Auferwecker meiner Seele! –
diese dramatische Steigerung von Sohn zu Sohn lasse man auf sich
wirken, und man wird sehen, welche Kräfte in der Bibel enthalten
sind (2. Makk. 7). Wenn man gegenüber der bisher süßlich-sentimentalen Art der Betrachtung diese dramatisch-künstlerische Durchdringung ins Auge faßt, dann gestaltet sich uns die Bibel von selber
zu dem, was zugleich religiöse Inbrunst bringen wird. Da wird Kunst
zur Religion durch die Bibel. Und dann wird man beginnen, ganz
eigentümliche Dinge zu bemerken.

Vielleicht erinnern sich die meisten von Ihnen, weil es ja auch an
diesem Orte geschildert worden ist, daß bei der Betrachtung des Lu-
kas-Evangeliums von mir dargestellt worden ist, wie eigentlich die
ganze grandiose Gestalt des Christus Jesus herausgewachsen ist aus
dem Zusammengehen von zwei Seelen, der Seelen zweier Jesusknaben. Die Seele des einen war ja keine andere als die des *Zarathustra*, des
Begründers des Zarathustrismus; so daß Sie vielleicht noch vor Ihrem
geistigen Auge diese Tatsache haben, daß mit jenem Jesusknaben, der
durch das Matthäus-Evangelium geschildert wird, zunächst der wiederverkörperte Zarathustra gemeint ist. Die Seele des Zarathustra lebte
in diesem Jesusknaben.

Was liegt da eigentlich für eine Tatsache vor? Wir haben den Begründer des Zarathustrismus, den großen Eingeweihten der Vorzeit,
der urpersischen Kultur, der, hindurchgehend durch die Menschheitsentwickelung bis zu einem bestimmten Punkt, dann wiedererscheint innerhalb des althebräischen Volkes: den Übergang haben
wir von dem Urpersertum zu dem Element des althebräischen Volkes
auf dem Umwege durch die Seele des Zarathustra. Ja, das Äußere, was
in der Weltgeschichte geschieht, was im Menschenleben geschieht, es
ist im Grunde genommen nur die Offenbarung, die Äußerung der inneren geistigen Vorgänge, der inneren geistigen Kräfte; so daß man
in Wahrheit das, was die äußere Geschichte erzählt, studieren kann,
indem man es als einen Ausdruck des inneren Geistigen betrachtet, der
Tatsachen, die sich im Geistigen bewegen.

Lassen wir das vor unsere Seele hingestellt sein: der Zarathustra
geht aus dem Persertum in das althebräische Element über. Und jetzt

– man braucht nur die Überschriften der Kapitel des Alten Testamentes zu nehmen – betrachte man einmal das Alte Testament. Daß es sich mit Zarathustra so verhält, wie ich es damals erzählt habe, ist ein Ergebnis hellseherischer Forschung; das ergibt sich, wenn man die Zarathustra-Seele verfolgt. Aber jetzt stelle man diesem Resultat gegenüber nicht nur die Bibel, wie in ihr dargestellt wird, sondern auch das, was durch die äußere Forschung belegt wird.

Das althebräische Volk begründet sein Reich in Palästina. Das ursprüngliche Reich trennt sich. Es kommt zuerst zur assyrischen, dann zur babylonischen Gefangenschaft. Es kommt zur Unterwerfung des althebräischen Volkes durch die Perser. Was heißt denn das alles? Ja, weltgeschichtliche Tatsachen haben eben einen Sinn. Sie folgen den inneren Vorgängen, folgen den geistig-seelischen Vorgängen. Warum ist das alles geschehen? Warum werden die althebräischen Völker so geführt, daß sie von Palästina aus in das chaldäische, in das assyrisch-babylonische, in das persische Element hineingeführt werden und dann wieder von Alexander dem Großen befreit werden? Wenn man es trocken aussprechen will, kann man sagen, daß es nur der äußere Übergang ist des Zarathustra aus dem Persertum in das jüdische Element. Sie haben ihn sich geholt, die Juden; sie sind zu ihm geführt worden bis zur Unterwerfung unter das persische Element, weil Zarathustra zu ihnen kommen wollte. Die äußere Geschichte ist ein wunderbarer Abdruck dieser Vorgänge. Und wer die Sache geisteswissenschaftlich betrachtet, der weiß, daß die äußere Geschichte nur der Körper ist für den Übergang des Zarathustra von dem persischen Element, das im Grunde genommen zuerst umspannt das althebräische Element. Und dann, nachdem dieses genugsam von dem persischen Element umspannt war, wurde es herausgenommen von Alexander dem Großen, und was nun blieb, war das Milieu, das für Zarathustra notwendig war. Das ging über von dem einen Volksstamm zum anderen.

Wenn wir – wir können natürlich nur einzelne Punkte herausheben – einen Blick werfen auf die ganze Zeit, wie sie sich zugespitzt hat in der althebräischen Geschichte durch die Zeit der Könige, durch die Zeit der Propheten, der babylonischen Gefangenschaft, der persischen

Eroberung bis herein in die Makkabäerzeit, dann fällt uns ja gerade, wenn wir das Verständnis des Markus-Evangeliums suchen, das gleich eingeleitet wird mit einem Jesajas-Ausspruch als Prophetenausspruch, das Element der jüdischen Propheten in die Augen. Man möchte sagen, von Elias ausgehend, dessen Wiederverkörperung der Täufer Johannes ist, treten uns die Propheten in einer wunderbaren Größe entgegen.

Lassen wir vorläufig den Elias und dessen Wiederverkörperung im Täufer unberücksichtigt, und betrachten wir die Namen der dazwischenliegenden Propheten. Da müssen wir sagen: Mit dem, was wir durch die Geisteswissenschaft gewonnen haben, läßt sich in ganz eigenartiger Weise dieses jüdische Prophetentum betrachten. Wovon reden wir denn eigentlich, wenn wir von den großen geistigen Führern des Erdkreises der alten Zeiten sprechen? Von den Initiierten, von den Eingeweihten. Wir wissen, daß diese Eingeweihten zu ihrer geistigen Höhe dadurch gekommen sind, daß sie die verschiedenen Weihestufen durchgemacht hatten, daß sie sich von Stufe zu Stufe emporgearbeitet haben durch Erkenntnis zum spirituellen Schauen, daß sie dadurch zur Vereinigung mit den in der Welt wirkenden spirituellen Impulsen gekommen sind und dadurch die Impulse, die sie selbst in der geistigen Welt empfingen, einverleibten dem Leben auf dem physischen Plan. Wenn wir daher einem Eingeweihten des persischen, des indischen oder des ägyptischen Volkes begegnen, werden wir zunächst fragen: Wie ist innerhalb dieses Volkskreises, innerhalb dieses Volksstammes der Betreffende hinaufgestiegen die Leiter der Einweihung? Wie ist er zum Führer und damit zum geistigen Leiter seines Volkes geworden? Diese Frage ist überall berechtigt, nur nicht, wenn wir uns den Propheten gegenüberstellen. Es gibt zwar eine Art theosophischer Richtung, die alles gern in einen Topf zusammenwirft und von den Propheten der alten Hebräer so sprechen will wie von den Eingeweihten der anderen Völker; aber dadurch erkennt man nichts.

Man braucht nur die Bibel zu nehmen, und gerade die neuere historische Forschung ergibt ja, daß sie nicht ein untreues, sondern ein treues Dokument ist, und braucht nur die Propheten anzusehen von Jesajas bis zu Maleachi, durch Jeremias, Ezechiel, Daniel hindurch, braucht nur einzugehen auf das, was die Bibel über diese Gestalten sagt, dann wird man sehen, daß man sie nicht in dem allgemeinen Schema der Initiation unterbringen kann. Wo wird denn erzählt, daß die jüdischen Propheten denselben Initiationsweg durchgemacht hätten wie die anderen Eingeweihten der übrigen Völker? Es wird gesagt, sie traten auf, indem sich die Stimme Gottes in ihrer Seele regte, die sie befähigte, anderes zu schauen als der gewöhnliche Mensch, die sie befähigte, Angaben zu machen über den künftigen Verlauf der Geschicke ihres Volkes, auch über den künftigen Verlauf der Weltgeschichte. Das entrang sich elementar der Seele der Propheten. Nicht in derselben Weise wird erzählt, daß sie die Einweihung durchmachten, wie bei den anderen Propheten, bei denen man nachweisen kann, wie diese die Einweihung durchmachten. Die jüdischen Propheten treten so auf, daß wie aus einer Genialität heraus ihr geistiges Schauen dasteht, dasjenige dasteht, was sie ihrem Volke, was sie der Menschheit zu sagen haben. Und so ist auch ihre Art, wie sie sich auf ihre prophetische Stimme und auf ihre prophetischen Gaben berufen. Sehen Sie nur einmal, wie ein Prophet, wenn er etwas zu sagen hat, davon spricht, daß der Gott es ihm mitgeteilt hat durch seine Mittler, oder daß es gekommen ist wie eine unmittelbare elementarische Wahrheit. Das gibt Veranlassung zu fragen: Wie verhält es sich mit diesen jüdischen Prophetengestalten, die äußerlich neben die Eingeweihten der anderen Völker zu stellen sind, wenn wir von Elias und seiner Wiederverkörperung, dem Täufer, absehen wollen? Wenn man geisteswissenschaftlich, okkult die Seelen dieser Propheten untersucht, da kommt man auf etwas sehr Merkwürdiges. Versuchen Sie, mit dem, was ich Ihnen jetzt als ein geisteswissenschaftliches Forschungsresultat mitteile, alles das prüfend zu vergleichen, was die Geschichte und die religiöse Überlieferung über diese Gestalten gibt, so werden Sie schon die Bestätigung finden.

Wenn man die Seelen der jüdischen Propheten verfolgt, so findet man, daß sie Wiederverkörperungen sind von Eingeweihten, die bei anderen Völkern eingeweiht waren und dort schon gewisse Stufen der Einweihung erstiegen hatten. Wenn wir also einen der jüdischen Propheten zurückverfolgen, so kommen wir zu anderen Völkern. Dort finden wir eine Initiiertenseele, die lange bei diesem Volke geblieben war; sie ging dann durch die Pforte des Todes und wurde wiederverkörpert bei dem jüdischen Volke. Und alle die einzelnen Gestalten – Jeremias, Jesajas, Daniel und so weiter –, wir müssen sie, wenn wir ihre Seelen in früheren Verkörperungen finden wollen, bei anderen Völkern suchen. Es ist wirklich, trivial gesprochen, so wie ein Nach-und-nach-sich-Versammeln der Eingeweihten der anderen Völker bei dem jüdischen Volke, wo die Eingeweihten in der Gestalt der Propheten auftreten. Dann aber ist es erklärlich, daß die Propheten so erscheinen, daß ihre Prophetengabe wie ein elementarisches Hervortreten ihres Innern erscheint. Es ist die Erinnerung an das, was sie sich als Eingeweihte da oder dort erworben haben. Das tritt heraus, tritt aber auch heraus so, daß es nicht immer jene klare harmonische Form zeigen muß, die es in früheren Inkarnationen gehabt hat. Denn es wird die Seele, die in einem persischen oder ägyptischen Leibe inkarniert war, sich erst anbequemen müssen der Körperlichkeit des jüdischen Volkes. Da wird manches nicht herauskommen können, was früher schon in ihr darinnen war. Denn es ist nicht so, daß, wenn der Mensch fortschreitet von Inkarnation zu Inkarnation, immer auch das in ihm vorhanden ist, was früher vorhanden war, sondern es kann etwas, was früher schon da war, durch die Schwierigkeiten, welche die Körperlichkeit macht, unharmonisch erscheinen, kann chaotisch erscheinen.

So sehen wir, wie die jüdischen Propheten ihrem Volke eine Summe von spirituellen Impulsen gaben, die oft ungeordnete, aber grandiose Wiedererinnerungen sind der früheren Initiation. Das ist das Eigentümliche, was uns bei diesen jüdischen Propheten entgegentritt. Und warum geschieht dies? Aus keinem anderen Grunde geschieht es, als weil in der Tat die ganze Menschheitsentwickelung diesen Durchgangspunkt nehmen mußte, weil das, was zerstreut errungen worden war, gesammelt werden sollte wie in einem Brennpunkt und wiedergeboren werden sollte aus dem Blut des alttestamentlichen Volkes heraus. Daher wird überall in der Geschichte des althebräischen Volkes wie bei keinem anderen Volke – nur bei Stämmen war das der Fall, aber nicht bei Völkern, die schon «Völker» geworden waren – die Zusammengehörigkeit, das Rinnen des Blutes durch die Generationen betont. Alles, was die weltgeschichtliche Mission des alttestamentlichen Volkes ist, beruht auf der Kontinuierlichkeit des Rinnens des Blutes durch die Generationen. Deshalb wird der, welcher vollgültig dem jüdischen Volke angehören soll, immer genannt ein Sohn Abrahams, Isaaks und Jakobs, das heißt desjenigen Elementes, das sich zuerst im Blute bei Abraham, Isaak und Jakob gezeigt hat. Dieses durchrinnende Blut war es, in das sich hineininkarnieren sollten die Initiationselemente der verschiedenen anderen Völker. Wie Strahlen, die von verschiedenen Seiten kommen und sich in einem Mittelpunkte vereinigen, so sammelten sich die Initiationsstrahlen der verschiedenen Völker wie in einem Mittelpunkte in dem Blute des althebräischen Volkes. Da mußte das Psychische der Menschheitsevolution einmal hindurchgehen. Es ist wichtig, daß wir diese okkulte Tatsache ins Auge fassen; denn nur dann versteht man, wie sich so etwas wie das Markus-Evangelium gleich bei seinem Anfange auf das Element des Alten Testamentes gründet.

Was geschieht nun aber bei diesem Sammeln der Initiationselemente der verschiedenen Völker in diesem einen Zentrum? Wir werden schon noch sehen, warum es geschieht. Aber wenn man nun den ganzen dramatischen Fortgang des Alten Testamentes wieder nimmt, wird man merken, wie durch dieses Aufnehmen des Initiationselementes der verschiedenen Völker sich nach und nach innerhalb der Entwickelung des Alten Testamentes herausbildet der Unsterblichkeitsgedanke, der auf seiner Höhe eben gerade bei den Makkabäersöhnen erscheint. Aber wir müssen ihn nun, man möchte sagen, in seiner ganzen ursprünglichen Bedeutung einmal auf unsere Seele wirken lassen, so wirken lassen, daß wir dabei das Bewußtsein des Menschen ins Auge fassen von seinem Verhältnisse zur geistigen Welt.

Ich mache Sie auf eines aufmerksam. Versuchen Sie, im Alten Testament die Stellen zu verfolgen, wo die Rede davon ist, daß das göttliche Element in das Menschenleben hereinleuchtet. Wie oft wird erzählt, zum Beispiel bei Tobias: Wenn irgend etwas geschehen soll, wenn beispielsweise Tobias seinen Sohn aussendet, um irgendein Geschäft zu vollziehen, da kommt zu ihm in scheinbar menschlicher Gestalt der Erzengel Raphael (Tob. 5). An einer anderen Stelle kommen andere übersinnliche Wesenheiten der höheren Hierarchien. Es ist ein Hereinspielen des göttlich-geistigen Elementes in die Menschenwelt, ein Hereinspielen, das so geschieht, daß der Mensch das göttlich-geistige Element klar als ein Äußeres hat, daß es ihm entgegentritt in der Außenwelt. Raphael tritt in dem Buche Tobias dem, den er führen soll, so entgegen, wie ein Mensch dem anderen entgegentritt, indem er äußerlich an ihn herankommt. Wir werden vielfach sehen, wenn wir das Alte Testament durchgehen, daß die Beziehungen zur geistigen Welt so geregelt werden. Der Stellen im Alten Testament, wo von solchen Dingen die Rede ist, sind sehr viele. Aber wir sehen in seinem Verlauf einen ganz dramatischen Fortgang. Und ein Höhepunkt dieses dramatischen Fortschrittes tritt uns endlich entgegen in dem Märtyrertode der sieben Makkabäersöhne, die von dem Vereinigtsein, ja von dem Auferwecktsein ihrer Seelen in dem göttlichen Elemente aus ihren Seelen heraus sprechen. Eine innere Gewißheit der Seelen von ihrer inneren Unsterblichkeit tritt uns bei den Makkabäersöhnen und auch bei den Brüdern des Judas Makkabäus entgegen, die noch in der letzten Zeit ihr Volk verteidigen gegen den König Antiochus von Syrien. Immer innerlicher wird es ergriffen, das spirituelle Element. Und der dramatische Fortschritt wird erst recht ein großer, wenn wir das Alte Testament verfolgen von dem Erscheinen des Gottes in dem brennenden Dornbusch bei Moses, wo wir sehen, wie das Eigentümliche des Herankommens des Gottes ein Äußerliches ist, bis zu dem, was hervorsprudelt aus den Makkabäersöhnen als innere Gewißheit, daß, wenn sie hier sterben, sie auferweckt sein werden im Reiche ihres Gottes durch das, was in ihnen lebt.

Das ist ein gewaltiger Fortgang, der ein einheitliches Inneres im Alten Testament verrät. In dieser Art wird aus dem Bewußtsein, von Gott hingenommen zu werden, gleichsam von Gott von der Erde weggenommen zu werden und ein Glied in der Gottheit zu sein, von dem Alten Testamente in seinem Anfange nichts darüber gesagt, ob dieses Glied der Menschenseele, das von der Gottheit aufgenommen und der göttlichen Welt einverleibt wird, dann wirklich auferweckt wird. Es wird aber der ganze Fortgang so durchgeführt, daß das Bewußtsein immer mehr und mehr erwächst, daß die Menschenseele durch das, was sie ist, doch hineinwächst in das geistige Element. Aus einem Sich-passiv-Verhalten zu dem Gotte Jahve oder Jehova wird allmählich ein aktives inneres Bewußtsein der Seele von ihrem Wesen. Das geht als eine von Seite zu Seite sich treibende Steigerung durch das Alte Testament. Der Unsterblichkeitsgedanke wird geboren, aber nach und nach erst geboren im Fortgang des Alten Testamentes.

Und derselbe Fortschritt ist merkwürdigerweise auch im Prophetentum. Sehen Sie, wie die Gesichte und die Verheißungen jedes folgenden Propheten immer innerlicher und innerlicher werden: wieder so ein dramatisches Element von wunderbarer Steigerung! Je weiter in die Vergangenheit wir zurückgehen, desto mehr wird gesprochen von Gesichten, die sich auf den äußeren Verlauf beziehen; und je mehr wir fortgehen in der Zeit, desto mehr wird von der inneren Kraft, von der inneren Zuversicht und dem Zusammengehörigkeitsgefühl mit dem Geistig-Göttlichen auch von den Propheten gesprochen.

So steigert es sich allmählich, bis uns das Alte Testament heranführt zu dem Beginn des Neuen Testamentes. Und das Markus-Evangelium knüpft ja direkt an alle diese Verhältnisse an. Denn das Markus-Evangelium sagt gleich an seinem Beginn, daß es das Ereignis des Christus Jesus ganz in dem Sinne des alten Prophetentums auffassen will, daß man gleichsam verstehen kann die Erscheinung des Christus Jesus, wenn man die Worte des Propheten Maleachi, beziehungsweise des Propheten Jesajas ins Auge faßt: «Siehe, ich sende meinen Boten vor dir her, der soll dir den Weg bereiten. Hört, wie es ruft in der Wüste: bereitet den Weg des Herrn, macht eben seine Pfade.» (1, 2–3.) Dadurch wird wie in einem Grundton, der durch die Geschichte des Alten Testamentes hindurchgeht, auf das Erscheinen des Christus Jesus hingewiesen. Und weiter wird gesagt im Markus-Evangelium – man hört es aus den Worten ganz deutlich heraus, wenn man nur will –: Ja, wie die Propheten gesprochen haben, spricht im Grunde genommen jetzt wieder einer, der Täufer. – Und wie geschlossen, wie großartig steht die Gestalt des Täufers da, wenn wir sie so charakterisiert auffassen: Die alten Propheten sprachen von einem Gottesboten, sprachen davon, wie er in der Einsamkeit den Weg zeigen wird, den der Christus Jesus durch die Weltentwickelung zu machen hat.

Dann fährt das Markus-Evangelium fort: «So trat auf Johannes der Täufer in der Einsamkeit und verkündete die Taufe zur Erkenntnis der menschlichen Sündenhaftigkeit» (1, 4); denn so muß man die Worte, wenn man sie sachgemäß wiedergeben will, übersetzen. Also es wird gesagt: Richtet hin den Blick auf das alte Prophetentum, das sich hineingelebt hat in ein neues Verhältnis zu der Gottheit, in einen neuen Unsterblichkeitsglauben, und schaut an die Gestalt Johannes des Täufers, wie er auftrat und sprach von der Art der Entwickelung, durch die man des Menschen Sündenhaftigkeit erkennt. Dadurch wird gleichfalls als auf eine große Gestalt bei diesem Täufer hingewiesen.

Dann aber die wunderbare Gestalt des Christus Jesus selber, wie wird sie uns im Markus-Evangelium mit einer, man darf sagen, nirgends sonst in der Welt so einfach und so grandios zugleich gegebenen dramatischen Steigerung vorgeführt! Ich bitte, so recht den seelischen Blick darauf zu richten. Was wird gesagt? Etwa so wird gesprochen: Richtet hin den Blick auf die Gestalt des Täufers; ihr werdet ihn nur verstehen, wenn ihr die Gestalten der alten jüdischen Propheten berücksichtigt, deren Stimme in ihm lebendig geworden ist. Zu ihm ging hinaus das ganze jüdische Volk, um sich von ihm taufen zu lassen; das heißt, es gab viele, die erkannten, daß aus Johannes dem Täufer das alte Prophetentum sprach. Das wird gleich im Beginne des Markus-Evangeliums gesagt. Wir sehen vor uns stehen Johannes den Täufer, sehen in ihm lebendig werden die Stimme des alten Prophetentums, sehen zu ihm das Volk hinauswandern und sehen, wie er – bleiben wir innerhalb des Markus-Evangeliums zunächst stehen – von den Menschen erkannt wird als der wiedererstandene Prophet. Das ist das erste. Und nun tritt ein die Gestalt des Christus Jesus selber. Wir wollen zunächst die sogenannte Johannes-Taufe im Jordan unberücksichtigt lassen, wollen ihn unberücksichtigt lassen nach der Johannes-Taufe und auch noch nach der Versuchungsgeschichte und wollen die so grandiose dramatische Steigerung, die uns gerade im Markus-Evangelium entgegentritt, ins Auge fassen.

Nachdem der Täufer vorgeführt ist und gezeigt ist, wie sich die Menschen zu ihm und seiner Mission stellen, wird der Christus Jesus selber vorgeführt. Aber wie? Zunächst wird er so hingestellt, daß er da ist; aber ihn erkennen nicht bloß die Menschen, ihn erkennen auch andere Wesen. Darauf kommt es an. Da sind um ihn herum Menschen, die geheilt werden wollen von dem Dämonismus, in denen Dämonen wirken. Da stehen die Menschen herum, die nicht bloß von Menschenseelen bewohnt sind, sondern die besessen sind von übersinnlichen Geistern, die durch sie wirken. Und nun wird an einer bedeutungsvollen Stelle gesagt, diese Geister erkennen den Christus Jesus (1, 23–26). Den Täufer erkennen die Menschen und gehen hinaus und lassen sich von ihm taufen. Die übersinnlichen Geister erkennen den Christus, so daß er ihnen gebieten muß, nicht von ihm zu sprechen. Ihn erkennen die Wesen, die von der übersinnlichen Welt sind. Es wird also gesagt: Da tritt ein Wesen herein, das nicht bloß von den Menschen erkannt wird, sondern das in seinem Auftreten erkannt wird und für gefährlich gehalten wird von übersinnlichen Wesenheiten. Das ist die grandiose Steigerung, die uns gleich im Beginne des Markus-Evangeliums entgegentritt: auf der einen Seite Johannes der Täufer, der von den Menschen erkannt und verehrt wird, und auf der anderen Seite der, welcher von übersinnlichen Wesenheiten, die aber mit der Erde etwas zu tun haben, erkannt und gefürchtet wird, so daß sie erkennen, sie müssen jetzt abziehen. Das ist der Christus Jesus. In einer solchen Einfachheit gibt es nirgends sonst eine solche dramatische Steigerung.

Wenn man dies ins Auge faßt, empfindet man gewisse Dinge als notwendig, die sonst an den Menschenseelen einfach vorbeigehen. Da mache ich Sie nur auf eine einzige Stelle aufmerksam, die – weil das Markus-Evangelium so einfach und so groß ist – im Markus-Evangelium am meisten auffallen kann. Erinnern Sie sich, wie da, wo gleich im Beginne des Markus-Evangeliums von der Bestellung der Zwölf geredet wird und wo die Rede ist von der Namengebung, wie er da zwei von seinen Aposteln die «Donnerssöhne» nennt (3, 17). Das ist nicht etwas, über das man einfach hinweglesen darf; das ist etwas, was man wohl beachten muß, wenn man das Evangelium verstehen will. Warum nennt er sie die Donnerssöhne? Weil er, damit sie seine Diener werden, ein Element in sie verpflanzen will, das nicht von der Erde ist, das von außerhalb der Erde herkommt, weil es das Evangelium aus den Reichen der Angeloi und Archangeloi ist, weil es ein ganz

Neues ist und weil es nicht mehr genügt, bloß von den Menschen zu sprechen, sondern von einem himmlischen, überirdischen Element, dem Ich, und weil es notwendig ist, dies zu betonen. Er nennt sie Donnerssöhne, um zu zeigen, daß auch die Seinigen eine Beziehung zu dem überirdischen Element haben. Die nächste Welt, die an die unsrige angeknüpft ist, ist die elementarische Welt, durch die erst erklärlich wird, was in unsere Welt hereinspielt. Und der Christus gibt seinen Jüngern Namen, durch die gesagt wird, daß unsere Welt an eine nächste übersinnliche angrenzt. Er gibt ihnen die Beinamen von den Eigenschaften der elementarischen Welt. Dasselbe ist der Fall, wenn er Simon den «Felsenmann» nennt (3, 16). Wieder ist dabei auf ein Übersinnliches hingewiesen. So wird durch das ganze Evangelium angekündigt das Hereintreten des «Angelium», der Impulse aus der geistigen Welt.

Um das zu verstehen, braucht man nur richtig zu lesen, braucht man nur die Voraussetzung zu machen, daß das Evangelium zugleich ein Buch ist, aus dem die tiefste Weisheit herauszuholen ist. Der ganze Fortschritt, der gemacht worden ist, besteht darin, daß die Seelen individualisiert werden, daß sie nicht mehr bloß auf dem Umwege durch die Gruppenseelenhaftigkeit, sondern durch das Element der Individualseele ihre Beziehung zur übersinnlichen Welt haben. Und der, welcher so vor die Menschheit hintritt, daß er innerhalb der Erdenwesen erkannt wird, aber auch erkannt wird von den übersinnlichen Wesenheiten, er bedarf, um hineinzuversenken in die Seelen derer, die ihm dienen sollen, etwas von einem übersinnlichen Element, dazu des besten Menschenelementes. Derjenigen Menschen bedarf er, die es nach der alten Art in ihren Seelen selbst schon am weitesten gebracht haben.

Es ist im höchsten Sinne interessant, den seelischen Werdegang derjenigen zu verfolgen, die der Christus Jesus um sich versammelt, die er beruft zu seinen Zwölfen, die, man möchte sagen, wenn sie einem in ihrer Einfachheit entgegentreten, am allergrandiosesten das durchgemacht haben, was ich Ihnen gestern zeigen wollte bei mehr auseinanderliegenden Inkarnationen von Menschenseelen. Der Mensch muß sich erst hineinfinden in das Individuelle. Er kann da zunächst sich selber schwer zurechtfinden, wenn er von dem, was in seiner Seele im

Element des Volkstums gewurzelt hat, versetzt wird in das Auf-sich-selbst-Gestelltsein. Die Zwölf waren es. Sie wurzelten tief in einem Volkstum, das sich gerade wieder in der grandiosesten Weise als Volkstum erfaßt hatte. Und sie waren wie mit nackter Seele, mit einfacher Seele dastehend, als der Christus sie wiederfand. Man hat es dabei mit ganz unregelmäßigen Zwischenzeiten zwischen den Inkarnationen zu tun. Richten konnte sich der Blick des Christus auf die Zwölf: Diejenigen Seelen erschienen wieder, die in den sieben Makkabäersöhnen* und in den fünf Söhnen des Mattathias, in Judas und seinen Brüdern, verkörpert waren; daraus setzte sich das Apostolat zusammen. Sie waren hineingeworfen in das Element der Fischer und der einfachen Leute; aber sie waren in der Zeit, als das jüdische Element zu einem Kulminationspunkt hinaufgestiegen war, von dem Bewußtsein durchdrungen, daß dieses Element zu dieser Zeit höchste Kraft war, aber nur Kraft, während es jetzt individualisiert auftrat, als es sich um den Christus herumgruppierte.

Man könnte sich vorstellen, daß jemand ein ganz Ungläubiger wäre und nur künstlerisch das ins Auge fassen wollte, wie am Ende des Alten Testamentes Sieben und Fünf auftreten und wie Zwölf wieder am Anfange des Neuen Testamentes zu finden sind. Wenn man dies rein als künstlerisch-kompositionelles Element nimmt, kann man schon von der Einfachheit und der künstlerischen Größe des Bibelbuches ergriffen sein, ganz abgesehen davon, daß die Zwölf sich zusammensetzen aus den fünf Söhnen des Mattathias und den sieben Söhnen der Makkabäermutter.* Man wird lernen müssen, die Bibel auch als Kunstwerk zu nehmen; dann wird einem erst das Gefühl für die Größe aufgehen, die in die Bibel als Kunstwerk hineingelegt ist. Und man wird ein Gefühl dafür erhalten, worauf sich das, was da künstlerisch hineingelegt ist, eben beziehen muß.

Nun darf vielleicht noch auf eines aufmerksam gemacht werden. Unter den fünf Söhnen des Mattathias ist einer, der schon im Alten Testament Judas heißt. Er ist damals derjenige, welcher am kräftigsten kämpft für sein Volk, der ganz und gar mit seiner Seele seinem Volkstum hingegeben ist, und dem es auch gelingt, einen Bund mit den Römern zu schließen gegen den König Antiochus von Syrien

* Siehe Hinweis auf Seite 207.

(1. Makk. 8). Dieser Judas ist derselbe, welcher später die Prüfung durchzumachen hat, den Verrat zu begehen, weil er, der am allerinnigsten verbunden ist mit dem spezifisch althebräischen Element, nicht gleich den Übergang zu dem christlichen Element finden kann und erst die harte Prüfung braucht durch den Verrat. Es steht, wenn man wieder das rein Künstlerisch-Kompositionelle betrachtet, ganz wunderbar da die, man möchte sagen, grandiose Gestalt des Judas in den letzten Kapiteln des Alten Testamentes und die Gestalt des Judas im Neuen Testament. Und merkwürdig ist in diesem symptomatischen Vorgang, daß der Judas des Alten Testamentes einen Bund mit den Römern schließt, alles das vorbildet, was später geschehen ist, nämlich den Weg, den das Christentum genommen hat durch das Römertum, um in die Welt einzutreten. Das ist, möchte man sagen, die weitere Ausgestaltung. Und wenn ich hinzufügen würde, was auch gewußt werden kann, was aber doch nicht in einem Vortrage vor einem so großen Zuhörerkreise gesagt werden kann, so würden Sie sehen, wie eigentlich gerade durch die spätere Wiederverkörperung dieses Judas die Verschmelzung geschieht des römischen Elementes mit dem christlichen Element und wie der wiederverkörperte Judas der erste ist, der sozusagen den großen Erfolg hat in der Ausbreitung des romanisierten Christentums, und wie der Bündnisabschluß des Judas des Alten Testamentes mit den Römern die prophetische Vortatsache ist dessen, was ein Späterer tut, der dem Okkultisten wiedererscheint als der wiederverkörperte Judas, der da durchgehen mußte durch die harte Seelenprüfung des Verrates. Und was sich dann durch sein späteres Wirken zeigt als Christentum im Römertum und Römertum im Christentum zugleich, das erscheint wie eine ins Geistige umgesetzte Erneuerung des Bündnisses des alttestamentlichen Judas mit den Römern.

Wenn man solche Dinge vor sich hat, kommt man nach und nach zu der Einsicht: Geistig betrachtet, ist, von allem übrigen abgesehen, das größte Kunstwerk, das jemals gewesen ist, die menschliche Evolution selber. Man muß nur den Blick dafür haben. Aber sollte es denn gar so unbegründet sein, diesen Blick für die Menschenseele zu fordern? Ich denke, wenn jemand das eine oder das andere Drama sieht, das eine durchsichtige dramatische Schürzung und Lösung hat, so kann er, wenn er nicht die Fähigkeit hat, den Aufbau zu durchschauen, in dem Drama nur eine Aufeinanderfolge von Vorgängen sehen, die man hintereinander beschreiben kann. So ungefähr macht es die äußere Weltgeschichte. Da kommt allerdings aus der Menschheitsgeschichte kein Kunstwerk zustande, sondern nur ein Hintereinanderauftreten von Vorgängen. Jetzt aber ist die Menschheit schon an dem Wendepunkt, wo das eintreten muß, die innere fortschreitende Gestaltung der Vorgänge, ihre Verwicklung und Lösung in der Menschheitsevolution aufzufassen. Dann wird sich herausstellen, daß die Menschheitsevolution selber uns zeigt, wie an diesem Punkt, wie an jenem Punkte die individuellen Gestalten auftreten, Impulse geben, Knoten schürzen, Knoten lösen. Und man lernt erst das Hineingestelltsein des Menschen in die Menschheitsevolution erkennen, wenn man so den geschichtlichen Hergang kennt.

Dann aber muß man, weil das Ganze aus dem Zustande der reinen Zusammenfügung zu einem Organismus und zu mehr als einem Organismus erhoben wird, wirklich jedes an seine Stelle stellen und den Unterschied machen, den auf anderen Gebieten die Menschen für selbstverständlich halten. Denn keinem Astronomen wird es einfallen, die Sonne den übrigen Planeten gleichzustellen. Es ist ihm eine Selbstverständlichkeit, daß er die Sonne herausgliedert und als ein Monon gegenüber den Planeten hinstellt. So ist es dem, der die Menschheitsentwickelung durchschaut, selbstverständlich, eine «Sonne» hineinzustellen unter die großen Führer der Menschheit. Und wie es ein völliges Unding wäre, von der Sonne unseres Planetensystems so zu sprechen wie von dem Jupiter, Mars und so weiter, so ist es ein Unding, von dem Christus so zu sprechen wie von den Bodhisattvas und den anderen Menschheitsführern. Das sollte so selbstverständlich sein, daß jede Wiederverkörperung des Christus als etwas Absurdes erscheint, als etwas, was gar nicht gesagt werden kann, wenn man sich die Dinge nur ganz einfach vor Augen stellt. Aber es ist notwendig, daß man auch wirklich auf die Sachen eingeht, sie wirklich in ihrer wahren Gestalt erfaßt und sie nicht als dieses oder jenes Dogma, als diesen oder jenen Sektenglauben hinstellt. Es ist nicht notwendig, wenn man im wirklichen, kosmologischen Sinne von einer Christologie spricht, von einer Bevorzugung des Christentums vor einer anderen Religion zu sprechen. Das wäre so, wie wenn irgendwo eine Religion in ihren heiligen Schriften hätte, daß die Sonne ein Planet sei wie die übrigen Planeten, und dann jemand auftreten würde und sagen: Man muß die Sonne herausheben aus der Zahl der Planeten – und es würden sich nun die übrigen dagegen auflehnen und sagen: Ja, das ist aber eine Bevorzugung der Sonne! Das ist es gar nicht, sondern nur eine Anerkennung der Wahrheit selber.

Und so ist es mit dem Christentum. Es ist lediglich eine Anerkennung der Wahrheit, einer solchen Wahrheit, die heute jede Religion auf der Erde annehmen kann, wenn sie nur will. Und wenn andere Religionen es ernst nehmen mit dem gleichmäßigen Geltenlassen aller Religionsbekenntnisse, wenn sie nicht dieses gleichmäßige Geltenlassen nur zu einem Aushängeschild benutzen, dann werden sie auch keinen Anstoß daran nehmen, daß das Abendland nicht einen Nationalgott angenommen hat, sondern einen Gott, der zunächst mit einer Nationalität gar nichts zu tun hat, der eine kosmische Wesenheit ist. Die Inder sprechen von ihren Nationalgöttern. Es ist ganz selbstverständlich, daß sie anders sprechen müssen als die Menschen, die nicht einen germanischen Nationalgott angenommen haben und geltend machen, sondern die eine Wesenheit, die sich wahrhaftig nicht auf ihrem Boden verkörpert hat, in ihren Mittelpunkt stellen, die fern von ihnen bei einem anderen Volke verkörpert war. Von einem Entgegensetzen des christlich-abendländischen Prinzips gegenüber einem indisch-morgenländischen könnte man dann sprechen, wenn jemand zum Beispiel Wotan über Krishna stellen wollte. Bei dem Christus ist es aber gar nicht so. Er ist von allem Anfang an gar nicht einem Volke angehörig, sondern er verwirklicht das, was das Schönste ist in dem geisteswissenschaftlichen Prinzip: die Wahrheit anzuerkennen ohne Unterschied von Farbe, Rasse, Stamm und so weiter.

Diese Dinge objektiv zu betrachten, das ist es, wozu wir uns durchringen müssen. Und wenn wir die Evangelien dadurch erkennen, daß wir das erkennen, was ihnen zugrunde liegt, dann werden wir sie erst in Wahrheit verstehen. An dem, was heute gesagt worden ist über das Markus-Evangelium in seiner erhabenen Einfachheit und dramatischen Steigerung von der Persönlichkeit Johannes des Täufers zu der des Christus Jesus, kann man sehen, was eigentlich dieses Evangelium enthält.

DRITTER VORTRAG

Im Beginne des Markus-Evangeliums werden wir hingeführt zu der großen Gestalt des Täufers. Wie bedeutsam auf der einen Seite Johannes der Täufer eingeführt wird durch das Markus-Evangelium, wie bedeutsam er kontrastiert wird mit dem Christus Jesus selber, darauf ist gestern schon hingewiesen worden. Man wird, wenn man das Markus-Evangelium in seiner Einfachheit auf sich wirken läßt, sogleich einen bedeutsamen Eindruck gewinnen von der Gestalt des Täufers. Gehen wir dann auf die geisteswissenschaftlichen Hintergründe dieser Gestalt ein, so erscheint uns der Täufer erst gewissermaßen in seiner vollen Größe. Es ist von mir des öfteren auseinandergesetzt worden, wie wir den Täufer, auch im Sinne des Evangeliums selber – denn wir wissen, daß dies im Evangelium deutlich ausgesprochen ist – als eine Wiederverkörperung des Propheten Elias aufzufassen haben (siehe Matth. 11, 14). Geisteswissenschaftlich werden wir daher, um so recht den tieferen Grund der Begründung des Christentums und des Mysteriums von Golgatha einzusehen, die Gestalt des Täufers eben auf dem Hintergrunde dessen zu sehen haben, was uns im Propheten Elias entgegentritt. An dieser Stelle soll nur kurz angedeutet werden, um was es sich da handelt; denn ich habe gelegentlich der letzten Generalversammlung der Deutschen Sektion der Theosophischen Gesellschaft in Berlin gerade etwas ausführlicher über den Propheten Elias gesprochen.

Alles, was die Geisteswissenschaft, die okkulte Forschung, über den Propheten Elias zu sagen hat, bestätigt sich ja vollständig durch dasjenige, was in der Bibel selbst steht, während beim gewöhnlichen Lesen der entsprechenden Kapitel über Elias in der Bibel ganz zweifellos vieles unerklärlich bleibt. Ich mache nur auf das eine aufmerksam.

Wir lesen in der Bibel, daß Elias gleichsam herausfordert die ganze Gefolgschaft und das ganze Volk des Königs Ahab, unter dem er lebt, daß er den Baalspriestern, seinen Gegnern, sich selbst gegenüberstellt; daß er gleichsam zwei Altäre einrichtet, die Baalspriester ihr Opfertier darauflegen läßt, darnach auf seinen Altar sein Opfertier legt und dann zeigt, wie nichtig alles das ist, was über die Baalspriester von seiner Gegnerschaft gesagt wird, weil nichts sich zeigt von spiritueller Größe bei dem Baalsgotte, während sich die Größe und Bedeutung des Jahve oder Jehova sogleich an dem Opfer des Elias zeigt. Es ist ein Sieg, den Elias gewinnt über die Anhänger des Baal. Dann wird merkwürdigerweise erzählt, wie Ahab einen Nachbarn hat, Naboth, der einen Weinberg besitzt, wie Ahab, der König, diesen Weinberg gewinnen will, Naboth sich ihn aber nicht abdingen läßt, weil er ihm heilig ist als das Erbe seiner Väter. Nun finden wir zwei Tatsachen in der Bibel. Auf der einen Seite wird uns erzählt, daß Isebel, die Königin, die Feindin wird des Elias und erklärt, daß sie dafür sorgen werde, daß Elias ebenso getötet werde, wie durch seinen Sieg auf dem Altar seine Gegner, die Baalspriester, getötet worden sind. Aber so, wie es die Bibel uns erzählt, tritt dieser Tod durch die Isebel nicht ein; dagegen tritt etwas anderes ein. Naboth, der Nachbar des Königs, wird zu einer Art von Bußfest berufen, zu dem die anderen Vornehmen des Staates berufen werden, und gelegentlich dieses Bußfestes wird er ermordet auf Anstiften der Isebel (1. Kön. 18–21).

So können wir sagen: Die Bibel scheint zu erzählen, daß Naboth durch die Isebel ermordet wird; aber Isebel kündigt gar nicht an, daß sie Naboth, sondern daß sie Elias ermorden will. Also diese Dinge stimmen gar nicht zusammen. Da setzt nun die okkulte Forschung ein und zeigt, was der Tatbestand ist: daß wir es in Elias zu tun haben mit einem umfassenden Geiste, der gleichsam unsichtbar im Lande des Ahab umgeht, daß aber dieser Geist zuzeiten seinen Einzug hält in die Seele des Naboth, gleichsam die Seele des Naboth durchdringt, so daß Naboth die physische Persönlichkeit des Elias ist, und daß wir, wenn wir von der Persönlichkeit des Naboth zu sprechen haben, von der physischen Persönlichkeit des Elias sprechen. Elias ist die unsichtbare Gestalt im Sinne der Bibel, Naboth sein sichtbarer Abdruck in der physischen Welt. Das alles habe ich in dem Vortrage «Der Prophet Elias im Lichte der Geisteswissenschaft» ausführlich dargestellt. Wenn wir uns aber auf den ganzen Geist des Elias-Werkes einlassen und wenn wir den ganzen Geist des Elias, wie er uns in der Bibel dargestellt ist, auf unsere Seele wirken lassen, so können wir sagen: In

Elias tritt uns überhaupt zugleich der Geist des ganzen althebräischen Volkes entgegen. Alles, was das ganze althebräische Volk belebt und durchwebt, ist in dem Geiste des Elias enthalten. Wie den Volksgeist des althebräischen Volkes können wir ihn ansprechen. Er ist zu groß – das zeigt uns gerade die geisteswissenschaftliche Forschung –, um völlig wohnen zu können in der Seele seiner irdischen Gestalt, in der Seele des Naboth. Er umschwebt sie gleichsam wie in einer Wolke, aber er ist nicht nur in Naboth, sondern er geht herum wie ein Naturelement in dem ganzen Lande und wirkt in Regen und Sonnenschein. Das tritt ja deutlich zutage, wenn wir die ganze Beschreibung nehmen, die gleich damit beginnt, daß Trockenheit und Dürre herrscht, wie aber durch dasjenige, was Elias in dem Verhältnis zu den göttlich-geistigen Welten anordnet, der Trockenheit und Dürre und allem, was damals Not des Landes war, Abhilfe geschaffen wird. Wie ein Naturelement, wie ein Naturgesetz selber wirkt er. Und man möchte sagen: Man lernt, was in dem Geist des Elias wirkt, am besten dadurch kennen, daß man den 104. Psalm auf sich wirken läßt mit der ganzen Beschreibung des Jahve oder Jehova als der Naturgottheit, die durch alles hindurchwirkt. Nun ist Elias selbstverständlich nicht mit dieser Gottheit selbst zu identifizieren; er ist das irdische Abbild dieser Gottheit, er ist jenes irdische Abbild, das zugleich die Volksseele des althebräischen Volkes ist. Eine Art differenzierter Jehova, eine Art irdischer Jehova, oder – wie man es im Alten Testament ausdrückt – wie das Antlitz des Jehova ist dieser Geist des Elias.

So angesehen, illustriert sich uns die Tatsache noch ganz besonders, daß derselbe Geist, der in dem Elias-Naboth lebt, nun wiedererscheint in Johannes dem Täufer. Wie wirkt er in Johannes dem Täufer? Zunächst, im Sinne der Bibel und namentlich im Sinne des Markus-Evangeliums, wirkt er durch dasjenige, was die Taufe ist. Was ist diese Taufe in Wahrheit? Wozu wird sie eigentlich von Johannes dem Täufer an denjenigen vollzogen, die sich herbeilassen, sie an sich vollziehen zu lassen? Da müssen wir ein wenig auf das eingehen, was durch diese Taufe an den Täuflingen wahrhaft bewirkt worden ist. – Die Täuflinge wurden untergetaucht ins Wasser. Da trat bei ihnen immer das ein, wovon öfter gesprochen worden ist, daß es eintritt, wenn der

Mensch durch irgend etwas jenen Schock bekommt, den er durch irgendeine plötzliche Todesdrohung bekommen kann, zum Beispiel, wenn er ins Wasser fällt und dem Ertrinken nahe ist, oder bei einem Absturz im Gebirge. Da tritt eine Lockerung des Ätherleibes ein. Der Ätherleib geht teilweise aus dem physischen Leibe heraus, und die Folge ist, daß dann etwas eintritt, was beim Menschen immer unmittelbar nach dem Tode eintritt: eine Art Rückschau auf das letzte Leben. Das ist eine ganz bekannte Tatsache, die oft beschrieben wird, auch von materialistischen Denkern der Gegenwart. Etwas Ähnliches trat aber auch ein bei der Taufe des Johannes im Jordan. Die Leute wurden unter das Wasser getaucht. Das war nicht eine Taufe, wie sie heute gebräuchlich ist, sondern durch die Johannes-Taufe wurde bewirkt, daß der Ätherleib der Menschen sich lockerte und daß die Leute mehr sahen, als sie mit dem gewöhnlichen Verstande begreifen konnten. Sie sahen ihr Leben im Geiste und auch die Einflüsse auf dieses Leben im Geistigen. Und auch das sahen sie, wovon der Täufer lehrte: daß die alte Zeit erfüllt ist und daß eine neue Zeit beginnen müsse. In der hellseherischen Beobachtung, die sie für wenige Augenblicke machen konnten während des Untertauchens bei der Taufe, sahen sie: die Menschheit ist an einem Wendepunkt in der Evolution angekommen; was die Menschen in den alten Zeiten, da sie in der Gruppenseelenhaftigkeit waren, gehabt haben, ist im völligen Aussterben; ganz andere Verhältnisse müssen eintreten. Das sahen sie in ihrem freigewordenen Ätherleibe: Ein neuer Impuls, neue Eigenschaften müssen über die Menschheit kommen.

Deshalb war die Johannes-Taufe eine Erkenntnissache. «Ändert den Sinn, wendet den Blick nicht bloß nach rückwärts, wohin es noch möglich wäre, die Blicke zurückzuwenden, sondern blicket hin auf etwas anderes: der Gott, der sich im menschlichen Ich offenbaren kann, ist nahe herbeigekommen; die Reiche des Göttlichen sind nahe herbeigekommen.» Das predigte der Täufer nicht nur, das ließ er sie erkennen, indem er ihnen die Taufe im Jordan zuteil werden ließ. Und die, welche getauft wurden, wußten fortan aus ihrer eigenen hellsichtigen Beobachtung, wenn diese auch nur kurze Zeit dauerte, daß die Worte des Täufers eine weltgeschichtliche Tatsache ausdrückten.

Wenn wir diesen Zusammenhang betrachten, erscheint uns erst der Geist des Elias im rechten Lichte, der auch in Johannes dem Täufer wirkte. Dann erscheint uns die Sache so, daß wir in Elias haben den Geist des jüdischen Volkes, den Geist des alttestamentlichen Volkes. Was war das für ein Geist? Er war schon in einer gewissen Weise der Geist des Ich; aber er trat nicht auf als der Geist des einzelnen Menschen, sondern er trat bei Elias auf als der Geist des gesamten Volkes. Er war der undifferenzierte Geist. Was später in einem einzelnen Menschen wohnen sollte, das war gleichsam bei Elias noch die Gruppenseele des althebräischen Volkes. Es war noch in den übersinnlichen Welten, was als die individuelle Seele herabsteigen sollte in jede einzelne Menschenbrust, als die Johanneische Zeit herankam. Das war noch nicht in jedes Menschen Brust. Das konnte in Elias noch nicht so leben, daß es hineinstieg in die einzelne Persönlichkeit des Naboth, sondern nur so, daß es umschwebte die einzelne Persönlichkeit des Naboth. Es manifestierte sich bei Elias-Naboth nur genauer, als es sich im Grunde genommen in jedem einzelnen Angehörigen des althebräischen Volkes manifestierte. Daß dieser Geist, der gleichsam über den Menschen und ihrer Geschichte schwebte, nun immer mehr und mehr einziehen sollte in jede einzelne individuelle Brust, das war die große Tatsache, die nun Elias-Johannes selber ankündigte, indem er gleichsam sagte, die Leute taufend: Was bisher nur in der übersinnlichen Welt war und aus dieser heraus wirkte, das müßt ihr jetzt in eure Seelen aufnehmen als die Impulse, die aus den Reichen der Himmel bis ins menschliche Herz gekommen sind. – Der Geist des Elias zeigt selber, wie er nun vervielfältigt einziehen muß in die menschlichen Herzen, damit die Menschen nach und nach den Impuls des Christus im Laufe der Weltgeschichte aufnehmen können. Das war der Sinn der Johannes-Taufe, daß Elias bereit war, den Platz zu bereiten für den Christus. Das war enthalten in der Tat der Johannes-Taufe im Jordan. «Ich will ihm Platz machen, ich will ihm den Weg bereiten in den Herzen der Menschen; ich will nicht mehr bloß über den Menschen schweben, sondern in die menschlichen Herzen einziehen, damit auch er einziehen kann.»

Wenn das so ist, was dürfen wir dann erwarten? Es ist nichts natürlicher, wenn dies so ist, als daß wir erwarten können, daß in dem Täufer Johannes in einer gewissen Weise wieder das zutage tritt, was wir an Elias schon beobachtet haben, daß zutage tritt, wie in der grandiosen Gestalt des Täufers nicht bloß wirkt diese einzelne Persönlichkeit, sondern dasjenige, was mehr ist als diese einzelne Persönlichkeit, was wie eine Aura diese einzelne Persönlichkeit umschwebt, aber in seiner Wirksamkeit über diese einzelne Persönlichkeit hinausgeht, was wie eine Atmosphäre lebt unter denjenigen, innerhalb welcher auch der Täufer wirkt. Wie Elias gewirkt hat wie eine Atmosphäre, so können wir auch erwarten, daß Elias wieder wirkt wie eine Atmosphäre als der Täufer Johannes. Ja, wir können sogar noch etwas anderes erwarten: daß diese spirituelle Wesenheit des Elias, die jetzt an Johannes den Täufer gebunden ist, dann spirituell weiterwirkt, wenn der Täufer nicht mehr da ist, wenn er weg ist. Und was will sie denn, diese spirituelle Wesenheit? Nun, sie will den Weg bereiten für den Christus. Wir können also sagen: Der Fall ist möglich, daß der Täufer abgeht als physische Person, daß aber seine spirituelle Wesenheit bleibt wie eine geistige Atmosphäre auf dem Boden, in der Gegend, wo er gewirkt hat, und daß diese geistige Atmosphäre gerade vorbereitet den Boden, auf dem der Christus nun seine Tat ausführen kann. Das können wir erwarten. Und was wir so erwarten können, wird am besten dadurch ausgedrückt, wenn vielleicht gesagt würde: Johannes der Täufer ist weggegangen, aber was er als der Elias-Geist ist, das ist da, und in das hinein kann am besten der Christus Jesus wirken, da kann er am besten seine Worte hineingießen; in der Atmosphäre, die da geblieben ist, in der Elias-Atmosphäre, da kann er am besten seine Taten ausprägen. Das können wir erwarten. Und was wird uns im Markus-Evangelium gesagt?

Außerordentlich charakteristisch ist es, daß zweimal im Markus-Evangelium angedeutet wird, was ich jetzt ausgesprochen habe. Das erstemal wird gesagt: Gleich nach der Verhaftung des Johannes kam Jesus nach Galiläa und verkündete dort die Lehre von den himmlischen Reichen (1, 14). Johannes war also verhaftet, das heißt, seine physische Person war zunächst gehemmt, selbst zu wirken; aber es tritt in die Atmosphäre, die er geschaffen hat, ein die Gestalt des Christus Jesus.

Und ein zweites Mal tritt bedeutsam dasselbe auf im Markus-Evangelium, und das ist grandios, daß es ein zweites Mal auftritt. Man muß nur das Markus-Evangelium richtig lesen. Wenn Sie weitergehen bis zum sechsten Kapitel, dann hören Sie die ganze Beschreibung, wie der König Herodes den Täufer Johannes köpfen ließ. Aber sehr merkwürdig: man vermutete mancherlei, nachdem die physische Persönlichkeit des Johannes nicht nur verhaftet, sondern durch den Tod hinweggeräumt war. Einigen scheint es, die Wunderkraft, durch die der Christus Jesus wirkt, komme davon her, weil der Christus Jesus selber der Elias sei – oder einer der Propheten. Aber Herodes hat aus seinem geängstigten Gewissen heraus eine sehr merkwürdige Ahnung. Als er hört, was durch den Christus Jesus alles geschah, sagt er: «Johannes, den ich köpfen ließ, der ist auferweckt.» (6, 16.) Herodes spürt, daß, als Johannes als physische Persönlichkeit weg ist, er jetzt erst recht da ist. Er spürt, daß seine Atmosphäre, seine Spiritualität – und die keine andere ist als die Spiritualität des Elias – da ist. Herodes, aus dem gemarterten Gewissen heraus, merkt, wie Johannes der Täufer, das heißt Elias, da ist. Aber dann wird etwas Sonderbares angedeutet, wie der Christus Jesus kam, gerade in die Gegend kam, wo Johannes der Täufer gewirkt hatte, nachdem dieser seinen physischen Tod gefunden hatte. Da steht eine merkwürdige Stelle, die ich Sie bitte, ganz besonders zu berücksichtigen, über die man nicht hinweglesen darf. Denn im Evangelium sind die Worte nicht bloß Redeschmuck; die Evangelisten schreiben noch keinen journalistischen Stil. Da wird etwas sehr Bedeutsames gesagt. Unter die Schar derer tritt der Christus Jesus, welche die Anhänger und Jünger Johannes des Täufers waren, und das wird ausgedrückt in einem Worte, das man berücksichtigen muß: «Und als er herauskam, sah er eine große Menge», womit nur die Jünger des Johannes gemeint sein können, «und hatte Mitleiden mit ihnen ...» Warum Mitleiden? Weil sie ihren Meister verloren hatten, weil sie dastehen ohne den Johannes, von dem gesagt wird, daß sie kurz vorher seinen enthaupteten Leichnam zu Grabe getragen hatten. Es wird aber noch genauer gesagt: «... denn sie waren wie Schafe, die keinen Hirten haben, und fing an, sie vieles zu lehren.» (6, 34.) Man kann nicht deutlicher hinweisen auf die Tatsache, wie er die Jünger des Johannes lehrt. Er lehrt sie aus dem Grunde, weil noch der Geist des Elias unter ihnen wirkt, der zugleich des Geist Johannes des Täufers ist. So wird an einer bedeutungsvollen Stelle des Markus-Evangeliums wieder mit dramatischer Kraft darauf hingewiesen, wie in das, was der Geist des Elias-Johannes vorbereitet hat, eintritt der Geist des Christus Jesus. Das alles ist aber nur ein Hauptpunkt, um den sich anderes herumgruppiert, das sehr bedeutsam ist. Ich möchte nur auf eines noch aufmerksam machen.

Ich habe öfter angedeutet, wie dann dieser Geist des Elias-Johannes durch seine Impulse weiter wirksam war in der Weltgeschichte. Und da wir als Anthroposophen hier beisammen sind und auch auf okkulte Tatsachen eingehen dürfen, so darf die Sache besprochen werden. Es ist öfter von mir angedeutet worden, daß die Seele des Elias-Johannes wiedererscheint in dem Maler *Raffael*. Dies gehört zu den Tatsachen, die so recht darauf aufmerksam machen können, wie sich die Metamorphose der Seele vollzieht gerade durch den großen Einschlag, der durch das Mysterium von Golgatha geschieht. Weil in der nachchristlichen Zeit auch eine solche Seele durch das Medium der einzelnen Persönlichkeit in Raffael wirken mußte, deshalb erscheint, man möchte sagen, dasjenige, was in den alten Zeiten so umfassend, so weltumfassend war, in einer so differenzierten Persönlichkeit, wie es Raffael war. Kann man gar nicht empfinden, daß doch dieses wie eine Aura Umschwebende des Elias-Johannes auch bei Raffael da ist, daß auch bei Raffael etwas Ähnliches da ist wie bei den beiden anderen, von dem man sagen kann: es ist zu groß, um in die einzelne Persönlichkeit einzugehen, es umschwebt die einzelne Persönlichkeit, so daß die Offenbarungen, welche diese physische Persönlichkeit empfängt, wie Erleuchtungen wirken? Das ist bei Raffael doch der Fall.

Es gibt einen, wenn auch persönlich ausschauenden, aber doch sehr merkwürdigen Beweis für diese Tatsache, einen Beweis, dessen Elemente ich schon in München angedeutet habe. Ich möchte aber doch die Sache hier besprechen, nicht nur um die Persönlichkeit des Täufers, sondern die ganze Wesenheit Elias-Johannes herauszuarbeiten, und möchte deshalb auch den weiteren Fortgang der Seele des Elias-Johannes in Raffael besprechen. Es muß jemand, der dann ehrlich, aufrichtig eingehen will auf das, was Raffael war, schon ganz besondere Gefühle dafür haben.

Ich habe aufmerksam gemacht auf den modernen Kunsthistoriker *Herman Grimm* und gesagt, daß es ihm möglich war, mit einer gewissen Leichtigkeit eine Biographie von Michelangelo zustande zu bringen, daß er aber dreimal darangegangen ist, um eine Art von Lebensbeschreibung von Raffael zustande zu bringen. Und weil Herman Grimm nicht ein gewöhnlicher «Gelehrter» war – ein solcher wird selbstverständlich mit allem fertig –, sondern ein universeller Mensch, der aufrichtig war mit seinem Herzen in bezug auf das, was er ergreifen und erforschen wollte, so mußte er sich gestehen, wenn er wieder etwas fertiggebracht hatte, was ein «Leben Raffaels» sein sollte, daß es doch kein Leben Raffaels war. So mußte er immer wieder ansetzen, und niemals wurde er von seiner Arbeit befriedigt. Kurz vor seinem Tode versuchte er noch einmal – was in seinen nachgelassenen Werken enthalten ist – an Raffael heranzutreten, um ihn so zu erfassen, wie ihn sein Herz erfassen wollte, und schon charakteristisch ist der Titel, den die neue Abhandlung tragen sollte, nämlich «Raffael als Weltmacht». Denn es erschien ihm, daß man, wenn man sich aufrichtig Raffael nähert, ihn gar nicht schildern kann, wenn man ihn nicht als Weltmacht schildern kann, wenn man nicht durchsehen kann auf das, was durch die ganze Weltgeschichte hindurch wirkt. Es ist ganz natürlich, daß ein moderner Schriftsteller, man möchte sagen, mit einer gewissen Unbehaglichkeit seine Worte setzt, wenn er schildern soll so frank und frei, wie die Evangelisten schilderten. Es geniert sich selbst der beste Schriftsteller, da zu Werke zu gehen; aber es ringen ihm die Gestalten, die er zu beschreiben hat, doch oft die entsprechenden Worte ab. Da ist es sehr merkwürdig, wie Herman Grimm in den ersten Kapiteln, die er kurz vor seinem Tode schrieb, über Raffael spricht. Es ist wirklich so, daß man in seinem Herzen etwas ahnen kann von dem Verhältnis einer solchen Gestalt, wie es Elias-Johannes war, wenn er von Raffael spricht, indem er sagt:

«Würde Michelangelo durch ein Wunder von den Toten fortgerufen, um unter uns wieder zu leben, und begegnete ich ihm, so würde ich ehrfurchtsvoll zur Seite treten, damit er vorüberginge; käme mir Raffael aber in den Weg, so würde ich hinter ihm hergehen, ob ich nicht Gelegenheit fände, ein paar Worte aus seinen Lippen zu vernehmen. Bei Lionardo und Michelangelo kann man sich darauf beschränken, zu erzählen, was sie ihren Tagen einst gewesen sind: bei Raffael muß von dem ausgegangen werden, was er uns heute ist. Über jene anderen hat sich ein leiser Schleier gelegt, über Raffael nicht. Er gehört zu denen, deren Wachstum noch lange nicht zu Ende ist. Es sind immer wieder zukünftig lebende Geschlechter von Menschen denkbar, denen Raffael neue Rätsel aufgeben wird.» («Fragmente», II. Band, Seite 171.)

Herman Grimm schildert Raffael als Weltmacht, als einen Geist, der durch die Jahrhunderte, durch die Jahrtausende schreitet, als einen Geist, der nicht Platz hat in einem einzelnen Menschen. Aber noch andere Worte lesen wir bei Herman Grimm, die sich, wie gesagt, abringen der Aufrichtigkeit und Ehrlichkeit seiner Seele. Und die sind so, wie wenn jemand ausdrücken möchte, daß bei Raffael etwas vorliegt wie eine große Aura, die ihn umschwebt, so wie der Geist des Elias den Naboth umschwebte. Könnte man es anders ausdrücken, als es Herman Grimm schreibt:

«Raffael ist ein Bürger der Weltgeschichte. Wie einer von den vier Flüssen ist er, die dem Glauben der alten Welt nach aus dem Paradiese kamen.» («Fragmente», II. Band, Seite 153.)

Das könnte fast ein Evangelist geschrieben haben, und so könnte man fast über Elias schreiben. Das heißt, auch der moderne Kunsthistoriker kann, wenn er ehrlich und aufrichtig empfindet, etwas fühlen von dem, was so durch die Zeiten geht an großen Weltimpulsen. Man braucht wahrhaftig nichts anderes, um die moderne Geisteswissenschaft zu verstehen, als zu den seelischen und geistigen Bedürfnissen der Menschen zu gehen, die mit aller Sehnsucht hineinstreben in das, was die Wahrheit ist bei der Evolution der Menschheit.

So steht Johannes der Täufer vor uns, und es ist gut, wenn wir ihn so fühlen beim Aufschlagen des Markus-Evangeliums, beim Lesen der ersten Worte und im Verfolg dann wieder im sechsten Kapitel. Die Bibel ist kein Buch, das wirken soll wie ein Buch der modernen Gelehrsamkeit, wo man sozusagen recht «klar» – so nennt man es nämlich – den Leuten unter die Nase streicht, was sie lesen sollen. Die Bibel verbirgt manches, was sie an geheimnisvollen Tatsachen zu verkünden hat, hinter dem Kompositionellen, hinter dem grandiosen okkult Kompositionell-Künstlerischen. Und so verbirgt sie auch manches hinter diesem okkult Kompositionell-Künstlerischen gerade in bezug auf die Tatsache des Täufers. Ich darf Sie dabei auf eines aufmerksam machen, was Sie als Empfindungs-, als Gefühlswahrheit vielleicht bloß nehmen wollen, woraus Sie aber sehen können, daß, wenn man noch andere als Verstandeswahrheiten gelten läßt, es in der Bibel doch darinnensteht, wie sich der Geist oder die Seele des Elias zu dem Geist oder der Seele Johannes des Täufers verhält. Wollen wir einmal zusehen, inwiefern dies der Fall ist, und, so kurz als es geschehen kann, eine Stelle aus der Elias-Beschreibung des Alten Testamentes auf uns wirken lassen.

«Elias machte sich auf und ging gen Sarepta. Und da er zum Tore der Stadt kam, siehe, da war eine Witwe und las Holz auf. Und er rief ihr und sprach: Hole mir ein wenig Wasser im Kruge, daß ich trinke.

Da sie aber hinging zu holen, rief er ihr und sprach: Bringe mir auch einen Bissen Brot mit.

Sie sprach: So wahr der Herr, dein Gott, lebet, ich habe nichts Gebackenes, nur eine Handvoll Mehl im Kasten und ein wenig Öl im Kruge. Und siehe, ich habe ein Holz oder zwei aufgelesen und gehe hinein und will mir und meinem Sohne zurichten, daß wir essen und sterben.

Elias sprach zu ihr: Fürchte dich nicht; gehe hin und mache es, wie du gesagt hast; doch mache mir am ersten ein kleines Gebackenes davon und bringe mir's heraus; dir aber und deinem Sohne sollst du darnach auch machen.

Denn also spricht der Herr, der Gott Israels: Das Mehl im Kasten soll nicht verzehrt werden, und dem Ölkruge soll nichts mangeln bis auf den Tag, da der Herr regnen lassen wird auf Erden.

Sie ging hin und machte, wie Elias gesagt hatte. Und er aß, und sie auch und ihr Haus eine Zeitlang.

Das Mehl im Kasten ward nicht verzehret, und dem Ölkruge mangelte nichts nach dem Wort des Herrn, das er geredet hatte durch Elias.» (1.Könige 17, 10–16.)

Was lesen wir in dieser Erzählung von Elias? Wir lesen das Hinkommen des Elias zu einer Witwe und eine merkwürdige Brotvermehrung. Dadurch, daß der Geist des Elias da ist, tritt das ein, daß keine Not ist, trotzdem wenig Brot da ist. Das Brot mehrt sich, das lesen wir, in dem Augenblick, da der Geist des Elias bei der Witwe eintritt. Durch den Geist des Elias geschieht das, was hier als Brotvermehrung, als Beschenkung mit Brot dargestellt wird. Wir könnten sagen: Es leuchtet aus dem Alten Testament die Tatsache heraus, daß durch das Erscheinen des Elias eine Brotvermehrung bewirkt wird.

Und jetzt lesen wir das sechste Kapitel des Markus-Evangeliums. Da wird zunächst erzählt, wie Herodes den Johannes köpfen ließ, wie dann der Christus Jesus zu der Schar des Johannes kam. Und lassen wir nun dieses Kapitel auf unsere Seele wirken.

«Und als er herauskam, sah er eine große Menge, und hatte Mitleiden mit ihnen; denn sie waren wie Schafe, die keinen Hirten haben; und fing an, sie vieles zu lehren.

Und wie es schon spät wurde, traten seine Jünger zu ihm und sagten: Der Ort ist öde, und es ist schon spät; entlasse sie, damit sie in die Höfe und Dörfer ringsum gehen und sich etwas zu essen kaufen.

Er aber antwortete ihnen: Gebt ihr ihnen zu essen. Und sie sagten zu ihm: Sollen wir hingehen und für zweihundert Denare Brot kaufen und ihnen zu essen geben?

Er aber sagte zu ihnen: Wie viele Brote habt ihr? Gehet hin und sehet nach. Und nachdem sie sich unterrichtet, sagten sie: Fünf, und zwei Fische.

Und er befahl ihnen, sich alle niederzusetzen tischweise auf dem grünen Rasen.

Und sie lagerten sich beetweise, zu hundert und zu fünfzig.

Und er nahm die fünf Brote und die zwei Fische, blickte auf zum Himmel, segnete und brach die Brote und gab sie den Jüngern, sie

ihnen vorzusetzen, auch die zwei Fische teilte er unter alle.
Und sie aßen alle und wurden satt ...» (6, 34–42).

Sie kennen die Geschichte: eine Brotvermehrung, wiederum durch den Geist Elias-Johannes. Die Bibel spricht eben nicht klar, wie man das heute «klar» nennt; aber die Bibel legt in das Kompositionelle das hinein, was sie zu sagen hat. Und wer Gefühlswahrheiten zu bewerten versteht, der wird ruhen wollen mit seinem Gefühl auf der einen Stelle, wo davon die Rede ist, wie Elias zu der Witwe kommt und das Brot vermehrt, und wo dann der wiedergeborene Elias den physischen Leib verläßt und der Christus Jesus in seiner Atmosphäre in einer neuen Gestalt das vornimmt, was als eine Brotvermehrung zu deuten ist.

So sind die inneren Fortschritte in der Bibel. So sind die inneren Zusammenhänge. Die weisen uns darauf hin, wie im Grunde genommen alles nur eine leere Gelehrsamkeit ist, die da von einem «Zusammentragen von Bibelfragmenten» spricht, und wie durch eine wirkliche Bibelerkenntnis es möglich ist, daß wir durch die ganze Bibel hindurch den einheitlich komponierenden Geist erkennen, gleichgültig jetzt, wer dieser einheitlich komponierende Geist ist. So sehen wir hingestellt vor uns den Täufer.

Es ist sehr merkwürdig nun, wie dieser Täufer selbst wieder hineingestellt wird in das Werk des Christus Jesus. Zweimal wird uns also angedeutet, daß eigentlich der Christus Jesus eintritt in die Aura des Täufers, eintritt da, wo die physische Persönlichkeit immer mehr und mehr in den Hintergrund tritt und endlich ganz weggeht von dem physischen Plan. Dann aber wird uns gerade durch das einfache Markus-Evangelium mit sehr klaren Worten angedeutet, wie anders doch alles jetzt wird durch den Eintritt des Christus Jesus in das Element von Elias-Johannes, wie ein ganz neuer Impuls dadurch doch in die Welt hereintritt.

Um das zu verstehen, muß man nun die ganze Schilderung ins Auge fassen, die gegeben wird im Evangelium von dem Moment an, da der Christus nach der Verhaftung von Johannes dem Täufer auftritt, um von den göttlichen Reichen zu sprechen, einerseits, bis dahin, wo von der Ermordung des Johannes durch Herodes geredet wird, und dann wieder in den Kapiteln nachher. Nehmen wir alle diese Erzählungen, die uns da vorliegen, bis zu der Herodesgeschichte, so finden wir, daß sie alle darauf ausgehen, wenn wir sie in ihrem wahren Charakter betrachten, uns so recht das Wesenhafte des Christus Jesus zur Anschauung zu bringen. Es ist schon gestern darauf aufmerksam gemacht worden, wie dieses Wesenhafte des Christus Jesus wirkt, nämlich so, daß er nicht nur erkannt wird von den Menschen, sondern daß er auch erkannt wird von den Geistern, von denen die Dämonischen besessen sind, so daß ihn auch die übersinnlichen Wesenheiten erkennen. Das tritt uns zuerst scharf und markant entgegen. Dann aber tritt uns entgegen, wie das, was in dem Christus Jesus wohnt, doch etwas anderes ist als das, was in Elias-Naboth dadurch wohnte, daß der Geist des Elias nicht ganz in Naboth eintreten konnte.

Der Sinn im Markus-Evangelium ist nun der, zu erzählen, wie ganz in den Jesus von Nazareth eingeht, ganz die irdische Persönlichkeit erfüllt dasjenige, was der Christus ist, und wie das darin wirkt, was man als allgemeines menschliches Ich erkennt. Was ist denn den Dämonen, welche die Menschen von sich besessen halten, so furchtbar, als ihnen der Christus entgegentritt? Das ist es, daß sie zu ihm sagen müssen: «Du bist der, der den Gott in sich trägt», daß sie ihn erkennen als eine göttliche Macht in der Persönlichkeit, welche die Dämonen zwingt, sich ihr zu erkennen zu geben und herauszutreten aus den Menschen durch die Macht dessen, was in der individuellen Persönlichkeit des Menschen sitzt (1, 24; 3, 11; 5, 7). Dadurch wird uns in den ersten Kapiteln des Markus-Evangeliums diese Gestalt so besonders herausgearbeitet, die in einer gewissen Weise wie ein Gegensatz zu Elias-Naboth und auch zu Elias-Johannes ist. Während in diesen nicht völlig wohnen konnte, was das Beseelende war, ist in dem Christus Jesus dieses Beseelende völlig enthalten. Daher steht auch der Christus Jesus, obwohl in ihm ein kosmisches Prinzip lebt, ganz individuell, als einzelne menschliche Persönlichkeit zugleich, den anderen Menschen gegenüber, auch denjenigen gegenüber, die er heilt.

Man nimmt ja in der Gegenwart solche Schilderungen, die aus der Vergangenheit gegeben werden, gewöhnlich in einem eigentümlichen Sinne auf. Insbesondere viele der heutigen Naturgelehrten, Monisten, wie sie sich auch nennen, wenn sie Weltanschauungen vertreten wollen, nehmen solche Darstellungen in einem ganz besonderen Sinne auf. Man möchte diesen Sinn dadurch bezeichnen, daß man sagt: Diese guten Gelehrten, diese guten Naturphilosophen haben im geheimen doch ein wenig die Meinung, wenn sie sich auch genieren, sie auszusprechen, daß es besser gewesen wäre, wenn es der Herrgott ihnen überlassen hätte, die Welt einzurichten; denn sie hätten sie doch besser eingerichtet. Nehmen wir einen solchen Naturgelehrten, der darauf schwört, daß die Weisheit erst in den letzten zwanzig Jahren über die Menschheit gekommen ist – und andere rechnen ja nur nach den letzten fünf Jahren, die betrachten das schon als Aberglauben, was vor den letzten fünf Jahren liegt –, so wird er insbesondere tief bedauern, daß, als der Christus Jesus auf Erden wandelte, es noch nicht eine moderne naturwissenschaftliche Medizin mit allen ihren verschiedenen Mitteln gegeben hat; denn es wäre doch gescheiter gewesen, wenn alle diese Menschen – wie zum Beispiel die Schwiegermutter des Simon und auch die anderen – mit den Mitteln der heutigen Medizin hätten geheilt werden können. Denn das wäre nach ihrer Meinung doch ein ganz vollkommener Herrgott, der nach den Begriffen der modernen Naturgelehrten die Schöpfung eingerichtet hätte; der hätte doch die Menschen nicht so lange schmachten lassen nach der modernen Naturgelehrsamkeit. So aber ist doch die Welt, wie sie der Herrgott eingerichtet hat, gegenüber dem, was ein Naturgelehrter gekonnt hätte, etwas verpfuscht. Man sagt es nicht, man geniert sich, es zu sagen; aber zwischen den Zeilen ist es doch da. Man muß nur die Dinge einmal beim rechten Namen nennen, die heute bei den materialistischen Naturgelehrten herumschwirren. So könnte man, wenn man mit einem solchen Herrn vielleicht einmal unter vier Augen sprechen könnte, doch wohl die Meinung hören, eigentlich könnte man schon deshalb gar nicht anders als Atheist sein, weil man sieht, wie wenig es dem Herrgott gelungen ist, die Menschen zur Zeit des Christus Jesus mit den Methoden der modernen Naturwissenschaft zu heilen.

Das eine bedenken die Menschen aber nicht: daß sie das Wort Evolution, das sie so oft aussprechen, ernst und ehrlich nehmen müssen, daß alles in der Evolution begriffen sein muß, damit die Welt an ihr Ziel kommen kann, und daß man nicht fragen muß bloß nach dem Plan, den die heutige Naturwissenschaft aufstellen würde, wenn sie eine Welt erschaffen würde. Weil man aber so denkt, weiß man nicht recht, daß die ganze Konstitution des Menschen, die Zusammenfügung der feineren Leiber, früher eine ganz andere gewesen ist. Man hätte damals nichts anfangen können mit den naturwissenschaftlichen Methoden bei der menschlichen Persönlichkeit. Da war der Ätherleib viel wirksamer, viel kräftiger noch, als er heute ist; da konnte man auf dem Umwege durch den Ätherleib ganz anders auf den physischen Leib wirken. Und es bedeutete eine ganz andere Wirkung als heute, wenn man – sprechen wir es ganz trocken aus – mit «Gefühlen» heilte, wenn das Gefühl sich ausgoß von dem einen auf den anderen. Als der Ätherleib wirklich noch stärker war und den physischen Leib noch beherrschte, da konnte das, was man psychisch-spirituelle Heilmittel nennt, ganz anders sich betätigen. Die Menschen waren in ihrer Konstitution anders, daher mußte anders geheilt werden. Wenn man das nicht weiß, wird man als Naturgelehrter sagen: An Wunder glauben wir nicht mehr, und was da über die Heilungen gesagt wird, sind eben Wunder, und das muß beseitigt werden. Und wenn man ein heutiger aufgeklärter Theologe ist, dann ist man in einer ganz besonderen Verlegenheit. Da möchte man die Sachen aufrechterhalten, aber man steckt doch voll von dem modernen Vorurteil, daß so nicht geheilt werden kann, daß das «Wunder» seien. Und dann macht man alle möglichen Erklärungen über die Möglichkeit oder Unmöglichkeit der Wunder. Nur eines weiß man nicht: daß alles, was bis zum sechsten Kapitel des Markus-Evangeliums beschrieben wird, für die damalige Zeit überhaupt keine Wunder waren, sowenig wie es ein Wunder ist, wenn heute mit irgendeiner Arznei diese oder jene Funktion des menschlichen Organismus beeinflußt wird. Kein Mensch hätte damals an Wunder gedacht, wenn jemand zu einem Aussätzigen sagte, indem er die Hand ausstreckte: «Ich will es, werde rein!» Das ganze Naturell des Christus Jesus, das da überfloß, war das Heilmittel. Es würde heute nicht mehr wirken, weil heute die Zusammenfügung des menschlichen Ätherleibes und physischen Leibes eine ganz andere ist. Damals aber heilten die Ärzte überhaupt so. Daher ist es bei dem Christus Jesus gar nicht etwas besonders Hervorzuhebendes, daß er die Aussätzigen durch Mitleid und Handauflegen heilte. Das war eine Selbstverständlichkeit für die damalige Zeit. Was in diesem Kapitel hervorgehoben werden soll, ist etwas ganz anderes, und dem muß man richtig ins Auge schauen.

Werfen wir dazu einen Blick auf die Art und Weise, wie damals zum Beispiel die kleineren oder größeren Ärzte ausgebildet wurden. Sie wurden in Schulen ausgebildet, welche den Mysterienschulen beigeordnet waren, und sie bekamen in die Hand Kräfte, die aus der übersinnlichen Welt durch sie herunterwirkten, so daß die damals heilenden Ärzte gleichsam Medien waren für übersinnliche Kräfte. Sie übertrugen übersinnliche Kräfte durch ihre eigene Mediumschaft, zu der sie erhoben wurden in den ärztlichen Mysterienschulen. Indem ein solcher Arzt seine Hand auflegte, waren es nicht seine Kräfte, die ausströmten, sondern Kräfte aus der übersinnlichen Welt. Und daß er ein Kanal sein konnte für das Wirken von übersinnlichen Kräften, das wurde bewirkt bei seiner Einweihung in den Mysterienschulen. Erzählungen, daß ein Aussätziger oder Fieberkranker geheilt worden war durch solche psychische Vorgänge, wären dem damaligen Menschen nicht besonders wundersam erschienen. Was das Bedeutsame war, ist nicht, daß geheilt wurde, sondern daß jemand auftrat, der, ohne in einer Mysterienschule gewesen zu sein, so heilen konnte; daß einer auftrat, dem die Kraft, die früher von den höheren Welten herunterfloß, in das Herz, in die Seele selber gelegt war, und daß diese Kräfte persönliche, individuelle Kräfte geworden waren. Die Tatsache sollte hingestellt werden, daß die Zeit erfüllt ist, daß der Mensch fortan nicht mehr so sein kann, daß er ein Kanal für übersinnliche Kräfte ist, daß dies aufhört. Das war auch denen, die sich durch Johannes im Jordan taufen ließen, klar geworden, daß diese Zeit aufhört, daß alles, was zukünftig gemacht werden muß, durch das menschliche Ich, durch das, was in das göttliche, innere Zentrum des Menschen einkehren soll, gemacht werden muß und daß da einer unter den Menschen steht, der von sich aus das tut, was die anderen getan haben mit Hilfe der Wesenheiten, die in den übersinnlichen Welten leben, und deren Kräfte auf sie herunterwirkten.

So trifft man gar nicht einmal den Sinn der Bibel, wenn man den Heilungsvorgang selber als etwas Besonderes darstellt. Das war er in der Abendröte der alten Zeit noch nicht, wo solche Heilungen noch stattfinden konnten und wo gesagt wird, daß der Christus in der Zeit der Abendröte Heilungen vollzieht – aber mit den neuen Kräften, die fortan da sein sollten. Daher wird auch mit einer völligen Klarheit, die durch nichts eigentlich übertönt werden könnte, gezeigt, wie der Christus Jesus ganz von Mensch zu Mensch wirkt. Überall wird betont, daß er von Mensch zu Mensch wirkt. Es kann das kaum klarer zum Ausdruck kommen als dort, wo der Christus Jesus die Frau heilt, im fünften Kapitel des Markus-Evangeliums. Er heilt sie dadurch, daß sie an ihn herankommt, sein Kleid erfaßt, und er spürt, daß von ihm ein Strom von Kraft weggegangen ist. Die ganze Erzählung ist so, daß uns dargestellt wird: Die Frau nähert sich dem Christus Jesus, sie ergreift sein Gewand. Er tut zunächst gar nichts anderes dazu. *Sie* tut etwas: sie ergreift sein Gewand. Von ihm geht ein Strom von Kraft weg. Wodurch? Nicht dadurch, daß er ihn weggeschickt hat in diesem Falle, sondern daß sie ihn wegzieht, und er merkt es erst später. Das wird ganz klar dargestellt. Und als er es merkt, wie drückt er sich da aus? «Tochter, dein Glaube hat dir geholfen; gehe hin in Frieden und sei genesen von deiner Plage.» Er wird selbst erst gewahr, wie er dasteht, wie das göttliche Reich in sein Inneres einströmt und von ihm ausströmt. Er steht nicht so da, wie die früheren Dämonenheiler ihren Patienten gegenübergestanden haben. Da konnte der Patient glauben oder nicht glauben, die Kraft, die ausströmte aus überirdischen Welten durch das Medium des Heilers, strömte auf den Kranken ein. Jetzt aber, wo es auf das Ich ankam, mußte dieses Ich mitarbeiten; da wurde alles individualisiert. Auf die Schilderung dieser Tatsache kommt es an, nicht auf das, was damals selbstverständlich war, daß man durch die Seele auf den Leib wirken konnte, sondern daß Ich zu Ich, als die neue Zeit beginnen sollte, in eine Relation, in ein Verhältnis treten sollte. Früher war das Spirituelle in den höheren Welten, überschwebte den Menschen; jetzt waren die Reiche der Himmel nahe herbeigekommen und sollten einziehen in die Herzen der Menschen, sollten in den Herzen der Menschen wie in einem Zentrum wohnen. Darauf kommt es an. Da floß zusammen für eine solche Weltanschauung das äußere Physische und das innere Moralische in einer neuen Weise, in einer solchen Weise, daß es für die Zeiten von der Begründung des Christentums bis heute nur ein *Glaube* sein konnte und von jetzt ab ein *Wissen* werden kann.

Man nehme einen alten Patienten, der seinem Arzte, seinem Heiler, wie ich es eben beschrieben habe, gegenüberstand in den alten Zeiten. Magische Kräfte wurden heruntergeholt aus den übersinnlichen Welten durch das Medium des Arztes, der in den Mysterienschulen dazu vorbereitet war, und diese Kräfte flossen über durch den Leib des Arztes auf den Patienten. Da war kein Zusammenhang mit dem Moralischen des Patienten, denn der ganze Vorgang berührte noch nicht das Ich des Patienten. Da war es gleich, wie das Moralische war, denn die Kräfte flossen magisch herunter aus den höheren Welten. Jetzt kam eine neue Zeit. Da flossen zusammen das Moralische und das Physische des Heilens in einer neuen Weise. Wenn man das weiß, versteht man eine andere Erzählung.

«Und Tage waren vergangen, da kam er wieder nach Kapernaum; und es verlautete, daß er zu Hause sei.

Und es versammelten sich viele Leute, so daß selbst vor der Türe nicht mehr Raum war; und er redete zu ihnen das Wort.

Und sie kamen zu ihm mit einem Gichtbrüchigen, von vier Mann getragen.

Und da sie mit demselben nicht zu ihm gelangen konnten, der Menge wegen, deckten sie da, wo er war, das Dach ab und ließen durch die Lücke die Bahre herab, auf der der Gichtbrüchige lag.

Und da Jesus ihren Glauben sah, sagte er zu dem Gichtbrüchigen: Kind, deine Sünden sind dir vergeben.» (2, 1–5.)

Was würde ein alter Arzt gesagt haben? Was haben die Pharisäer, die Schriftgelehrten erwartet, wenn eine Heilung eintreten sollte? Von einem alten Arzt hätten sie erwartet, daß er gesagt hätte: Die Kräfte, die in dich hineingehen und in deine gelähmten Glieder, werden dich bewegen können. Wie sagt der Christus Jesus? «Deine Sünden sind dir vergeben», das heißt, das Moralische, woran das Ich beteiligt ist. Das ist eine Sprache, welche die Pharisäer gar nicht verstehen. Sie können sie nicht verstehen. Es erscheint ihnen wie eine Gotteslästerung, daß hier einer so sprach. Warum? Weil man in ihrem Sinne von Gott nur so sprechen kann, daß er in den übersinnlichen Welten wohnt und von dort herunterwirkt, und weil Sünden nur vergeben werden können von den übersinnlichen Welten aus. Daß Sündenvergeben mit dem, der heilt, etwas zu tun hat, das können sie nicht verstehen. Deshalb sagt der Christus weiter:

«Was ist leichter, dem Gichtbrüchigen sagen: Deine Sünden sind vergeben; oder sagen: Stehe auf, nimm deine Bahre und wandle?

Damit ihr aber wisset, daß der Sohn des Menschen Vollmacht hat, Sünden zu vergeben auf der Erde (zu dem Gichtbrüchigen sich wendend):

Ich sage dir: Stehe auf, nimm deine Bahre und gehe heim!

Und er stand auf, nahm alsbald seine Bahre und ging hinaus vor aller Augen.» (2, 9–12.)

Er verbindet das Moralische mit der magischen Art der Heilung und gibt dadurch den Übergang von dem Ich-losen zu dem Ich-erfüllten Zustande. Das findet man bei jeder einzelnen Darstellung. So müssen wir die Sachen verstehen, denn so werden sie gesagt. Und vergleichen Sie jetzt, was nunmehr Geisteswissenschaft zu sagen hat, mit alledem, was in den Bibelerklärungen über die «Sündenvergebung» gesagt wird. Sie werden da die sonderbarsten Erklärungen finden, nirgends aber etwas Befriedigendes, weil man nicht gewußt hat, was das Mysterium von Golgatha eigentlich war.

Ein Glaube, sagte ich, mußte es sein. Warum ein Glaube? Weil der Ausdruck des Moralischen in dem Physischen nicht in der einen Inkarnation sich vollzieht. Wenn wir heute einem Menschen gegenüberstehen, dürfen wir in Hinsicht auf ein physisches Gebrechen nicht sein Moralisches mit dem Physischen in der einen Inkarnation zusammenbringen. Erst wenn wir über die einzelne Inkarnation hinausgehen, haben wir den Zusammenhang des Moralischen mit dem Physischen in seinem Karma. Weil bisher das Karma gar nicht oder nur wenig betont wurde, deshalb können wir sagen: Bisher konnte der Zusammenhang zwischen dem Physischen und dem Moralischen nur ein Glaube sein. Jetzt, da geisteswissenschaftlich an das Evangelium herangetreten werden darf, wird das zum Wissen. Da steht dann der Christus Jesus wie ein Erleuchteter über das Karma neben uns, wenn er enthüllt: Den darf ich heilen; denn ich sehe es seiner Persönlichkeit an: sein Karma ist so, daß er jetzt aufstehen darf und wandeln.

Sie sehen es gerade einer solchen Stelle an, wie erst, ausgerüstet mit den Mitteln der modernen Geisteswissenschaft, die Bibel verstanden werden kann. Das ist unsere Aufgabe: zu zeigen, wie in diesem Buche, in diesem Weltenbuche wirklich die tiefsten Weistümer über die Menschheitsevolution stehen. Wenn einmal begriffen werden wird, was da kosmisch geschieht auf der Erde – und wir werden es immer mehr und mehr hervorheben gerade im Verlaufe dieser Vorträge, denn dazu gibt das Markus-Evangelium den Anlaß –, welche kosmisch-terrestrische, irdisch-kosmische Bedeutung dieses Mysterium von Golgatha hat, dann wird man niemals mehr finden können, daß das, was in Anlehnung an die Evangelien gesagt werden kann, irgendwie verletzend sein könnte für irgendein anderes Religionsbekenntnis der Welt. Richtige Bibelerkenntnis wird aus den Gründen, die gestern am Schlusse des Vortrages angeführt worden sind, und vor allem auch deshalb, weil richtige Bibelerkenntnis sich wahrhaftig nicht in irgendeiner Konfession einschließen lassen kann, sondern universell werden muß, richtige Bibelerkenntnis wird durch ihre innere Wahrheit auf dem Boden der Geisteswissenschaft stehen und allen Religionsbekenntnissen der Welt gleichen Wert beilegen. Dadurch werden die Religionen versöhnt werden. Und wie ein Anfang zu einer solchen Versöhnung erscheint das, was ich Ihnen im ersten Vortrag sagen konnte über jenen Inder, der den Vortrag «Christus und das Christentum» gehalten hat, wobei er, zwar mit allen Vorurteilen seiner Nation behaftet, aber doch zu dem Christus in einem interkonfessionellen Sinne aufblickte. Daß man versuchen muß, diese Gestalt des Christus zu verstehen, das wird die Aufgabe des geisteswissenschaftlichen Wirkens in den verschiedenen Religionsbekenntnissen sein. Denn mir scheint, die Aufgabe der geistigen Bewegung muß sein eine Vertiefung in die Religionsbekenntnisse, so daß man das innere Wesen der einzelnen Religionen ergreift und vertieft.

Wieder sei bei dieser Gelegenheit angeführt, was ich schon öfter hinstellte, wie sich ein Buddhist, der Anthroposoph ist, stellen wird zu einem Anthroposophen, der als Anthroposoph Christ ist. Da wird der Buddhist sagen: Der Gotama Buddha hat, nachdem aus dem Bodhisattva ein Buddha geworden ist, nach seinem Tode eine solche Höhe erreicht, daß er nicht wieder auf die Erde zurückzukehren braucht. Und der Christ, der Anthroposoph ist, wird dazu sagen: Ich verstehe es, denn ich glaube es selber von deinem Buddha, wenn ich mich in dein Herz hineinfinde und glaube, was du glaubst. Das heißt, die Religion des anderen verstehen, sich aufschwingen zur Religion des anderen. Der Christ, der Anthroposoph geworden ist, kann alles verstehen, was der andere sagt. Was wird dagegen der Buddhist, der Anthroposoph geworden ist, sagen? Er wird sagen: Ich versuche zu verstehen, was der innerste Nerv des Christentums ist: daß es sich beim Christus um etwas anderes als um einen Religionsstifter handelt, daß es sich beim Mysterium von Golgatha um eine unpersönliche Tatsache handelt, darum handelt, daß nicht ein Mensch Jesus von Nazareth dagestanden hat als Religionsstifter, sondern daß der Christus in ihn eingezogen ist, gestorben ist am Kreuz und so das Mysterium von Golgatha vollzogen hat. Und daß dieses Mysterium von Golgatha eine kosmische Tatsache ist, darauf wird es ankommen. Und der Buddhist wird sagen: Ich werde jetzt nicht mehr mißverstehen, nachdem ich den Wesenskern deiner Religion ergriffen habe, wie du den der meinen, worauf es ankommt, und werde nicht den Christus hinstellen als einen, der wiederverkörpert wird; denn es kommt dir auf das an, was da geschehen ist. Und ich würde sonderbar reden, wenn ich sagen würde, daß das Christentum in irgend etwas verbessert werden müßte, daß man dazumal bei einem besseren Verständnis des Christus Jesus ihn nicht nach drei Jahren ans Kreuz geschlagen hätte, daß man einen Religionsstifter anders behandeln sollte und so weiter. – Darauf kommt es ja gerade an, daß der Christus ans Kreuz geschlagen worden ist und was durch diesen Kreuzestod geschehen ist! Es kommt nicht darauf an, daß man denkt: Da ist ein Unrecht geschehen, und das Christentum könnte heute verbessert werden. Kein Buddhist, der Anthroposoph ist, könnte heute anders sprechen als: Ich versuche, wie du den Wesenskern meiner Religion verstehst, so auch den Wesenskern deiner Religion in Wahrheit zu verstehen.

Was wird kommen, wenn sich so die einzelnen Bekenner der verschiedenen Religionssysteme verstehen werden, wenn der Christ zum Buddhisten sagen wird: Ich glaube an deinen Buddha, wie du an deinen Buddha glaubst, – und wenn der Buddhist zum Christen sagen wird: Ich kann das Mysterium von Golgatha verstehen, wie du selbst es verstehst, – was wird kommen über die Menschheit, wenn so etwas allgemein werden wird? Friede wird kommen über die Menschen, gegenseitige Anerkennung der Religionen. Und die muß kommen. Und die anthroposophische Bewegung muß sein ein solches gegenseitiges wahrhaftes Erfassen der Religionen. Und gegen den Geist der Anthroposophie wäre es, wenn ein Christ, der Anthroposoph geworden wäre, zum Buddhisten sagen würde: Es ist nichts mit dem, daß der Gotama, nachdem er ein Buddha geworden ist, sich nicht wieder verkörpern sollte; er muß im zwanzigsten Jahrhundert wiedererscheinen als physischer Mensch. Da würde der Buddhist sagen: Hast du deine Anthroposophie nur dazu, um meine Religion zu verhöhnen? Und an Stelle des Friedens würde der Unfriede unter den Religionen gezüchtet. So aber müßte auch ein Christ zu einem Buddhisten, der von einem zu verbessernden Christentum sprechen wollte, sagen: Wenn du behaupten kannst, daß das Mysterium von Golgatha ein Fehler sei und daß der Christus wiederkommen sollte in einem physischen Leibe, damit es ihm jetzt besser ergehe, dann bemühst du dich nicht, meine Religion zu verstehen, dann verhöhnst du meine Religion. – Anthroposophie aber ist nicht dazu da, daß ein Religionsbekenntnis, ob altes oder neu gestiftetes, das sich Geltung verschafft, verhöhnt werde; denn sonst würde man eine Gesellschaft gründen auf gegenseitiges Verhöhnen und nicht auf gegenseitigen Ausgleich der Religionen.

Das müssen wir uns in die Seele schreiben, damit wir den Geist und den okkulten Kern der Anthroposophie verstehen. Und den werden wir durch nichts besser verstehen, als wenn wir die Kraft und die Liebe, die in den Evangelien walten, ausdehnen auf das Verständnis aller Religionen. Daß dies besonders in Anlehnung an das Markus-Evangelium geschehen kann, sollen uns noch die weiteren Vorträge zeigen.

Basel, 18. September 1912

Heute möchte ich zunächst Ihren Blick auf zwei Bilder lenken, die wir aus der menschlichen Evolution der letzten Jahrtausende heraus vor unser geistiges Auge stellen können. Zuerst möchte ich Ihren Blick hinlenken auf etwas, das etwa in der Mitte und gegen das Ende des fünften Jahrhunderts der vorchristlichen Zeitrechnung geschehen ist. Bekannt ist es ja alles; aber wir wollen, wie gesagt, einmal den Blick unserer Seele darauf hinwenden.

Wir blicken hin, wie der Buddha im Inderlande eine Anzahl von Schülern, eine Anzahl von Jüngern um sich versammelt hatte und wie von dem, was sich da abspielte zwischen dem Buddha und seinen Jüngern, seinen Schülern, jene große, mächtige Bewegung ihren Ausgangspunkt nahm, welche die Jahrhunderte hindurch fortströmte im Orient, mächtige Wellen schlug und unzählbaren Menschen inneres Heil, innere Seelenbefreiung, Erhebung und Menschheitsbewußtsein brachte. Wenn wir charakterisieren wollen, was da geschehen ist, dann brauchen wir sozusagen nur den Hauptinhalt der Buddha-Lehre und des Buddha-Wirkens einmal ins Auge zu fassen.

Leben, so wie es der Mensch auf der Erde vollbringen kann in seiner irdischen Inkarnation, ist Leiden, ist bewirkt dadurch, daß der Mensch durch die Folge seiner Inkarnationen dem Drang unterliegt nach immer neuen Wiederverkörperungen. Erstrebenswertes Ziel ist, sich zu befreien von diesem Drang nach den Wiederverkörperungen, auszulöschen in der Seele alles, was den Trieb hervorruft, in eine physische Inkarnation hineinzudringen, um endlich aufzusteigen zu einem solchen Dasein, in dem die Seele nicht mehr den Drang fühlt, durch physische Sinne, durch physische Organe verbunden zu sein mit dem Dasein, aufzusteigen, wie man das so nennt, zum Nirwana.

Das ist die große Lehre, die den Lippen des Buddha entströmte, daß Leben Leiden sei und daß der Mensch die Mittel finden müsse, um vom Leiden frei zu werden, um teilhaftig werden zu können des Nirwana. Wollen wir einen Ausdruck finden, um in uns geläufigen Begriffen prägnant darzustellen, welcher Impuls in dieser Buddha-Lehre liegt, so könnte man etwa sagen: Buddha lenkte den Blick seiner Schüler durch die Kraft und Gewalt seiner Individualität hin auf das irdische Dasein und versuchte, ihnen aus der unendlichen Fülle seines Mitleides heraus die Mittel zu geben, um ihre Seele mit allem, was in ihr ist, hinaufzutragen aus dem Irdischen in das Himmlische, hinaufzutragen Menschendenken, Menschenphilosophie aus dem Irdischen ins Himmlische.

Das ist, was wir wie eine Formel hinstellen können, wenn wir prägnant und wirklich bezeichnen wollen den Impuls, der von der großen Predigt von Benares durch Buddha ausgegangen ist. So sehen wir den Buddha Schüler sammeln um sich herum, die ihm treu anhängen. Was erblicken wir in der Seele dieser Jünger? Was wird allmählich ihr Bekenntnis? – daß alles Streben der Menschenseele doch dahin gehen muß, frei zu werden von dem Drange nach Wiedergeburten, frei zu werden von dem Hang zum Sinnensein, Vervollkommnung des Selbstes zu suchen, indem dieses Selbst sich befreit von allem, was es verbindet mit dem Sinnensein, und sich mit alledem zu verbinden, was es zusammenhält mit seinem göttlich-geistigen Ursprunge. Solche Empfindungen lebten in den Schülern des Buddha: frei werden von allen Anfechtungen des Lebens, zusammenhängen mit der Welt nur mit dem ins Spirituelle hineinleuchtenden Empfinden der Seele, das man im Mitleid erlebt, selbst aber aufgehen im Streben nach der geistigen Vervollkommnung, bedürfnislos werden, möglichst wenig zusammenhängen mit dem, was den äußeren Menschen mit dem Dasein verbindet. So wandelten diese Buddha-Schüler durch die Welt, so erblickten sie den Zweck und das Ziel ihrer Buddha-Schülerschaft.

Und wenn wir die Jahrhunderte, in denen der Buddhismus sich ausbreitet, verfolgen und uns fragen: Was lebte in dem sich fortpflanzenden Buddhismus, was lebte in den Seelen, in den Herzen seiner Anhänger? – so erhalten wir zur Antwort: Diese Menschen waren hohen Zielen zugewendet; aber in der Mitte all ihres Denkens, Fühlens und Empfindens lebte die große Gestalt des Buddha, lebte der Hinblick auf alles, was er gesagt hat in so hinreißenden, bedeutungsvollen Worten über die Befreiung von dem Leid des Lebens. In der Mitte alles Denkens und Empfindens lebte die umfassende, die umspannende, mächtige Autorität des Buddha in den Herzen seiner Schüler, in den Herzen seiner Nachfolger in den Jahrhunderten. Was der Buddha gesagt hat, es galt diesen Schülern, diesen Nachfolgern als heiliges Wort.

Woher kam es, daß den Buddha-Schülern und -Nachfolgern diese Buddha-Worte wie eine Botschaft vom Himmel selbst galten? Der Grund dafür war der, daß diese Schüler und Nachfolger in dem Glauben, in dem Bekenntnis lebten, daß damals in dem Ereignis unter dem Bodhibaum in der Seele des Buddha aufgeleuchtet ist die wahre Erkenntnis vom Weltendasein, hereingeleuchtet hat das Licht, die Sonne des Alls, und daß daher, was aus seinem Munde kommt, selbst zu gelten hat wie ein Ausspruch der Geister des Alls. Auf diese Stimmung, wie sie lebte in den Herzen der Buddha-Schüler, der Buddha-Nachfolger, kommt es an, auf das Heilige dieser Stimmung, auf das Einzigartige, auf das Charakteristische dieser Stimmung. Wir wollen das alles vor unser geistiges Auge hinstellen, um verstehen zu lernen, was da geschah ein halbes Jahrtausend vor dem Mysterium von Golgatha.

Und jetzt blicken wir auf ein anderes Bild der Weltgeschichte. Für die langen Zeiten der Menschheitsevolution ist das, was ungefähr um ein Jahrhundert auseinanderliegt, wahrhaftig gleichzeitig zu nennen. Da kommt ein Jahrhundert nicht in Betracht, wenn es sich um die Jahrtausende und aber Jahrtausende der Menschheitsevolution handelt. Deshalb können wir sagen: Wenn auch das Bild, das wir jetzt vor unsere Seele stellen wollen, zwar um ein Jahrhundert später anzusetzen ist, so ist es für die Menschheitsentwickelung doch fast gleichzeitig mit dem Ereignis, das wir eben als das Buddha-Ereignis gekennzeichnet haben.

Im fünften Jahrhundert der vorchristlichen Zeitrechnung sehen wir eine andere Individualität im alten Griechenland allmählich Schüler und Anhänger um sich sammeln. Wieder ist die Tatsache hinlänglich bekannt. Aber um zum Verständnis der Entwickelung der letzten Jahrhunderte zu kommen, ist es gut, das Bild dieser Individualität vor sich hinzustellen. Wir sehen *Sokrates* im alten Griechenland Schüler um sich sammeln. Und man braucht, um Sokrates in diesem Zusammenhange nennen zu dürfen, nur das Bild in Erwägung zu ziehen, das der große

Philosoph *Plato* von Sokrates entworfen hat und das doch auch im wesentlichen durch den großen Philosophen *Aristoteles* bestätigt scheint. Man braucht nur in Erwägung zu ziehen, daß Plato in einer so eindringlichen Weise das Bild des Sokrates entworfen hat, und man kann dann auch sagen: Von Sokrates ging eine Bewegung im Abendlande aus. Und wer den ganzen Charakter der Kulturentwickelung des Abendlandes ins Auge faßt, der wird darauf kommen, daß einschneidend war für alles Abendländische dasjenige, was man das sokratische Element nennen kann. Wenn auch dieses sokratische Element im Abendlande subtiler durch die Wogen der Weltgeschichte sich fortpflanzt als das buddhistische Element im Morgenlande, so kann man die Parallele doch ziehen zwischen Sokrates und Buddha. Aber in einer eigentümlichen Weise müssen wir anders charakterisieren die Schüler- und die Jüngerschaft des Sokrates als die Schüler- und die Jüngerschaft des Buddha. Man möchte sagen: Alles, was charakteristisch Abendland und Morgenland unterscheidet, es tritt einem entgegen, wenn man diesen Grundunterschied Buddha – Sokrates ins Auge faßt.

Sokrates sammelt seine Schüler um sich herum. Wie fühlt er sich seinen Schülern gegenüber? Man hat seine Kunst, zu seinen Schülern sich zu verhalten, eine geistige Hebammenkunst genannt, weil er das, was die Schüler wissen, was sie lernen sollten, aus den Seelen der Schüler selbst hervorholen wollte. Er stellte seine Fragen so, daß die eigene innere Grundstimmung der Schülerseelen in Bewegung kam, daß er eigentlich nichts den Schülern von sich aus übertrug, sondern alles herausholte aus den Schülern selbst. Das etwas trockene, nüchterne Element, das die sokratische Weltanschauung und Weltanschauungskunst hat, kommt davon her, daß Sokrates eigentlich an die Selbständigkeit, an die ureigene Vernunft jedes Schülers appellierte, wenn er mit seiner Schar in einer etwas anderen Weise, aber doch ähnlich durch die Straßen von Athen ging, wie Buddha mit seinen Schülern die Wege zog. Aber während Buddha verkündete, was er durch die Erleuchtung unter dem Bodhibaum erhalten hatte, und während durch die Jahrhunderte hindurch das wirkte, was er aus der geistigen Welt heraus empfangen hatte und dann wieder auf die Schüler überströmen ließ, so daß in den Schülern fortlebte, was in Buddha gelebt hatte, machte Sokrates nicht den geringsten Anspruch darauf, als «Sokrates» fortzuleben in den Herzen seiner Schüler. Er wollte nicht einmal, wenn er seinen Schülern gegenüberstand, irgend etwas von sich übertragen in die Schülerseelen, sondern er wollte es ihnen selber überlassen, das, was sie hatten, aus sich herauszuholen. Nichts von Sokrates sollte übergehen in die Schülerseelen, gar nichts.

Man kann sich keinen größeren Unterschied denken als den zwischen Buddha und Sokrates. In der Seele des Buddha-Schülers sollte ganz der Buddha leben. In der Seele des Sokrates-Schülers sollte so wenig etwas von Sokrates leben, wie in dem Kinde, das zur Welt kommt, etwas lebt, was von der Hebamme hinzugetan worden ist. So sollte das geistige Element bei den Sokrates-Schülern durch die geistige Hebammenkunst des Sokrates zum Vorschein kommen, den Menschen auf sich selber stellend, aus dem Menschen das hervorholend, was in dem Menschen selber darinnen ist. Das wollte Sokrates. Man könnte diesen Unterschied zwischen Sokrates und Buddha auch noch mit den folgenden Worten charakterisieren. Hätte eine Stimme vom Himmel angeben wollen, was die Buddha-Schüler durch den Buddha haben sollten, so hätte sie wohl sagen können: Entzündet in euch, was in Buddha gelebt hat, damit ihr durch Buddha den Weg zum geistigen Dasein finden könnt! Und wollte man in einer ähnlichen Weise charakterisieren, was Sokrates wollte, so müßte man sagen: Sokrates wollte jedem seiner Schüler zurufen: Werde, was du bist!

Muß man nicht, wenn man diese zwei Bilder vor die Seele hinstellt, sich sagen: Zwei Entwickelungsströme der Menschheitsevolution stehen da vor uns, zwei Entwickelungsströme, die aber polarisch entgegengesetzt sind? Sie berühren sich in einer gewissen Weise wieder; aber sie berühren sich nur an den äußersten Enden. Man darf die Dinge nicht miteinander vermischen; man muß sie charakterisieren in ihrer Differenzierung und dann aufzeigen, wo immerhin doch eine höhere Einheit ist. Wenn man sich den Buddha einem Schüler gegenübergestellt denkt, so könnte man sagen: Er ist bemüht – Sie werden das aus den Buddha-Reden erkennen –, mit den erhabensten Worten in immer wiederkehrenden Wiederholungen – und die sind notwendig, man kann sie bei der Wiedergabe der Buddha-Reden nicht fortlassen – in der Seele des Jüngers das zu entzünden, was notwendig ist, um ihn hinaufzuführen zu den geistigen Welten mit Hilfe dessen, was er selbst erlebt hat unter dem Bodhibaum. Und so sind die Worte gewählt, daß sie alle klingen von dem Erdentrücktsein wie eine himmlische Kundgebung aus der himmlischen Welt von Lippen, die da sprechen unter dem unmittelbaren Eindruck, der in der Erleuchtung auftrat, und den sie wiedergeben wollen.

Und wie können wir Sokrates und den Schüler einander gegenübergestellt denken? Sie stehen sich so gegenüber, daß Sokrates dem Schüler sagt, wenn er ihm das Verhältnis des Menschen zum Göttlichen an den einfachsten Vernunfterwägungen des Alltages klarzumachen versucht, wie er denken soll, wie die logischen Zusammenhänge sich verhalten. Überall auf das Nüchternste, Alltäglichste wird der Schüler verwiesen und soll dann anwenden, was er mit der gewöhnlichen Logik erringen kann, auf das, was er sich als Erkenntnis erwerben kann. Nur einmal erscheint einem Sokrates wachsend zu einer solchen Höhe, wo er, man möchte sagen, so spricht wie Buddha zu seinen Schülern. Einmal erscheint er so, als er dem Tode entgegengeht. Da, wo er spricht von der Unsterblichkeit der Seele unmittelbar vor seinem Hinscheiden, da redet er allerdings wie ein höchster Erleuchteter; aber er redet wieder auch so, daß alles, was er sagt, nur verstanden werden kann, wenn man sein ganzes persönliches Erlebnis ins Auge faßt. Deshalb geht es so zu Herzen, spricht uns so in die Seele, wenn wir das Platonische Gespräch über die Unsterblichkeit der Seele ins Auge fassen, wo Sokrates etwa sagt: Habe ich nicht mein ganzes Leben danach gestrebt, durch die Philosophie das zu erringen, was man als Mensch erringen kann, um von der Sinneswelt frei zu werden? Und jetzt, wo meine Seele bald losgelöst sein wird von allem Sinnlichen, sollte sie da nicht freudig eindringen in das seelische Element? Sollte ich da nicht freudig eindringen in das, wonach immer ich innerlich strebte, wenn ich philosophisch strebte?

Wer dieses Gespräch des Sokrates bei Plato im «Phaidon» in seiner ganzen Stimmung erfassen kann, der fühlt sich unmittelbar versetzt in eine Empfindung, wie sie ausgeht von den erhabenen Lehren des

Buddha, da, wo dieser zu den Herzen der Buddha-Schüler spricht. Und man kann dann sagen mit Bezug auf das, was der Unterschied, was das polarisch Verschiedene dieser beiden Persönlichkeiten ist: An einem besonderen Punkt erheben sie sich so, daß eine Einheit auch in dem polarisch Verschiedenen hervortritt. Wenn wir den Blick zu Buddha wenden, werden wir finden: Im ganzen sind die Buddha-Reden so, daß man sagen möchte, jene Empfindung, die man dem Gespräch des Sokrates über die Unsterblichkeit der Seele gegenüber hat, man hat sie durch die ganzen Buddha-Reden hindurch. Ich meine jetzt die Stimmung, die Seelenspannung. Das aber, was über die anderen, die sokratischen Reden immer ausgegossen ist, die stets darauf hinausgehen, den Menschen zu seiner eigenen Vernunft zu bringen, man findet es selten, aber zuweilen doch, bei Buddha; es klingt zuweilen durch. Man fühlt förmlich etwas wie ein versetztes sokratisches Gespräch, wenn Buddha einmal dem Schüler Sona klarmachen will, daß es nicht gut ist, bloß im Sinnensein zu verweilen und bloß mit dem sinnlichen Dasein zusammenzuhängen oder sich nur zu kasteien oder nur zu leben wie die alten, sich kasteienden Menschen, sondern daß es gut ist, wenn man den Mittelweg einschlägt. Da steht Buddha dem Schüler Sona gegenüber und spricht zu ihm etwa so: «Sieh einmal, Sona, wirst du gut auf der Laute spielen können, wenn die Saiten der Laute zu schlaff gezogen sind?» «Nein», muß Sona sagen, «ich werde nicht gut auf der Laute spielen können, wenn die Saiten zu schlaff gezogen sind.» «Nun wohl», sagt Buddha zu Sona, «wirst du gut auf der Laute spielen können, wenn die Saiten der Laute zu straff gezogen sind?» «Nein», muß Sona sagen, «ich werde nicht gut auf der Laute spielen können, wenn die Saiten der Laute zu straff gezogen sind.» «Also wann», meint Buddha, «wirst du gut auf der Laute spielen können?» «Wenn die Saiten der Laute weder zu schlaff noch zu straff gespannt sind», antwortet Sona. «Und so», meint Buddha, «ist es auch mit dem Menschen. Der Mensch wird nicht zu allen Erkenntnissen kommen können, wenn er zu stark dem Sinnesleben verfällt; und er wird auch nicht zu allen Erkenntnissen kommen, wenn er sich bloß kasteiend zurückzieht von allem Dasein. Der Mittelweg, den man einschlagen muß bei den gespannten Saiten der Laute, er muß auch eingeschlagen werden in bezug auf die Stimmung der Menschenseele.»

Man darf sagen, dieses Gespräch des Buddha mit dem Schüler Sona könnte ebensogut bei Sokrates stehen, denn so spricht durch Appellieren an die Vernunft Sokrates zu seinen Schülern. Was ich Ihnen eben erzählt habe, ist ein «sokratisches Gespräch», das Buddha mit seinem Schüler Sona führte; aber ein solches Gespräch ist bei Buddha so selten, wie bei Sokrates das «buddhistisch» zu nennende Gespräch über die Unsterblichkeit der Seele, wie er es vor seinem Tode mit seinen Schülern führte, selten ist.

Es ist immer nötig zu betonen, daß man zur Wahrheit nur kommt, wenn man in dieser Weise charakterisiert. Es ist leichter zu charakterisieren, wenn man etwa sagen würde: Die Menschheitsevolution geht durch große Führer vorwärts; diese großen Führer verkünden im Grunde genommen immer dasselbe, nur in verschiedenen Formen, und alle einzelnen Menschheitsführer sind in ihren Worten nur Ausgestaltungen des Einen. – Ganz gewiß, wahr ist das schon, aber so trivial als nur möglich. Es kommt darauf an, daß man sich die Mühe gibt, die Dinge zu erkennen, daß man Einheit *und* Differenzierung sucht, daß man die Dinge nach ihrer Verschiedenheit charakterisiert und aus dem Verschiedenen erst die höhere Einheit sucht. Diese methodische Bemerkung muß schon einmal gemacht werden deshalb, weil sie ja etwas ist, was in bezug auf geistige Betrachtungen dem Leben überhaupt entspricht. Man kann so leicht sagen: Alle Religionen enthalten nur eines, um sich dann darauf zu verlegen, dieses «Eine» zu charakterisieren und zu sagen: Alle die verschiedenen Religionsstifter haben doch nur verschiedene Ausgestaltungen des Einen gegeben. Aber es ist unendlich trivial, wenn auch dieses Charakterisieren mit noch so schönen Worten geschieht. Man kommt dabei ebensowenig zu etwas, als wenn man zwei solche Gestalten wie Buddha und Sokrates von vornherein bloß nach einer abstrakten Einheit charakterisieren wollte und nicht die polarische Differenzierung suchen würde. Sobald man sie aber auf ihre Gedankenformen zurückführt, werden die Leute bald erkennen, um was es sich handelt. Pfeffer und Salz, Zukker und Paprika sind die Zutaten, die auf dem Tisch stehen für die

Speisen; sie sind alle «eins», nämlich Zutaten für die Speisen. Keiner aber wird, weil man sagen kann, diese Dinge sind alle eins, diese einzelnen Zutaten einander gleichstellen und zum Beispiel Pfeffer oder Salz statt Zucker in den Kaffee streuen wollen. Was man so im Leben nicht hinnehmen kann, das sollte man auch im Geistigen nicht hinnehmen. Man sollte es nicht hinnehmen, wenn gesagt wird, Krishna oder Zarathustra, Orpheus oder Hermes seien im Grunde genommen nur verschiedene Ausgestaltungen des «Einen». Das ist nicht mehr wert für eine ernsthafte und wahrhafte Charakterisierung, als wenn man sagte: Pfeffer und Salz, Zucker und Paprika sind alle verschiedene Ausgestaltungen der einen Wesenheit, der Zutaten zu den Speisen. Es kommt darauf an, daß man solche methodischen Dinge wirklich versteht und nicht das Bequemere hinnimmt für das Wahrhaftige.

Wenn man diese zwei Gestalten sich vor Augen führt, Buddha und Sokrates, so erscheinen sie uns wie zwei verschiedene, polarisch entgegengesetzte Ausgestaltungen der menschheitlichen Evolutionsströmung. Und indem wir nun diese beiden wieder, wie wir gezeigt haben, in einer höheren Einheit verbinden, können wir ein Drittes hinzufügen, bei dem wir es auch mit einer großen Individualität zu tun haben, um die sich Schüler und Jünger versammeln: den Christus Jesus. Wenn wir von diesen Schülern und Jüngern, die sich um ihn versammeln, zunächst seine nächsten Schüler, die Zwölf, ins Auge fassen, so sagt uns insbesondere auch das Markus-Evangelium über das Verhältnis des Meisters zu seinen Schülern mit aller Deutlichkeit etwas, wie wir es eben charakterisiert haben auf einem anderen Gebiet bei Buddha und Sokrates, mit aller möglichen Deutlichkeit. Und der deutlichste Ausdruck, der prägnanteste, der zusammengezogenste Ausdruck, welcher ist es? Es ist der, der uns das Folgende sagt. Der Christus tritt – es wird uns das mehrmals angedeutet – der Menge gegenüber, die ihn hören will. Er spricht zu dieser Menge, spricht zu ihr, wie das Evangelium sagt, in Gleichnissen oder in Bildern. Er deutet – das wird ja auch im Evangelium des Markus so großartig und einfach dargestellt – gewisse tief bedeutungsvolle Tatbestände des Weltgeschehens und der Menschheitsentwickelung der Menge an durch Gleichnisse, durch Bilder. Und es wird dann gesagt: Wenn er mit seinen intimen Schülern allein war, so legte er ihnen diese Bilder aus. Es wird uns auch einmal im Markus-Evangelium ein besonderes Beispiel gegeben, wie im Bilde zu der Menge gesprochen wird und wie dann das den intimen Schülern ausgelegt wird.

«Und er lehrte sie viel in Gleichnissen und sagte zu ihnen in seiner Lehre:

Höret! Siehe, es ging der Säemann aus zu säen.

Und es geschah, da er säete, fiel das eine an den Weg; und es kamen die Vögel und fraßen es auf.

Und anderes fiel auf das steinige Land, wo es nicht viel Boden hatte, und schoß alsbald auf, weil es nicht tief im Boden lag.

Und als die Sonne aufging, ward es versengt und verdorrte, weil es keine Wurzel hatte.

Und anderes fiel in die Dornen; und die Dornen gingen auf und erstickten es, und es gab keine Frucht.

Und anderes fiel in das gute Land und brachte Frucht, die aufging und wuchs und trug dreißigfach und sechzigfach und hundertfach.

Und er sagte: Wer Ohren hat zu hören, der höre!

Und als er allein war, fragten ihn seine Umgebung samt den Zwölfen um die Gleichnisse.» (4, 2–10.)

Und so spricht er zu seinen intimeren Schülern:

«Der Säemann säet das Wort.

Das aber sind die am Wege: wo das Wort gesäet wird, und wenn sie es hören, kommt alsbald der Satan und nimmt das Wort weg, das unter sie gesäet ist.

Und desgleichen wo auf das steinige Land gesäet wird, das sind die, die, wenn sie das Wort hören, es alsbald mit Freuden annehmen,

und haben keine Wurzel in sich, sondern sind Kinder des Augenblicks; dann, wenn Drangsal kommt oder Verfolgung um des Wortes willen, nehmen sie alsbald Anstoß.

Und dagegen wo unter die Dornen gesäet wird, das sind die, welche das Wort gehört haben,

und die Sorgen der Welt und der Trug des Reichtums und was

sonst Lüste sind, kommen darein und ersticken das Wort, und es bleibt ohne Frucht.

Und dort, wo auf das gute Land gesäet wird, das sind diejenigen, die das Wort hören und annehmen und Frucht bringen, dreißig-, sechzig-, hundertfach.» (4, 14–20.)

Hier haben wir den vollständigen Typus dafür, wie der Christus Jesus lehrte. Von Buddha wird uns gesagt, wie er lehrte, und von Sokrates wird uns gesagt, wie er lehrte. Von Buddha können wir in unserer abendländischen Sprache sagen: Er brachte, was die Menschen im Irdischen erleben, zum Himmlischen hinauf. Auf Sokrates hat man oft das Wort angewendet, daß man seine ganze Tendenz richtig kennzeichnet, wenn man sagt: Er brachte die Philosophie vom Himmel auf die Erde herunter, weil er an die unmittelbare Erdenvernunft appellierte. Man kann sich deutlich ein Bild davon machen, wie diese beiden Individualitäten zu ihren Schülern standen.

Wie stand nun der Christus Jesus zu seinen Schülern? Er stand anders zur Menge: die lehrte er in Gleichnissen; und er stand anders zu seinen Schülern, die mit ihm intimer waren: denen legte er die Gleichnisse aus, indem er ihnen das sagte, was sie einsehen konnten, was unmittelbar für das Ergreifen durch die menschliche Vernunft nahelag. Komplizierter also muß man sprechen, wenn man die Lehrweise des Christus Jesus charakterisieren will. *Ein* Charakterzug, der allen Buddha-Lehren gemeinsam ist, charakterisiert die Buddha-Lehren; daher haben wir auch nur eine Art bei den Schülern, welche unmittelbar zum Buddha gehören. Einerlei nur sind auch des Sokrates Schüler, denn es kann die ganze Welt Sokrates' Schülerschaft bilden, weil Sokrates nichts will, als herausholen, was in der Menschenseele liegt; und wiederum auch nur in einerlei Weise steht Sokrates zu seinen Schülern. In zweierlei Weise steht der Christus Jesus da: anders zu seinen intimen Schülern, anders zur Menge. Was hat es damit für eine Bewandtnis?

Wenn man erkennen will, welche Bewandtnis es damit hat, so muß man sich einmal den ganzen Werdewendepunkt der Zeiten klarmachen, der da steht vor unserer Seele für die Zeit des Mysteriums von Golgatha. Die Zeiten gehen zu Ende, in denen das alte Hellsehen allgemeine menschliche Eigenschaft war. Je weiter wir zurückgehen in der Menschheitsevolution, desto mehr kommen wir zu den Zeiten, in denen das alte Hellsehen allgemeines Menschengut war, wo die Menschen in die geistigen Welten hineingesehen haben. Wie haben sie hineingesehen? So haben sie hineingesehen, daß ihr Sehen ein Schauen der Weltengeheimnisse in Bildern, in unbewußten oder unterbewußten Imaginationen war, ein traumhaftes Hellsehen in traumhaften Imaginationen, nicht in solchen Vernunftbegriffen, wie sie heute der Mensch sich klarmacht, wenn er erkennen will. Was heute Wissenschaft, aber auch was heute populäres Denken ist, was nüchterne Vernunft und Urteilskraft ist, das war in jenen alten Zeiten nicht vorhanden. Wenn der Mensch der Außenwelt gegenüberstand, so stand er ihr gegenüber, indem er sie sah; aber er zergliederte sie nicht in Begriffe, er hatte keine Logik, er dachte nicht kombinierend über die Dinge. Es ist für den heutigen Menschen sogar schwer, sich das vorzustellen, weil man heute über alles denkt. Aber der alte Mensch hat nicht so gedacht. Er ging an den Dingen vorbei, er sah sie und prägte sich die Bilder ein, und erklärbar war ihm das, wenn er in den Zwischenzuständen zwischen Wachen und Schlafen in seine traumhaft imaginative Welt hineinsah. Da sah er Bilder.

Stellen wir uns die Sache konkreter vor. Stellen wir uns vor, der alte Mensch vor vielen, vielen Jahrtausenden hätte seine Umwelt betrachtet. Es wäre ihm aufgefallen, daß da irgendein Lehrer gewesen wäre, der seinen Schülern etwas erklärt hätte. Da hätte sich der alte Mensch hingestellt und zugehört, was für Worte der Lehrer seinem Schüler sagte. Und wenn mehr Schüler dagewesen wären, hätte er zugehört, wie der eine recht inbrünstig die Worte aufnimmt; der andere nimmt sie auch auf, aber er läßt sie bald fallen; ein dritter ist so hingenommen von seinem Egoismus, daß er nicht hinhört. Verstandesmäßig vergleichen hätte der alte Mensch zum Beispiel drei solche Schüler nicht können. Aber wenn er in den Zwischenzuständen zwischen Wachen und Schlafen war, dann kam ihm das Ganze wieder als Bild vor die Seele. Dann hätte er zum Beispiel so etwas sehen können, wie ein Sämann geht, Saat ausstreut – das hätte er wirklich als hellseherisches

Bild gesehen –: die eine Saat wirft er in guten Boden, da geht sie gut auf; die zweite Saat wirft er in schlechteren Boden, die dritte in steinigen Boden. Von dem, was in den zweiten Boden fiel, geht weniger auf, und von dem, was in den dritten Boden fiel, gar nichts. Der alte Mensch hätte nicht so gesagt wie der heutige Mensch: Der eine Schüler nimmt die Worte auf, der andere nimmt sie gar nicht auf und so weiter. Aber in den Zwischenzuständen zwischen Wachen und Schlafen sah er das Bild, da sah er die Erklärung. Und anders hätte er nie darüber gesprochen. Hätte man ihn gefragt, wie er sich das Verhältnis des Lehrers zu den Schülern erklärt, so hätte er sein hellseherisches Traumbild erzählt. Das war für ihn die Realität, aber auch die Erklärung der Sache. So hätte er gesprochen.

Nun hatte die Menge, die dem Christus Jesus gegenüberstand, von dem alten Hellsehertum zwar nur noch letzte Reste; aber die Seelen waren noch dazu geschickt, zuzuhören, wenn in Bildern gesprochen wurde von dem Hergang des Seins und des Menschheitswerdens. Und wie zu jemand, der sich noch die letzte Erbschaft des alten Hellsehens erhalten hatte und hineingetragen hatte in das gewöhnliche Seelenleben, so sprach der Christus Jesus zur Menge.

Und welches waren die intimen Schüler? Wir haben gehört, wie sie sich zu den Zwölfen zusammensetzten aus den sieben Söhnen der Makkabäermutter und den fünf Söhnen des Mattathias. Wir haben gehört, wie sie aufgerückt waren durch das ganze althebräische Volk hindurch zu der starken Betonung des unsterblichen Ich. Sie waren die wirklich ersten, die der Christus Jesus sich auswählen konnte, um an das zu appellieren, was in jeder Seele lebt, so lebt, wie es werden sollte zu einem neuen Ausgangspunkt für das Menschenwerden. Zur Menge sprach er, indem er voraussetzte, daß sie das verstehe, was sich als Erbschaft von dem alten Hellsehen erhalten hat; zu seinen Jüngern sprach er so, daß er von ihnen voraussetzen konnte, daß sie die ersten seien, die schon etwas von dem verstehen konnten, wie wir heute von den höheren Welten zu den Menschen sprechen. Es war also durch den ganzen Zeitenwendepunkt geboten, daß der Christus Jesus in verschiedener Weise sprach, wenn er zur Menge sprach und wenn er zu denen sprach, die seine intimen Schüler waren. Mitten hinein in die

Menge stellt er sie, die er als die Zwölf an sich zog. Was für die Folgezeit allgemeines Menschengut werden sollte, verstehen, vernunftgemäß verstehen, was sich auf die höheren Welten und auf die Geheimnisse der Menschheitsevolution bezieht, das war die Aufgabe des engeren Schülerkreises des Christus Jesus. Er sprach – nehmen Sie nur das Ganze, was er da sagte bei der Auslegung des Gleichnisses für seine Schüler –, man möchte sagen, auch in sokratischen Worten. Denn das, was er da sprach, das holte er aus jeder Seele selber heraus, nur daß Sokrates sich mehr beschränkte auf die irdischen Verhältnisse, man möchte sagen, auf die gemeine Logik, während der Christus Jesus über die spirituellen Angelegenheiten sprach. Aber er sprach über die spirituellen Angelegenheiten, wenn er zu seinen intimen Schülern sprach, auf sokratische Art. Wenn Buddha zu seinen Schülern sprach, dann sprach er so, daß er ihnen die spirituellen Angelegenheiten klarlegte, aber so klarlegte, wie es die Erleuchtung gibt, wie es also nur der Aufenthalt der Menschenseele in den höheren Welten gibt. Wenn der Christus zur Menge sprach, dann sprach er so, wie es die gewöhnliche Menschenseele in früheren Zeiten in den höheren Welten erlebt hat. Zur Menge sprach er, man möchte sagen, wie ein populärer Buddha; zu seinen intimen Schülern sprach er wie ein höherer Sokrates, wie ein spiritualisierter Sokrates. Sokrates holte die individuelle, irdische Vernunft aus den Seelen seiner Schüler heraus; der Christus holte die himmlische Vernunft aus den Seelen seiner Schüler heraus. Der Buddha gab seinen Schülern die himmlische Erleuchtung; der Christus gab der Menge die irdische Erleuchtung in seinen Gleichnissen.

Ich bitte Sie, nehmen Sie diese drei Bilder: drüben im Ganges-Lande den Buddha mit seinen Schülern – das Gegenbild des Sokrates; drüben in Griechenland den Sokrates mit seinen Schülern – das Gegenbild des Buddha. Und dann diese merkwürdige Synthese, diese merkwürdige Verbindung vier bis fünf Jahrhunderte später. Da haben Sie den gesetzmäßigen Werdegang der Menschheitsevolution an einem der größten Beispiele vor Ihrer Seele stehen.

Die Menschheitsevolution geht Schritt für Schritt weiter. Vieles von dem, was auf den ersten Stufen der geisteswissenschaftlichen Erkenntnis die Jahre her angeführt wurde, es könnte manchem vorkommen wie eine Art Theorie, wie eine Art bloßer Lehre. So zum Beispiel haben gewiß viele gedacht, so etwas sei eine bloße Lehre, eine bloße Theorie, wenn davon gesprochen wird, daß die Menschenseele zu denken ist als ein Zusammenwirken von Empfindungsseele, Verstandes- oder Gemütsseele und Bewußtseinsseele. Gewiß, es gibt Leute, die rasch urteilen. Wie haben wir es doch erlebt, daß noch viel rascher geurteilt wird, noch viel rascher, als diejenigen urteilen, die zunächst so etwas, wo gleichsam die ersten Linien gezeichnet werden für eine weitere Entwickelung, für sich als fertig hinnehmen. Es gibt ja auch ganz andere Beurteilungen noch. Es ist schon gut, wenn wir Anthroposophen auch auf die Art aufmerksam gemacht werden, wie man nicht denken sollte.

Manchmal treten einem krasse Beispiele entgegen, wie man nicht denken sollte, wovon aber viele Leute glauben, daß man so denken dürfe. Heute morgen erzählte mir jemand ein niedliches Beispiel von einer sonderbaren Art des Denkens. Ich gebrauche es hier nur als ein Exempel, aber als eines jener Exempel, die wir uns recht gut in die Seele schreiben sollten, weil wir als Anthroposophen nicht nur die Unarten der Welt kennenlernen sollen, sondern tatsächlich etwas zur immer weitergehenden Vervollkommnung der Seele tun sollen. Daher geschieht es nicht aus einem persönlichen Grunde, sondern aus einem allgemeinen spirituellen Grunde, wenn ich das als ein Exempel gebrauche, was mir heute morgen gesagt worden ist.

Da wurde erzählt: In einem gewissen Gebiete Europas gibt es einen Herrn, der vor langer Zeit einmal die unzutreffendsten Dinge hat drucken lassen über dasjenige, was in Steiners «Theosophie» gelehrt wird, oder über die Art, wie er sich überhaupt zur spirituellen Bewegung verhält. Nun hat man es heute einer Persönlichkeit vorgeworfen, daß ein Bekannter dieser Persönlichkeit – nämlich dieser eben angeführte Herr – so etwas hat drucken lassen. Was sagte diese Persönlichkeit? «Ja, dieser mein Bekannter fängt jetzt an, in intensivster Weise die Werke von Dr. Steiner zu studieren.» Aber vor Jahren hat er sein Urteil abgegeben, und jetzt wird es als Entschuldigung aufgefaßt, daß er jetzt anfängt, die Dinge zu studieren! Das ist ein unmögliches Denken innerhalb unserer Bewegung. Die zukünftigen Zeiten, die einmal geschichtlich darüber schreiben werden, werden die Frage aufwerfen: Hat es so etwas überhaupt einmal gegeben, daß es jemandem einfällt, nachdem ein Mensch vor Jahren über eine Sache sein Urteil abgegeben hat, entschuldigend zu sagen, er fängt jetzt an, sich mit der Sache bekannt zu machen?

Diese Dinge gehören zur anthroposophischen Erziehung, und erst dann kommen wir weiter, wenn wirklich einmal das Urteil allgemein wird, daß solche Dinge unmöglich sein müssen innerhalb der anthroposophischen Bewegung, ganz unmöglich sein müssen. Denn es gehört zur inneren Ehrlichkeit, in dieser Weise gar nicht denken zu können. Man kann ja keinen Schritt machen in der Erkenntnis der Wahrheit, wenn man ein solches Urteil überhaupt noch fällen kann. Und es ist eine Pflicht des Anthroposophen, diese Dinge zu bemerken, nicht lieblos an ihnen vorüberzugehen und über «allgemeine Menschenliebe» zu reden. Es ist im höheren Sinne des Wortes lieblos gegenüber einem Menschen, wenn man ihm so etwas verzeiht. Denn man verurteilt ihn dadurch karmisch zur Wesens- und Bedeutungslosigkeit nach dem Tode. Wenn man ihn auf die Unmöglichkeit eines solchen Urteils aufmerksam macht, erleichtert man ihm sein Dasein nach dem Tode. Das ist die tiefere Bedeutung der Sache.

So darf es auch hier nicht leichtgenommen werden, wenn einfach zunächst die Wahrheit hingestellt wird: Die menschliche Seele setzt sich zusammen aus den drei Gliedern: Empfindungsseele, Verstandesoder Gemütsseele und Bewußtseinsseele. Es trat ja schon im Laufe der Jahre hervor, daß eine solche Sache eine viel tiefere Bedeutung noch hat als bloß die einer systematischen Einteilung der Seele. Es wurde auseinandergesetzt, daß sich in der nachatlantischen Zeit nach und nach die einzelnen Kulturen entwickelten: die alte indische, die urpersische, die ägyptisch-chaldäische, die griechisch-lateinische und danach die unsrige. Und es wurde gezeigt, daß das Wesentliche der babylonisch-chaldäisch-ägyptischen Kulturperiode darin zu suchen ist, daß damals in Wahrheit des Menschen Empfindungsseele eine besondere Entwickelung durchgemacht hat. Ebenso haben wir in der griechisch-lateinischen Zeit eine besondere Kultur der Verstandes- oder Gemütsseele und in unserer Zeit eine Kultur der Bewußtseinsseele.

So stehen wir diesen drei Kulturepochen gegenüber. So wirken sie an der Erziehung und Evolution der Menschenseele selber. Diese drei Seelenglieder sind nicht etwas, was ausspintisiert ist, sondern etwas, was lebendig da ist und sich in den aufeinanderfolgenden Zeiten aufeinanderfolgend entwickelt.

Aber alles muß zusammenhängen. Das Frühere muß immer in das Spätere hinübergenommen werden, und ebenso muß in dem Früheren das Spätere vorausgenommen werden. In welcher Kulturperiode leben Buddha und Sokrates? In der vierten nachatlantischen Epoche. Da stehen sie darinnen, da, wo die Verstandes- oder Gemütsseele besonders zum Ausdruck kommt. Beide haben darin ihre Mission, ihre Aufgabe.

Buddha hat die Aufgabe, die Kultur der Empfindungsseele aus der vorhergehenden Epoche, aus der dritten, in die vierte hinein zu bewahren. Was der Buddha verkündet, was die Schüler des Buddha in ihr Herz aufnehmen, das ist das, was herüberleuchten soll aus der dritten nachatlantischen Kulturperiode, welche die Kulturperiode der Empfindungsseele ist, in die vierte, in die Verstandes- oder Gemütsseelenzeit hinein. So daß also die Zeit der Verstandes- oder Gemütsseele, die vierte nachatlantische Kulturperiode, durchwärmt, durchglüht, durchleuchtet wird durch die Buddha-Lehre, durch das, was die noch vom Hellsehen durchzogene Empfindungsseelenzeit hervorgebracht hat. Der große Konservator der Empfindungsseelenkultur hinein in die Kultur der Verstandes- oder Gemütsseele ist der Buddha. – Welche Mission kommt dem etwas später auftretenden Sokrates zu?

Sokrates steht ebenso in der Verstandes- oder Gemütsseelenzeit darinnen. Er appelliert an die einzelne Individualität des Menschen, an das, was erst in unserem fünften Kulturzeitalter recht herauskommen kann. Er hat hereinzunehmen in einer noch abstrakten Form die Bewußtseinsseelenzeit in die Zeit der Verstandes- oder Gemütsseele. Buddha bewahrt das Vorhergehende. Daher erscheint das, was er verkündet, wie ein wärmendes, leuchtendes Licht. Sokrates nimmt herein, was für ihn Zukunft ist, was das Charakteristikon der Bewußtseinsseelenzeit ausmacht. Daher erscheint es in seiner Zeit wie ein Nüchternes, wie ein bloß Verstandesmäßiges, wie ein Trockenes.

So schieben sich zusammen in dem vierten Kulturzeitraum der

dritte, vierte und fünfte; der dritte wird bewahrt durch Buddha, der fünfte wird vorausgenommen durch Sokrates. Abendland und Morgenland sind dazu da, um diese zwei Verschiedenheiten aufzunehmen; das Morgenland, um zu bewahren die Größe der vergangenen Zeit; das Abendland beschäftigt sich damit, in einer früheren Zeit vorauszunehmen, was in späterer Zeit herauskommen soll.

Es ist ein gerader Weg von uralten Zeiten der Menschheitsevolution, in welchen der Buddha immer als der Bodhisattva aufgetreten war, bis zu der Zeit, da der Bodhisattva zum Buddha aufgestiegen ist. Es ist eine große, fortlaufende Entwickelung, die ihr Ende findet mit dem Buddha und die auch wirklich dadurch ihr Ende findet, daß der Buddha seine letzte irdische Inkarnation erlebt und nicht mehr auf die Erde herabkommt. Es ist eine große Zeit, die damals ihr Ende findet, indem sie aus uralten Zeiten herüberbrachte, was die Empfindungsseelenkultur der dritten nachatlantischen Kulturepoche war, und diese wieder aufleuchten ließ. Lesen Sie des Buddha Reden von diesem Gesichtspunkte aus, dann werden Sie den richtigen Stimmungsgehalt bekommen, und dann wird für Sie dieses Eintreten der Verstandes- oder Gemütsseelenzeit vielleicht noch einen ganz anderen Wert erhalten. Dann werden Sie an die Buddha-Reden gehen und sagen: Dadrinnen ist doch alles so, daß es unmittelbar zum menschlichen Gemüt spricht; aber dahinter ist etwas, was diesem Gemüt sich entzieht und einer höheren Welt angehört. Daher auch jene eigentümliche, für den gewöhnlichen Verstandesmenschen anstößige rhythmische Bewegung in den Wiederholungen der Buddha-Reden, die wir gerade dann zu verstehen beginnen, wenn wir aus dem Physischen ins Ätherische hineinkommen, welches das nächste Übersinnliche hinter dem Sinnlichen ist. Wer da versteht, wie vieles im Ätherleibe wirkt, der hinter dem physischen Leib ist, der versteht auch, warum vieles in den Reden des Buddha sich immer wieder und wieder wiederholt. Das Eigentümliche der Stimmung der Buddha-Reden darf man ihnen nicht nehmen, indem man die Wiederholungen ausschaltet. Abstraktlinge haben es gemacht, haben geglaubt, sie tun etwas Gutes, wenn sie nur den Inhalt herausnehmen und die Wiederholungen meiden. Es kommt aber darauf an, daß man alles so stehen läßt, wie es Buddha gegeben hat.

Wenn wir nun Sokrates betrachten, noch ganz ohne all den reichen Stoff, der seither in den naturwissenschaftlichen und menschenwissenschaftlichen Entdeckungen vorliegt, wenn wir betrachten, wie Sokrates an die gewöhnlichen Dinge geht, dann hat der, welcher ihn heute, angelehnt an den naturwissenschaftlichen Stoff, vornimmt, dort überall darinnen die sokratische Methode. Man sucht sie auch und will sie haben. Es ist eine große Linie, die von Sokrates beginnt, bis in unsere Zeit hereingeht und immer mehr an Vollkommenheit gewinnen wird.

So haben wir einen Strom der Menschheitsentwickelung, der bis zum Buddha hingeht und dort ein Ende erreicht; und wir haben einen anderen Strom, der mit Sokrates beginnt und in eine ferne Zukunft hineingeht. Sokrates und Buddha stehen nebeneinander gleichsam wie zwei Kometenkerne, wenn das Bild erlaubt ist; der Kometenlichtschweif bei Buddha sich um den Kern legend und weit, weit in unbestimmte Vergangenheitsperspektiven hineinweisend; der Kometenlichtschweif bei Sokrates ebenfalls sich um den Kern legend und weit, weit hineinleuchtend in unbestimmte Zukunftsfernen. Zwei auseinandergehende Kometen, nach einander entgegengesetzten Richtungen gehend, deren Kerne gleichzeitig leuchten, das ist das Bild, das ich dafür gebrauchen möchte, wie Sokrates und Buddha nebeneinander stehen.

Ein halbes Jahrtausend vergeht, und etwas wie eine Zusammenfügung der beiden Strömungen findet statt durch den Christus Jesus. Wir haben es schon charakterisiert, indem wir einige Tatsachen vor unsere Seele hinstellten. Wir wollen morgen in der Charakteristik fortfahren, um uns die Frage zu beantworten: Welches ist die in bezug auf die Menschenseele richtig zu charakterisierende Mission des Christus Jesus?

FÜNFTER VORTRAG

Basel, 19. September 1912

Wir suchten gestern von einem gewissen Gesichtspunkte aus die welthistorische Stellung des Zeitmomentes ins Auge zu fassen, in welchen
hinein das Mysterium von Golgatha fällt. Wir versuchten das in der
Weise zu tun, daß wir zwei bedeutsame Menschheitsführer, Buddha
und Sokrates, ins Auge faßten, welche beide um einige Jahrhunderte
der Tatsache des Mysteriums von Golgatha vorangegangen sind. Uns
ist dabei aufgefallen, wie der Buddha darstellt etwas wie den bedeutungsvollen Abschluß einer Evolutionsströmung. Da steht er, dieser Buddha,
im sechsten bis fünften Jahrhundert vor dem Mysterium von Golgatha,
verkündend, was seither bekannt ist als die tief bedeutsame Lehre, die
Offenbarung von Benares, gleichsam zusammenfassend und in einer bestimmten Weise erneuernd, was in die Menschenseelen hat fließen können seit Jahrtausenden der uralten Vorzeit, und es in einer Art verkündend, wie es eben verkündet werden mußte ein halbes Jahrtausend vor
dem Mysterium von Golgatha und wie es verkündet werden mußte denjenigen Völkern, denjenigen Rassen, für welche die Lehre gerade in dieser Form am geeignetsten war. Inwiefern Buddha der große Abschluß einer Weltenströmung ist, das fällt noch mehr in die Augen, wenn man seinen großen Vorgänger ins Auge faßt, der in einer gewissen Weise schon
zurückfällt in ein Dämmerdunkel der Menschheitsentwicklung: Krishna, den großen indischen Lehrer, der uns in einem ganz anderen Sinne
noch wie der Endpunkt jahrtausendealter Offenbarungen erscheint.

Krishna, man kann ihn etwa einige Jahrhunderte vor den Buddha
setzen; aber darauf kommt es jetzt nicht an. Die Hauptsache ist: je
mehr man auf sich wirken läßt, was Krishna ist und was Buddha ist,
desto mehr sieht man ein, daß von einer gewissen Seite her die Buddha-
Verkündigung in Krishna in einem noch helleren Lichte erscheint
und bei Buddha – wie wir gleich charakterisieren wollen – in einer gewissen Weise dann am Ende ist.

Krishna, in diesem Namen faßt sich in der Tat etwas zusammen,
was in der geistigen Entwickelung über viele, viele Jahrtausende der

Menschheitsentwickelung hinleuchtet. Und wenn man sich hinein-vertieft in all das, was man bezeichnen könnte als die Offenbarung, als die Verkündigung des Krishna, dann sieht man hinauf in erhabene Höhen menschlicher Geistesoffenbarung, denen gegenüber man das Gefühl hat: In bezug auf das, was aus der Offenbarung des Krishna ertönt, in bezug auf alles, was in ihr enthalten ist, kann es überhaupt kaum einen Fortschritt, eine Erhöhung noch geben. Es ist ein Höch-stes in seiner Art, was da heraustönt aus der Offenbarung des Krish-na. Natürlich fassen wir da vieles in der Person des Krishna zusam-men, was auf viele Offenbarer verteilt ist. Aber es ist eben auch da so, daß alles das, was nach und nach im Laufe der Jahrtausende und Jahr-hunderte vor ihm sich denen mitgeteilt hat, die die Träger werden mußten in seiner Vorzeit, in ihm, in Krishna, wieder erneuert, zu-sammengefaßt, zu einem Abschluß gebracht, für sein Volk geoffenbart wurde. Und wenn man die Art nimmt, wie über die göttlichen, über die geistigen Welten, über das Verhältnis der göttlichen und geistigen Welten zur Menschheit, über den Verlauf der Weltenereignisse ge-sprochen wird aus den Worten des Krishna heraus, wenn man die Geistigkeit nimmt, zu der man sich selbst erheben muß, wenn man eindringen will in den tieferen Sinn der Krishna-Lehre, dann gibt es vielleicht in einer gewissen Art nur eines noch im Verlaufe der Mensch-heitsentwickelung der späteren Zeit, das sich ein wenig damit vergle-ichen läßt.

Von der Offenbarung des Krishna darf man sagen: Es ist diese in einer gewissen Weise eine Geheimlehre. Warum eine Geheimlehre? Eine Geheimlehre einfach aus dem Grunde, weil wenige Menschen sich die innere Eignung verschaffen können, um zu der geistigen Höhe emporzuklimmen, um die Dinge zu verstehen. Man braucht solche Dinge, die Krishna geoffenbart hat, nicht durch äußere Mittel abzu-schließen, nicht einzusperren, damit sie geheim bleiben; denn sie blei-ben aus keinem anderen Grunde geheim, als weil die wenigsten Men-schen zu der Höhe sich hinauferheben, zu der es notwendig ist sich zu erheben, um sie zu verstehen. Man kann solche Offenbarungen wie die des Krishna noch so sehr unter die Leute verteilen, man kann sie je-dem in die Hand geben, sie bleiben doch geheim. Denn das Mittel, sie aus der Geheimlehre herauszubringen, ist nicht, daß man sie unter die Leute verteilt, sondern daß die Seelen hinaufschreiten, damit sich die Menschen damit vereinigen. Das ist es, daß solche Dinge in einer gewissen geistigen Höhe schweben und dann noch in einer Weise reden, die eine Art geistigen Höhepunktes darstellt. Wer die Worte aufnimmt, die aus solchen Offenbarungen kommen, darf noch lange nicht glauben, daß er solche Offenbarungen kennt, selbst wenn er ein Gelehrter des zwanzigsten Jahrhunderts ist. Man versteht es vollständig, wenn von vielen Seiten heute gesagt wird, es gebe keine Geheimlehre; man begreift es, weil oft die, welche solche Dinge behaupten, die Worte haben und damit glauben alles zu haben. Aber das Geheimlehrenartige liegt darin, daß sie das, was sie haben, nicht verstehen.

Eines, sagte ich, gibt es noch, was sich damit vergleichen lassen kann. Und zwar läßt sich gerade das, was an den Namen des Krishna angeknüpft werden kann, vergleichen mit dem, was an drei spätere, uns in einer gewissen Weise nahestehende Namen anklingt; nur tritt es da in einer ganz anderen Art, in einer begrifflichen Art, in einer philosophischen Art vor uns hin. Es ist alles das, was sich in der neueren Zeit anknüpft an die drei Namen *Fichte*, *Schelling* und *Hegel*. In bezug auf das Geheimlehrenartige lassen sich schon die Lehren dieser drei Menschen ein wenig vergleichen mit anderen «Geheimlehren» der Menschheit. Denn obwohl man schließlich die Lehren von Fichte, Schelling und Hegel haben kann, so wird doch niemand leugnen, daß sie im weitesten Umfang des Wortes richtige Geheimlehren geblieben sind. Sie sind wahrhaftig Geheimlehren geblieben. Es gibt wenige Menschen, die sich zu diesen Dingen, welche diese drei Leute geschrieben haben, auch nur irgendwie verhalten wollen. Aus einer gewissen, man möchte sagen, philosophischen Courtoisie heraus redet man heute in gewissen philosophischen Kreisen wieder von Hegel, und es wird einem entgegengehalten, wenn so etwas wie das eben Gesagte ausgesprochen wird, daß es doch Leute gibt, die sich mit Hegel beschäftigen. Wenn man dann allerdings nimmt, was diese Leute hervorbringen und was sie beitragen für das Verständnis Hegels, dann kommt man erst recht zu der Anschauung, daß für diese Leute Hegel eine richtige Geheimlehre geblieben ist. Aber es tritt bei Fichte, Schelling und Hegel das, was uns aus dem Orient von Krishna her entgegenleuchtet, in einer abstrakten, begrifflichen Weise wieder auf, und es gehört schon etwas dazu, um die Ähnlichkeit zu bemerken; eine ganz bestimmte Konstitution der Menschenseele gehört dazu. Man möchte sich einmal unumwunden darüber aussprechen, was dazu gehört.

Wenn ein Mensch, der sich heute so, ich will nicht sagen, der Durchschnittsbildung, sondern der höheren Bildung zu erfreuen glaubt, irgendein philosophisches Werk von Fichte oder Hegel in die Hand nimmt, so beginnt er zu lesen und glaubt darin etwas zu lesen, was nur ein Fortgang in der Begriffsentwickelung ist. Und es werden wohl die meisten Menschen darüber einig sein, daß man so recht warm dabei nicht werden kann, wenn man zum Beispiel Hegels «Enzyklopädie der philosophischen Wissenschaften» aufschlägt, wo zuerst über das «Sein», dann über das «Nichtsein», «Werden», «Dasein» und so weiter geredet wird. Man wird es dann erleben können, daß gesagt wird: Da hat jemand eben in der höchsten Begriffsabstraktion etwas zusammengebraut; das mag ganz schön sein, aber für mein Herz, für meine Seele, für meine Wärme gibt es mir nichts. Ich habe viele Leute kennengelernt, die gerade dieses Werk von Hegel, das ich jetzt im Auge habe, nach drei, vier Seiten rasch wieder zugeschlagen haben. Eines will man sich dabei nur nicht gern gestehen: daß vielleicht die Schuld, warum man dabei nicht warm werden kann, warum man dabei nicht Lebenskämpfe durchmachen kann, welche einen von Höllen in Himmel führen, an einem selber liegt. Das gesteht man sich nicht gern. Denn es gibt eine Möglichkeit, bei dem, was die Leute «abstrakte Begriffe» bei diesen Dreien nennen, ganze Lebenskämpfe durchzumachen und nicht nur Lebenswärme zu empfinden, sondern den ganzen Aufstieg von der äußersten Lebenskälte bis zur äußersten Lebenswärme zu fühlen. Man kann empfinden, wie diese Dinge unmittelbar mit Menschenblut, nicht bloß mit abstrakten Begriffen geschrieben sind.

Man darf das, was von Krishna herüberleuchtet, mit dieser sogenannten neuesten Evolutionsphase des menschlichen Aufstieges in die geistigen Höhen vergleichen; nur ist eben ein bedeutender Unterschied vorhanden. Was uns da entgegentritt in Fichte, Schelling und Hegel,

diesen reifsten Denkern des Christentums, das tritt uns in der vorchristlichen Zeit, so wie es damals sein mußte, bei Krishna entgegen.
Denn was ist diese Krishna-Offenbarung? Sie ist etwas, was nachher
niemals wiederkommen konnte, was in seiner Höhe hingenommen
werden muß, weil es in seiner Art nicht überboten werden kann. Und
wer ein Verständnis hat für diese Dinge, der erhält erst einen Begriff,
eine Idee von der Stärke des Geisteslichtes, das da zu uns herüber-
scheint, wenn wir solche Dinge auf uns wirken lassen, die mit jener Kultur zusammenhängen, aus der Krishna hervorgegangen ist. Man muß
nur im richtigen Sinne die Dinge auf sich wirken lassen. Wenn man –
nur ein paar Proben seien herausgenommen – in einer richtigen Weise
auf sich wirken läßt Worte wie diese, sie gehören der Bhagavad Gita an,
wo Krishna spricht, um sein eigenes Wesen anzudeuten, so kommt man
zu gewissen Erkenntnissen, Gefühlen und Empfindungen, die wir nachher charakterisieren werden. So sagt Krishna (im zehnten Gesang):

«Ich bin des Werdens Geist, sein Anfang, seine Mitte und sein
Ende. Unter den Wesen bin ich das edelste stets von allem, was geworden ist. Unter den geistigen Wesen bin ich Vishnu, bin die
Sonne unter den Sternen, bin unter den Lichtern der Mond, bin unter den Elementen das Feuer, bin unter den Bergen der hohe Meru,
bin unter den Wassern das große Weltenmeer, bin unter den Flüssen
Ganga, bin unter der Bäume Menge Asvattha, bin der Herrscher
im wahren Sinne des Wortes der Menschen und aller Wesen, die da
leben, bin unter den Schlangen die, die da ewig ist, die des Daseins
Grund selber ist.»

Und nehmen wir eine andere Manifestation aus derselben Kultur heraus, die wir in den Veden finden:

«Die Devas versammeln sich um den Thron des Allmächtigen
und fragen in Hingebung, wer er selbst sei. Da antwortet er» – der
Allmächtige, das ist also der Weltengott in diesem altindischen
Sinne –: «Wäre ein anderer als ich, so würde ich mich durch ihn beschreiben. Ich bin von Ewigkeit gewesen und werde in alle Ewigkeit sein. Ich bin die erste Ursache von allem, die Ursache von alle-

dem, das sich befindet im Westen, Osten, Norden, Süden, bin die Ursache von allem in den Höhen oben, in den Tiefen unten. Ich bin alles, bin älter, als was da ist. Ich bin der Herrscher der Herrscher. Ich bin die Wahrheit selber, bin die Offenbarung selbst, bin die Ursache der Offenbarung. Ich bin die Kenntnis, bin die Frömmigkeit und bin das Recht. Ich bin allmächtig.»

Und als gefragt wird innerhalb dieser Kultur – so wird es in dieser alten Urkunde dargestellt – nach der Ursache von allem, da wird gesagt:

«Diese Ursache der Welt – Feuer ist es, die Sonne ist es, und der Mond ist es auch; so auch ist es dieses reine Brahman und dieses Wasser und dieses oberste der Geschöpfe. Alle Augenblicke und alle Wochen und alle Monate und alle Jahre und alle Jahrhunderte und alle Jahrtausende und alle Jahrmillionen sind aus ihm hervorgegangen, sind hervorgegangen aus seiner strahlenden Persönlichkeit, die niemand begreifen kann, nicht oben, nicht unten, nicht rings im Umkreise und nicht in der Mitte, da wo wir stehen.»

Solche Worte tönen aus diesen uralten Zeiten zu uns herüber. Wir geben uns diesen Worten hin. Was müssen wir bei unbefangener Betrachtungsweise diesen Worten gegenüber empfinden? Gewisse Dinge sind darin gesagt. Wir haben gesehen, daß Krishna über sich selber etwas sagt; wir haben gesehen, daß über den Weltengott und über die Weltenursache Dinge gesagt werden. Aus dem Ton der Erkenntnisse, wie sie hier ausgesprochen werden, sind Dinge gesagt worden, die niemals größer, niemals bedeutsamer gesagt worden sind; und man weiß, daß sie niemals größer und bedeutsamer gesagt werden könnten. Das heißt, es ist da etwas in die Menschheitsentwickelung hereingestellt, was so, wie es ist, stehenbleiben muß, was so aufgenommen werden muß, was zu einem Abschluß gelangt ist. Und wo immer man über diese Dinge später gedacht hat, man hat vielleicht nach den Methoden der späteren Zeiten in bezug auf dieses oder jenes geglaubt, es in klarere Begriffe zu fassen, es in der einen oder anderen Weise zu modifizieren, aber besser hat man es deshalb nicht gesagt, niemals. Und wollte gerade über diese Dinge irgend jemand etwas Besseres sagen, so würde es vermessen sein.

Nehmen wir zuerst die Bhagavad Gita-Stelle, wo Krishna sozusagen seine eigene Wesenheit charakterisiert. Was charakterisiert er eigentlich? Es ist ganz merkwürdig, wie er spricht. Er spricht davon, daß er des Gewordenen Geist sei, daß er unter den Himmelsgeistern Vishnu sei, unter den Sternen die Sonne, unter den Lichtern der Mond, unter den Elementen das Feuer und so weiter. Wollen wir es umschreiben, so daß wir es in einer Formel zusammenhaben, so können wir sagen: Krishna bezeichnet sich als die Essenz, als die Wesenheit in allem, so daß die Wesenheit er ist, daß sie überall die reinste, göttlichste Art repräsentiert. Wo man also hinter die Dinge dringt und das sucht, was ihre Wesenheit ist, kommt man auf die Wesenheit des Krishna im Sinne dieser Stelle. Man nehme eine Anzahl von Pflanzen gleicher Art. Man suche die Wesenheit dieser Art, die nicht sichtbar ist, sondern sich in den einzelnen sichtbaren Pflanzenformen zum Ausdruck bringt. Was ist dahinter als ihre Essenz? Krishna! Aber wir müssen dieses Wesen nicht nur mit einer Pflanze identisch denken, sondern wir müssen es als das Höchste, Reinste in der Form denken; so daß wir überall nicht nur das haben, was die Wesenheit ist, sondern diese Wesenheit überall in der reinsten, edelsten, höchsten Form.

Wovon spricht also Krishna eigentlich? Von nichts anderem als von dem, was auch der Mensch, wenn er in sich selber geht, als seine Wesenheit erkennen kann; aber nicht die Wesenheit, die er im gewöhnlichen Leben darstellt, sondern die hinter der gewöhnlichen Offenbarung des Menschen und dem menschlichen Seelischen ist. Er spricht von der Menschenwesenheit, die in uns ist, weil die wahre Menschenwesenheit eins ist mit dem All. Es ist nicht die Erkenntnis etwa, die sich egoistisch gebärdet in Krishna; es ist das in Krishna, was hinweisen will auf das Höchste im Menschen, das sich identisch, sich einheitlich sehen darf mit dem, was als das Wesen in allen Dingen lebt.

So, wie wir heute sprechen, wenn wir etwas anderes im Auge haben, so spricht Krishna von dem, was er im Auge hat für seine Kultur. Wenn wir heute in unser eigenes Wesen hineinschauen, so erblicken wir zunächst das Ich, wie Sie es dargestellt finden in dem Buche «Wie erlangt man Erkenntnisse der höheren Welten?». Von diesem gewöhnlichen Ich unterscheiden wir noch das höhere, übersinnliche Ich, das im Sinnensein nicht auftritt, das aber so auftritt, daß es nicht nur in uns ist, sondern zugleich über die Wesenheit aller Dinge ergossen ist. Wenn wir also von unserm höheren Ich sprechen, von der im Menschen wohnenden höheren Wesenheit, so sprechen wir nicht von dem, wovon der Mensch gewöhnlich «Ich bin» sagt, obwohl es in unserer Sprache denselben Klang hat. In dem Munde des Krishna würde es nicht denselben Klang gehabt haben. Er spricht von der Menschenseelenwesenheit in dem Sinne der Auffassung der damaligen Zeit, wie wir heute vom Ich sprechen.

Wodurch konnte es zustande kommen, daß, was Krishna ausspricht, dem so ähnlich ist, was wir selbst als höchste Erkenntnis aussprechen können? Das konnte dadurch kommen, daß voranging der Kultur, aus welcher Krishna hervorgegangen ist, in früheren Jahrtausenden die hellseherische Kultur der Menschheit, daß die Menschen gewohnt waren, wenn sie auf das Wesen der Dinge gesehen haben, sich immer hinaufzuwenden zum hellseherischen Anschauen. Und verstehen kann man eine solche Sprache, wie sie uns hier in der Bhagavad Gita entgegentönt, wenn man sie als Abschluß der alten hellseherischen Weltanschauung betrachtet, wenn man sich klar ist: In dem Augenblick, da sich der Mensch in den alten Zeiten in jenen Zwischenzustand hinauf versetzte, der damals menschlich allgemein war zwischen dem Schlafen und Wachen, da war er so in die Dinge hinein versetzt, daß dann nicht, wie es in der sinnlichen Anschauung der Fall ist, die Dinge hier sind und der Mensch außerhalb ihrer ist, sondern er war dann ausgegossen über alle Wesen, fühlte sich in allen Wesen, fühlte sich mit allen Wesen eins. Es war das Beste der Dinge, mit dem er sich eins fühlte, und sein Bestes war in allen Dingen. Und wenn Sie nicht von einem abstrakten Fühlen und Empfinden ausgehen, wie es der heutige Mensch hat, sondern von der eben charakterisierten Art, wie der alte Mensch empfand, dann verstehen Sie solche Worte, wie sie uns in der Bhagavad Gita von Krishna entgegentönen. Sie verstehen sie, wenn Sie sich fragen: Wie sah sich da der Mensch des alten Hellsehens? –

und sich dann klar sind: Wie durch das, was heute errungen wird durch die geisteswissenschaftliche Schulung, wenn der Mensch seinen Ätherleib freibekommt, so daß er sich erweitert fühlt, sich ausgegossen fühlt über das, was in allem darinnen ist, so war, wenn auch nicht in der Weise, wie es heute durch die geisteswissenschaftliche Schulung der Fall sein kann, der naturgemäße Zustand der Menschen der alten Zeiten. Sie fühlten sich in solchen Zuständen, die wie von selbst kamen, in den Dingen darinnen. Und wenn dann die Offenbarungen in Formen gebracht wurden, wenn das, was man da sah, in schönen, herrlichen Worten zum Ausdruck gebracht wurde, dann trat es zum Beispiel so zutage wie diese Offenbarungen des Krishna.

Daher könnte man etwa auch sagen: Krishna hat zu seinen Mitmenschen gesagt: Wie die Besten von uns gesehen haben, wenn sie in den übersinnlichen Zuständen waren, wie die Besten geschaut haben ihr Verhältnis zur Welt, das will ich mit Worten verkünden. Denn die Zukunft wird nicht mehr die Menschen so finden, und ihr selber könnt nicht mehr so sein, wie die Urväter waren. Wie es die Urväter gesehen haben, ich will es in Worte bringen, damit es verbleibe, weil es die Menschheit nicht mehr haben kann als einen natürlichen Zustand. – Gleichsam in Worte, die möglich waren in der damaligen Zeit, dasjenige gebracht, was durch die Jahrtausende der Menschheit zuteil geworden war, das waren die Offenbarungen des Krishna, damit es auch die späteren Zeiten, die es nicht mehr schauen können, als Offenbarung des Krishna haben.

Und auch die anderen Worte können wir so auffassen. Nehmen wir einmal an, in der Zeit, in welcher Krishna seine Offenbarungen gegeben hat, wäre vor einen wissenden Lehrer ein Schüler hingetreten und hätte gefragt: Nun, du wissender Lehrer, was ist denn hinter den Dingen, die jetzt nur meine Augen schauen? Da hätte der wissende Lehrer wohl geantwortet: Hinter diesen Dingen, die jetzt nur deine äußeren, sinnlichen Augen schauen, ist das Geistige, das Übersinnliche. Aber in alten Zeiten haben die Menschen in naturgemäßen Zuständen dieses Übersinnliche noch geschaut. Und die nächste übersinnliche Welt, die an unsere sinnliche angrenzt, ist die ätherische Welt; in die haben sie hineingeschaut. Da ist die Ursache von allem Sinnlichen. Da haben es die

Menschen gesehen, was die Ursache ist. Jetzt kann ich es nur mit Worten aussprechen, was früher geschaut worden ist: Feuer ist es, die Sonne ist es – aber nicht, wie sich jetzt die Sonne zeigt, denn damals war gerade das für das alte Hellsehen am allerunsichtbarsten, was jetzt das Auge sieht; der weiße, feurige Sonnenball war das Dunkle, und über alle Räume gehend waren ausgebreitet die Sonnenwirkungen, die Strahlungen der Sonnenaura, in vielfarbigen Bildern auseinandergehend und wieder ineinandergehend, in der Weise aber, daß das, was so in die Dinge untertauchte, zugleich schaffendes Licht war –, die Sonne ist es; und so ist es auch der Mond – der auch anders gesehen worden ist –, denn darin ist sämtlich das reine Brahman.

Was ist das reine Brahman? Wenn wir die Luft einatmen und ausatmen, so glaubt der materialistische Mensch, daß er mit der Luft nur Sauerstoff einatmet. Das ist aber eine Täuschung. Mit jedem Atemzuge atmen wir Geist ein, atmen wir Geist aus. Was in der Atemluft lebt als Geist, dringt in uns ein und dringt von uns aus. Und indem es das alte Hellsehen gesehen hat, kam es ihm nicht so vor wie dem Materialisten, der da glaubt, daß er Sauerstoff einatmet. Das ist ein materialistisches Vorurteil. Dem alten Hellsehen war es bewußt, daß eingeatmet wurde das ätherische Element des Geistes, Brahman, von dem das Leben kommt. Wie heute geglaubt wird, daß von dem Sauerstoff der Luft das Leben komme, so wußte der alte Mensch, daß das Leben von Brahman kommt; und indem er Brahman aufnimmt, lebt er. Das reinste Brahman ist die Ursache unseres eigenen Lebens.

Und wie sind die Begriffeshöhen, zu denen sich diese uralte, reine Weisheit, diese äthergleiche, lichtgleiche Weisheit aufschwingt? Die Menschen heute glauben recht fein denken zu können. Aber wenn man so sieht, wie die Menschen alles kunterbunt durcheinanderwerfen, wenn sie anfangen etwas zu erklären, dann hat man keinen großen Respekt vor dem heutigen Denken, namentlich nicht vor dem heutigen logischen Denken. Denn ich muß da schon einmal eingehen – ich will es so einfach wie möglich machen – in eine scheinbar recht abstrakt erscheinende, kurze Erörterung.

Nehmen wir an, es tritt vor uns ein Tier, das gelb ist, eine Mähne hat; dann nennen wir das Tier einen Löwen. Jetzt fangen wir an zu fragen: Was ist ein Löwe? Die Antwort ist: Ein Raubtier. Nun fragen wir weiter: Was ist ein Raubtier? Antwort: Ein Säugetier. Wir fragen weiter: Was ist ein Säugetier? Antwort: Ein Lebewesen. Und so gehen wir weiter; wir beschreiben das eine durch das andere. Die meisten Menschen glauben recht klar zu sein, wenn sie in der Weise immer weiter fragen, wie es jetzt angedeutet ist für den Löwen, für das Säugetier, für das Tier usw. Wenn man über geistige Dinge spricht, auch über die höchsten geistigen Dinge, wird häufig in derselben Weise gefragt, wie man fragt: Was ist ein Löwe? Was ist ein Raubtier? usw. Und da, wo es eingeführt ist, daß Zettel abgegeben werden und am Ende der Vorträge Fragen beantwortet werden, wo dann oft die gleichen Fragen auf den Zetteln stehen, da geht ins Unzählbare zum Beispiel die Frage: Was ist Gott? oder: Was ist der Weltenanfang? oder: Was ist das Weltenende? Gar nichts anderes wollen eigentlich viele Menschen wissen als: Was ist Gott? Was ist der Weltenanfang? Was ist das Weltenende? Sie fragen darüber geradeso, wie man fragt: Was ist ein Löwe? und so weiter.

Die Menschen denken, was für den Alltag gültig ist, müsse auch für die höchsten Dinge so sein. Sie denken nicht daran, daß es gerade für die höchsten Dinge das Charakteristische sein muß, daß man nicht mehr so fragen kann. Denn man muß ja, wenn man von dem einen zum andern, von dem Löwen zum Raubtier usw. hinaufkommt, doch einmal zu etwas kommen, was man nicht mehr so beschreiben kann, wo es keinen Sinn mehr hat zu fragen: Was ist dies? Denn wenn man so fragt, will man zu dem Subjekt ein Prädikat haben. Aber es muß einmal ein höchstes Wesen geben, das sich durch sich selbst erfassen läßt. Die Frage: Was ist Gott? ist ganz sinnlos im logischen Sinne. Man kann alles heraufführen bis zum Höchsten; aber dem Höchsten darf kein Prädikat zugefügt werden, denn dann erfolgt als Antwort: Gott ist ...; dann müßte aber das, wodurch Gott beschrieben ist, das Höhere sein. Das wäre der kurioseste Widerspruch, den es gibt.

Daß diese Frage heute noch immer gestellt wird, bezeugt, wie hoch erhaben in uralten Zeiten Krishna sich dadurch zeigte, daß er sagte: «Die Devas sammeln sich um den Thron des Allmächtigen und fragen ihn in Hingebung, wer er selbst sei. Da antwortet er: Wäre ein anderer wie ich, so würde ich mich durch ihn beschreiben.» Das tut er aber nicht; er beschreibt sich nicht durch einen anderen. Und so werden wir, möchte man sagen, auch in Hingabe und in Demut wie die Devas, vor die uralt-heilige indische Kultur hingeführt und bewundern sie zugleich in ihrer grandiosen logischen Höhe, die ihr nicht durch Denken gekommen ist, sondern durch das alte Hellsehen, dadurch, daß die Leute unmittelbar wußten: wenn sie an die Ursachen kommen, dann hört das Fragen auf, weil die Ursachen angeschaut werden. Da stehen wir in Bewunderung vor dem, was so auf uns heruntergekommen ist aus diesen uralten Zeiten, wie wenn die Geister, die es uns überliefert haben, sagen wollten: Da sind die Weltenalter abgelaufen, in denen die Menschen unmittelbar in die geistigen Welten hineingeschaut haben. Es wird künftig nicht mehr so sein. Wir aber wollen das registrieren, zu dem wir uns aufschwingen können, was einstmals dem menschlichen Hellsehen gegeben war.

So finden wir verzeichnet in der Bhagavad Gita, in den Veden alle die Dinge, die wir zusammenfassen können wie in einem Abschluß bei Krishna, was nicht überboten werden kann, was zwar wieder gesehen werden kann durch erneutes Hellsehen, aber nie ergründet werden kann durch die Fähigkeiten, die von den Menschen nachher erworben worden sind. Daher ist immer Grund vorhanden, wenn man in dem ganzen Gebiete der menschlichen Kultur bleibt, das die Tageskultur, die äußere Kultur im Sinnensein ist, zu sagen: Innerhalb dieser Kultur, wenn man absieht von dem, was wieder errungen werden kann durch schulgemäß errungenes Hellsehen, innerhalb der Tageskultur ist nie mehr das zu erreichen, was uralt-heilige Offenbarung ist, die ihren Abschluß erlangt bei Krishna. Aber durch ihre Evolution, durch die geisteswissenschaftliche Schulung kann sich die Seele wieder hinauferheben und es wieder erlangen. Was auf normalem Wege – wenn wir das Wort anwenden dürfen –, wie es einst der Fall war, der Menschheit gegeben worden ist, das ist der Menschheit für den Alltag in naturgemäß zu erringenden Zuständen nicht gegeben. Daher gingen sie herunter, diese Wahrheiten. Wenn es einige Denker gibt, wie Fichte, Schelling und Hegel, die ihr Denken bis zur möglichsten Reinheit gebracht haben, dann können diese Dinge, zwar nicht so lebensvoll, nicht mit der unmittelbar persönlichen Note wie bei Krishna, aber in Ideenform, uns wieder entgegentreten, nie mehr aber so, wie es die Menschen erfaßt haben im alten Hellsehen. Und aus dem Geiste, wie ich es oft vorgetragen habe, ergibt sich, daß langsam und allmählich im Laufe der nachatlantischen Zeit das alte Hellsehen erstorben ist.

Wenn wir in die erste nachatlantische Kulturperiode, in die alte indische Zeit, zurückblicken, dann dürfen wir sagen: Von ihr sind keine Aufzeichnungen vorhanden, denn damals schauten die Menschen noch in die geistige Welt hinein. Was damals der Menschheit geoffenbart worden ist, kann nur durch die Akasha-Chronik wiedergefunden werden. Das war eine hohe Offenbarung. Aber allmählich stieg die Menschheit immer mehr und mehr herab, und in der zweiten nachatlantischen Kulturperiode, in der urpersischen Zeit, waren zwar die Offenbarungen noch da, aber nicht mehr so rein. Noch weniger rein waren sie vorhanden im dritten Kulturzeitraum, in der ägyptisch-chaldäischen Zeit. Wir müssen dabei ins Auge fassen, wenn wir die Verhältnisse in Wirklichkeit anschauen wollen, daß aus diesen ersten Kulturperioden – und nicht nur bei den Völkern, nach denen sie getauft worden waren – Aufzeichnungen nicht vorhanden sind. Wenn wir von der alten indischen Kultur sprechen, dann meinen wir eine Kultur, von welcher nichts Schriftliches auf uns gekommen ist. Bei der urpersischen Kultur ist es wieder so, daß etwas Schriftliches nicht auf uns gekommen ist. Denn alles Schriftliche, das wir haben, ist nur Nachklang dessen, was überliefert worden ist. Erst von der babylonisch-chaldäischen Kultur ab, also von dem dritten Kulturzeitraum ab, sind Aufzeichnungen vorhanden. Aber während nun die urpersische Kultur ablief, gab es in der indischen Kultur eine zweite Periode, welche parallel lief mit der urpersischen. Und als die babylonisch-chaldäisch-ägyptische Kultur sich abspielte, war in Indien eine dritte Periode angebrochen, und während dieser Zeit begann man erst Aufzeichnungen zu machen. Aus der Spätzeit dieser dritten Kulturperiode stammen erst die Aufzeichnungen, die zum Beispiel in den Veden enthalten sind, die dann in das äußere Leben eingedrungen sind. Das sind die Aufzeichnungen, die auch von Krishna sprechen.

Also niemand darf denken, wenn er von Aufzeichnungen spricht, daß er die erste indische Kulturperiode im Auge hat. Denn alles, was in den Dokumenten enthalten ist, sind Aufzeichnungen, die erst in der dritten Periode von den alten Indern gemacht wurden, weil eben in der dritten Periode immer mehr und mehr die Reste des alten Hellsehens verglommen. Das ist das, was wir um die Person des Krishna herum sammeln können. Daher erzählt uns das alte Indertum dasjenige, was äußerlich erforscht werden kann. Wenn wir die Dinge in ihren Fundamenten betrachten, so stimmt alles auch immer mit dem, was aus äußeren Urkunden gewonnen werden kann. Als das dritte Weltenalter zu Ende ging und die Menschen das, was sie ursprünglich besaßen, verloren hatten, da erschien Krishna, um das zu bewahren, was zu verlieren war.

Von welchem Weltenalter spricht also die Überlieferung, wenn sie sagt, Krishna erschien im «dritten Weltenalter»? Von dem, das wir nennen das ägyptisch-chaldäische Kulturzeitalter. Und genau mit dem, was wir charakterisieren, stimmt diese indisch-morgenländische Lehre von Krishna überein. Als das alte Hellsehen und alle die Schätze des alten Hellsehens der Menschheit begannen abhanden zu kommen, da erschien Krishna und offenbarte sie so, wie sie bewahrt bleiben können für die spätere Zeit. In dieser Weise ist Krishna ein Abschluß von etwas Großem, Gewaltigem. Und alles, was die Jahre her bei uns gesagt worden ist, stimmt vollständig mit dem überein, was auch die Urkunden des Orients geben, wenn man sie richtig liest. In diesem Sinne zu sprechen von einem «Okzidentalischen» und «Orientalischen», ist der reine Unsinn; denn nicht darauf kommt es an, ob wir im Morgenlande oder Abendlande lehren mit diesen oder jenen Worten, sondern daß wir mit Verständnis von dem sprechen, was verkündet worden ist. Und je mehr Sie auf das eingehen, was diese Jahre verkündet worden ist, desto mehr werden Sie sehen, daß es mit allen Urkunden des Orients übereinstimmt.

So also steht Krishna da als ein Abschluß. Dann kommt wenige Jahrhunderte danach Buddha. In welcher Weise ist dann Buddha, man möchte sagen, der andere Pol des Abschlusses? Wie steht Buddha zu Krishna?

Lassen wir einmal vor unsere Seele gestellt sein, was wir eben als die Charakteristik des Krishna gegeben haben. Große, gewaltige hellseherische Offenbarungen der Urzeit, in solche Worte gefaßt, daß die Zukunft diese Worte verstehen und in ihnen fühlen und empfinden kann den Nachklang des alten Hellsehens der Menschheit, so steht Krishna vor uns. Seine Offenbarung ist den Menschen etwas, was sie hinnehmen können, dem gegenüber sie sich sagen können: Darin ist enthalten die Weisheit über die hinter der sinnlichen liegende geistige Welt, die Welt der Ursachen, der geistigen Tatsachen. In großen, gewaltigen Worten ist es in der Offenbarung des Krishna enthalten. Und wenn man sich vertieft in die Veden, in all das, was man eben abschließend zusammenfassen kann als die Offenbarung des Krishna, dann kann man sagen: Das ist die Welt, in welcher der Mensch heimisch ist, die Welt, die hinter derjenigen ist, welche Augen sehen, Ohren hören, Hände greifen und so weiter. Du, Menschenseele, gehörst der Welt an, von der dir Krishna verkündet.

Diese Menschenseele selber, wie konnte sie in den folgenden Jahrhunderten fühlen? Sie konnte sehen, wie diese wunderbaren alten Offenbarungen von der eigentlichen geistigen, himmlischen Heimat der Menschheit sprechen. Sie konnte dann hinausschauen in das, was um sie herum ist. Sie sah mit Augen, hörte mit Ohren, griff die Dinge mit dem Tastsinn, dachte über die Dinge mit dem Verstand, der nimmermehr hineindringt in das Geistige, das verkündet wurde durch die Krishna-Offenbarung. Und die Seele konnte sich sagen: Da gibt es die heilige Lehre der alten Zeit, welche die Erkenntnis überliefert von der geistigen Heimat, die um uns herum ist, um jene Welt, welche wir jetzt allein erkennen. Wir leben nicht mehr in der geistigen Heimat. Wir sind herausgeworfen aus dem, wovon am herrlichsten der Krishna spricht.

Da kommt Buddha. Wie spricht er von dem, wovon Krishna gesprochen hat als von den Herrlichkeiten der Welt, zu den Menschenseelen, die nur um sich sehen, was Augen sehen, Ohren hören können? Er spricht: Jawohl, ihr lebt in dieser Welt der Sinne. Da hinein hat euch der Drang geführt, der euch von Inkarnation zu Inkarnation treibt. Aber ich spreche euch von dem Wege, der euch aus dieser Welt herausführen kann und hineinführen kann in die Welt, von der Krishna gesprochen hat. Ich spreche euch von dem Wege, durch den ihr erlöst werdet von der Welt, die nicht die Welt des Krishna ist. – Wie das Heimweh nach der Welt des Krishna ertönte in den folgenden Jahrhunderten die Lehre des Buddha. Insofern erscheint uns Buddha als der letzte Nachfolger des Krishna, als der Nachfolger des Krishna, der da kommen mußte. Und wenn Buddha über den Krishna selber gesprochen hätte, wie hätte er über ihn sprechen können? So etwa, daß er gesagt hätte: Ich bin gekommen, um den Größeren, der vor mir war, euch wieder zu verkünden. Richtet den Sinn nach rückwärts zu dem größeren Krishna, und ihr werdet dasjenige sehen, was ihr erlangen könnt, wenn ihr die Welt verlaßt, in der ihr euch nicht mehr als in der wahren geistigen Heimat findet. Ich zeige euch die Wege der Erlösung aus der Sinneswelt. Ich führe euch zurück zu dem Krishna. – So hätte der Buddha sprechen können. Er hat nur nicht gerade diese Worte gebraucht. Aber er hat sie gesagt in einer etwas anderen Form, indem er sagte: «In der Welt, in der ihr lebt, ist Leiden, ist Leiden, ist Leiden. Geburt ist Leiden, Alter ist Leiden, Krankheit ist Leiden, Tod ist Leiden, nicht vereinigt sein mit dem, was man liebt, ist Leiden; vereinigt sein mit dem, was man nicht liebt, ist Leiden; verlangen, was man liebt, und es nicht erhalten können, ist Leiden.» Und als er den «achtgliedrigen Pfad» gab, war es eine Lehre, die nicht über das hinauskam, wovon Krishna gesprochen hat, weil es eine Lehre dessen war, was Krishna gegeben hatte. Ich bin nach ihm gekommen, der größer ist als ich; aber ich will euch zeigen die Wege zu dem zurück, der größer ist als ich, – das sind die welthistorischen Töne, die uns aus dem Gangeslande herübertönen.

Jetzt gehen wir ein Stückchen weiter nach dem Westen. Stellen wir noch einmal vor unsere Seele die Gestalt des Täufers und erinnern wir uns der Worte, die Buddha hätte sprechen können: Ich bin nach ihm gekommen, nach dem Krishna, denn er ist größer als ich; und ich will euch die Wege zeigen zu ihm zurück aus der Welt, in welcher die göttliche Welt nicht enthalten ist, von der Krishna gesprochen hat. Wendet den Sinn zurück! – Und jetzt die Gestalt des Täufers. Wie sprach er? Wie drückte er seine Anschauungen aus, wie drückte er die Tatsachen aus, die ihm in der geistigen Welt gegeben waren? Er wies auch auf einen anderen hin; aber er sagte nicht, wie Buddha hätte sagen können: Ich bin nach ihm gekommen. Sondern er sagte: «Nach mir kommt ein Größerer, denn ich bin» (1, 7). So sagt der Täufer. Und er sagt nicht: Hier in der Welt ist Leiden, und ich will euch führen zu etwas aus dieser Welt heraus. Sondern er sagt: Ändert den Sinn! Blicket nicht mehr nach rückwärts, sondern blicket nach vorwärts! Wenn der Größere kommt, wird die Zeit erfüllt sein, wenn in der Welt, wo Leiden ist, Einzug halten wird die himmlische Welt, wenn Einzug halten wird in die Menschenseelen in einer neuen Art das, was sie verloren haben als Offenbarungen der alten Zeiten (Matth. 5, 2).

So ist der Nachfolger des Krishna der Buddha. So ist der Vorläufer des Christus Jesus Johannes der Täufer. So ist alles umgekehrt. So stehen die sechs Jahrhunderte, die zwischen diesen beiden Ereignissen verfließen, vor uns. Wieder haben wir die beiden Kometen mit ihren Kernen: den einen, Krishna, mit seinem Kern als alles, was nach rückwärts weist, und den, der die Menschen nach rückwärts führt, den Buddha; und den anderen Kometen, nach vorwärts weisend mit seinem Kern, Christus, und den, der sich als der Vorläufer hinstellt. Erfassen Sie im besten Sinne Buddha als den Nachfolger des Krishna und Johannes den Täufer als den Vorläufer des Christus Jesus, dann haben Sie in dieser Formel am einfachsten ausgesprochen, was für diese Zeit der Menschheitsentwickelung um das Mysterium von Golgatha herum vor sich ging. So müssen wir die Dinge ansehen, dann verstehen wir sie.

Das ist nichts, was irgendeine Konfession berührt. Das sind keine Dinge, die man zusammenbringen darf mit dieser oder jener Religion in der Welt, sondern das sind welthistorische Tatsachen, ganz einfach welthistorische Tatsachen. Und keiner, der sie einsieht in ihrem tiefsten Grunde, kann sie anders darstellen und wird sie jemals anders darstellen. Denn ist damit in irgendeiner Weise irgendeiner Manifestation in der Menschheit irgend etwas genommen? Es ist sonderbar, wenn da oder dort gesagt wird, bei uns würde dem Christentum in irgendeiner Weise eine höhere Stellung angewiesen als den anderen Religionen. Ja, kommt es auf dieses «höher» oder «tiefer» an? Sind das nicht die abstraktesten Worte, die man anwenden kann, «höher» oder «tiefer», «größer» oder «kleiner»? Sagen wir hier etwas, was weniger zum Lobe des Krishna ist, als diejenigen sagen, die den Krishna höher stellen als den Christus? Wir verzichten darauf, solche Worte wie hoch oder weniger hoch anzuwenden, und wollen die Dinge in ihrer Wahrheit charakterisieren. Nicht darauf kommt es an, ob wir das Christentum höher oder tiefer stellen, sondern ob uns jemand nachweisen kann, daß wir die Dinge des Krishna nicht in der richtigen Weise charakterisieren. Suchen Sie sich die Dinge, die über Krishna handeln, und fragen Sie sich, ob von anderen Seiten wirklich etwas Höheres gegeben wird als bei uns, wenn wir versuchen, über den Krishna etwas zu geben. Das andere sind leere Wortstreitigkeiten. Die Wahrheit kommt aber zutage, wenn jener Wahrheitssinn wirkt, der auf die Essenz der Dinge geht.

Hier, wo wir das einfachste und das grandioseste Evangelium charakterisieren, haben wir Gelegenheit, einzugehen auf die ganze kosmisch-terrestrische Stellung des Christus. Daher mußte eingegangen werden auf die Größe dessen, was seinen Abschluß gefunden hat Jahrhunderte vor dem Mysterium von Golgatha, in dem die neue Morgenröte der Zukunft der Menschheit aufgegangen ist.

Basel, 20. September 1912

Gestern wurde versucht, eine Vorstellung zu geben von der Offenbarung des Krishna und ihrer Beziehung zu dem, was später in der Evolution der Menschheit eintritt: zu der Offenbarung durch den Christus. Es wurde namentlich darauf hingewiesen, daß uns die Offenbarung des Krishna erscheinen kann wie der Abschluß einer langen Evolutionsströmung der Menschheit, der Abschluß der hellseherischen, der primitiv hellseherischen Epoche der Menschheitsentwickelung. Wenn wir von diesem Gesichtspunkte aus noch einmal das, was wir gestern über diesen zusammenfassenden Abschluß der Krishna-Offenbarung gewinnen konnten, vor unsere Seele stellen, so können wir sagen: Was innerhalb dieser Offenbarung gewonnen worden ist, das ist eben dadurch in der Menschheitsentwickelung vorhanden, ist aber zu einem gewissen Abschluß gelangt und kann eigentlich nicht weiter erhöht werden. Gewisse Lehren, die damals herabgekommen sind, müssen eben so hingenommen werden, man möchte sagen, durch die ganze folgende Entwickelung, wie sie damals gegeben worden sind.

Nun ist es vonnöten, auf das ganz Eigenartige dieser Offenbarung von einem gewissen Gesichtspunkte aus einzugehen. Man möchte diese Offenbarung eine solche nennen, die nicht in dem eigentlich menschlichen Sinne mit der Zeit und der Folge der Zeit rechnet. Alles, was nicht mit der Zeit als mit einem realen Faktor rechnet, das ist schon in der Lehre des Krishna enthalten. Wie ist das gemeint?

Wir sehen jeden Frühling die Pflanzen aus dem Erdboden hervorbrechen, sehen sie heranwachsen und heranreifen, Früchte bringen, Keime entlassen, und aus diesen Keimen sehen wir, wenn sie wieder in die Erde gesenkt werden, im nächsten Jahre gleiche Pflanzen in derselben Weise hervorwachsen, zu ihrer Höhe herangedeihen und wieder Keime entwickeln. So wiederholt sich dieser Vorgang von Jahr zu Jahr. – Wenn wir rechnen mit Zeitspannen, die der Mensch zunächst überschaut, dann müssen wir sagen: Wir haben es da mit einer richtigen Wiederholung zu tun. Die Maiglöckchen, die Primeln, die Hyazinthen, sie sehen jedes Jahr gleich aus. Was sie sind, wiederholt sich in ihnen in der gleichen Form, in der gleichen Art jedes Jahr. Wir können in einer gewissen Weise noch hinaufsteigen bis zu den Tieren und werden dort ein Ähnliches finden. Denn wenn wir das einzelne Tier betrachten, die einzelne Löwenspezies, die einzelne Hyänenspezies, die einzelne Affenart, dann finden wir, daß in einer gewissen Weise das, was werden soll aus einem solchen Wesen, gleich von Anfang an veranlagt ist. Daher sprechen wir mit einem gewissen Recht bei den Tieren nicht von einer eigentlichen Erziehung. Unverständige Leute fangen allerdings in der neueren Zeit an, allerlei Erziehungs- und pädagogische Begriffe auch bei den Tieren anzuwenden. Aber weder kann das als die Hauptsache angesehen werden, noch kann es bei einer richtigen Charakteristik ins Auge gefaßt werden. Im Grunde genommen sehen wir die Wiederholung auch bewahrheitet in der Natur, wenn wir kleine Zeitspannen ins Auge fassen. Wir sehen Frühling, Sommer, Herbst und Winter in regelmäßiger Wiederholung durch die Jahrhunderte hindurch. Und nur wenn wir recht große Zeitspannen nehmen, wie sie zunächst für die menschliche Beobachtung nicht in Betracht kommen, würden wir so etwas sehen wie die Notwendigkeit des Rechnens mit dem Zeitbegriff, würden uralte Zeiten sehen, wie die Dinge da anders verlaufen als in unseren Zeiten, und würden zum Beispiel darauf eingehen können, daß die Art, wie die Sonne aufgeht und untergeht in der Gegenwart, sich in eine ferne, ferne Zukunft hinein verändert. Aber das sind Gebiete, die sich erst ergeben, wenn wir in die eigentliche Geisteswissenschaft einrücken. Für das, was der Mensch zunächst beobachten kann, man möchte sagen, für die astronomische Natur, gilt auch die Wiederholung, die Wiederholung des Gleichen oder des Ähnlichen, wie wir sie in der alljährlichen Wiederkehr der Pflanzenformen ganz besonders vor uns haben. Bei dieser Wiederholung hat die Zeit als solche nicht eine tiefere Bedeutung. Sie ist nicht im wesentlichen Sinne dadurch, daß sie Zeit ist, ein real wirkender Faktor.

Das ist anders, wenn wir das einzelne Menschenleben betrachten. Wir gliedern ja auch das Menschenleben, wie Sie alle wissen, in aufeinanderfolgende, sich wiederholende Perioden. Wir unterscheiden eine solche Periode von der Geburt bis zum Abschluß der Zahnung, das heißt bis zum siebenten Jahr ungefähr, dann eine Periode vom siebenten bis zum vierzehnten Jahr, bis zur Geschlechtsreife, dann eine vom vierzehnten bis zum einundzwanzigsten Jahr usw. Kurz, wir unterscheiden im einzelnen Menschenleben siebenjährige Perioden. Wir können schon sagen, daß sich in diesen siebenjährigen Perioden gewisse Dinge wiederholen. Aber viel mehr in die Augen springend als die bloße Wiederholung ist etwas anderes, nämlich die fortschreitende Veränderung, der Fortschritt selber, der da vorgegangen ist. Denn ganz anders ist die menschliche Wesenheit in der zweiten siebenjährigen Periode als in der ersten, und wieder anders ist sie in der dritten. Wir können nicht sagen: wie die Pflanze sich in der Pflanze wiederholt, so würde sich in der zweiten siebenjährigen Periode ebenso wiederholen der Mensch der ersten siebenjährigen Periode und so weiter. Da sehen wir im Menschenleben die Zeit in ihrem Fortschreiten eine reale Rolle spielen. Sie bedeutet etwas.

Und wenn wir sehen, wie sich das, was für den einzelnen Menschen also eine Bedeutung hat, auf die ganze Menschheit anwenden läßt, so können wir sagen: Bei der ganzen Menschheit in der aufeinanderfolgenden Entwickelung zeigt sich uns sowohl das eine wie das andere in einer gewissen Weise. Wir brauchen dabei nur bei der sogenannten nachatlantischen Zeit stehenzubleiben. Wir unterscheiden in der nachatlantischen Zeit als erste nachatlantische Kulturperiode die altindische, als zweite die urpersische, als dritte die ägyptisch-chaldäische, als vierte die griechisch-lateinische, als fünfte unsere jetzige, und zwei weitere werden der unsrigen folgen, bis wieder eine große Katastrophe kommen wird. Dieser Fortgang der Evolution zeigt vielfach in den aufeinanderfolgenden Perioden Ähnlichkeiten, die sich in einer gewissen Weise vergleichen lassen mit der Wiederholung des Gleichen, wie wir sie zum Beispiel von Jahr zu Jahr im Pflanzenreich beobachten. Wir sehen, wie solche Perioden dadurch ablaufen, daß in einer gewissen Weise im Beginne solcher Epochen gewisse Offenbarungen an die Menschheit herantreten, gleichsam ein Strom von spirituellem Leben als Impuls der Menschheit gegeben wird, wie in jedem Frühling der Impuls den Pflanzen der Erde gegeben wird. Und dann sehen wir, wie auf diesen ersten Impuls das Weitere gebaut wird, zur Frucht wird und abstirbt, wenn die Periode zu Ende ist, wie die Pflanzen absterben, wenn es gegen den Winter zugeht. Aber daneben zeigt sich in den aufeinanderfolgenden Perioden etwas, was dem Fortschritt des einzelnen Menschen ähnlich ist, und wovon wir sagen können, daß die Zeit dabei eine Rolle spielt, sich als ein realer Faktor erweist. Es ist nicht nur so, daß in der zweiten, urpersischen Epoche die Keime wieder gelegt werden, wie es in der ersten Epoche war, oder daß es in der dritten Periode wieder so ist, wie es in der ersten war, sondern die Impulse sind immer andere, immer mehr gesteigerte, immer neue, wie es im Menschenleben auch ist, daß die einzelnen siebenjährigen Perioden ihre Differenzierung, ihren Fortschritt haben.

Nun war das, was an die Menschheit im Laufe der Zeit herangetreten ist, in der Art an sie herangetreten, daß den Menschen, man möchte sagen, langsam und allmählich die Dinge eröffnet worden sind, welche die Summe der Erkenntnis ausmachten. Nicht alle die Strömungen von Volkstümern haben immer den Sinn gehabt für alles zu gleicher Zeit. So sehen wir, daß in derjenigen Evolutionsströmung der Menschheit, welche gerade mit dem Mysterium von Golgatha ablief, in einer gewissen Weise der Sinn fehlt für die Zeit als einen realen Faktor. Dieser Sinn für die Zeit als einen realen Faktor fehlt im Grunde genommen der ganzen morgenländischen Erkenntnis. Ihr ist besonders eigen der Sinn für die Wiederholung des Gleichen. Daher wird auch alles das, was sich geltend macht in bezug auf die Wiederholung des Gleichen, in grandioser Weise erfaßt von der Erkenntnis des Morgenlandes.

Was kommt da in Betracht, wenn wir die Wiederholung des Gleichen in den aufeinanderfolgenden Kulturperioden ins Auge fassen? Nehmen wir es an dem Beispiel des Pflanzenwachstums. Da sehen wir, wie im Frühling die Pflanzen herausbrechen aus der Erde. Wir haben es mit ihrer Schöpfung zu tun. Wir sehen, wie diese Pflanzen wachsen und gedeihen, bis sie einen gewissen Höhepunkt erreicht haben, wie sie dann wieder absterben und, indem sie absterben, wieder schon den Keim zu einer neuen Pflanze in sich tragen. Wir haben es also mit einem dreifachen Schritt im Werden zu tun: mit Entstehen, mit Wachsen und Gedeihen und mit Absterben, und haben im Absterben wieder den Keim zu einem Gleichen. Wo es nicht besonders auf die Zeit ankommt, wo es auf die Wiederholung ankommt, ist dieses sich wiederholende Prinzip immer am allerbesten in der Dreizahl zu fassen. Den Sinn des sich wiederholenden Werdens durch die Dreizahl zu fassen, das lag insbesondere in den Begabungen der morgenländischen Weisheit, lag besonders in der Weisheit, die dem Christentum vorangegangen ist. Und in der einseitigen Hinneigung zu dem zeitlosen sozusagen, dem sich wiederholenden Geschehen ist bedingt die Größe dieser alten Weltanschauung. Und da, wo sie zu ihrem Abschluß kommt, treten uns überall entgegen die Trinitäten, die im Grunde genommen der hellseherische Ausdruck dessen sind, was hinter Entstehen, Vergehen und Wiederherstellen ist. Brahma, Shiva, Vishnu, diese Dreiheit liegt überall als schöpferische Mächte zugrunde. Sie wurde in der Zeit, die der Krishna-Offenbarung vorangeht, als durch Hellsehen zu erreichende Dreiheit, sagen wir von Brahma, Vishnu, Shiva, erkannt. Und das Abbild von dieser Dreiheit ist überall da vorhanden, wo man nicht mit der Zeit anders rechnet als mit der aufeinanderfolgenden Wiederholung des Gleichen.

Das ist der Sinn in bezug auf die Erkenntnis einer neuen Zeit, daß die Begabung eintritt, historisch, geschichtlich zu sehen, das heißt, die Zeit mitzurechnen bei dem, was eigentlich für die Evolution in Betracht kommt, die Zeit als einen realen Faktor aufzufassen. Das aber war insbesondere der Erkenntnis des Abendlandes vorbehalten, historischen Sinn zu entwickeln, Geschichte in ihrer Wahrheit zu durchschauen. Und darin unterscheiden sich die beiden Evolutionsströmungen des Morgenlandes und des Abendlandes, daß das Morgenland ungeschichtlich, unhistorisch, aber ungeschichtlich und unhistorisch in höchster Vollendung die Welt anschaut, während das Abendland zunächst beginnt, auf einen Impuls hin historisch, geschichtlich die Welt anzuschauen. Und die Anregung zu einem geschichtlichen Anschauen geht aus von der althebräischen Weltanschauung. Die gibt den ersten Impuls zum geschichtlichen Anschauen.

Betrachten wir jetzt einmal nebeneinander, was die eigentlichen Essenzen morgenländischer Weltanschauungen sind. Da wird uns immer von den sich wiederholenden Weltenaltern erzählt. Es wird uns erzählt, was am Anfange des ersten, was am Ende des ersten Weltenalters geschieht. Dann wird erzählt der Beginn des zweiten Weltenalters, das Ende des zweiten Weltenalters, der Beginn des dritten, das Ende des dritten Weltenalters. Und richtig wird das Geheimnis des Weltenwerdens zur Zeit des Krishna so hingestellt, daß gesagt wird: Als die alte Kultur des dritten Weltenalters dürr und trocken geworden war, als die alte Kultur in ihren Herbst und Winter einrückte, da erschien als der Sohn des Vasudeva und der Devaki der Krishna, um zusammenzufassen für später, das heißt für den vierten Zeitraum, was sich als Keim, als neuer Same herüberbringen ließ aus dem dritten in den vierten Zeitraum. Die einzelnen Weltenalter erschienen einem so wie die aufeinanderfolgenden Jahre in bezug auf das Pflanzenwachstum. Zyklen von Zeiten, die das Sich-Wiederholende zum Inhalt haben, das ist das wesentliche Element der morgenländischen Weltanschauungen.

Nun vergleichen wir mit diesen Weltanschauungen in ihrer tiefsten Struktur, in ihrer Zeitlosigkeit dasjenige, was uns gleich im Alten Testament entgegentritt. Oh, es ist ein beträchtlicher Unterschied gegenüber den morgenländischen Weltanschauungen! Da sehen wir, wie eine fortlaufende, reale Zeitlinie sich einlagert. Erst werden wir hingeführt zur Genesis, zur Schöpfung, und angegliedert wird an die Schöpfung die Menschheitsgeschichte. Wir sehen einen fortlaufenden Gang durch die sieben Schöpfungstage hindurch, durch die Patriarchenzeit hindurch; von Abraham herunter durch Isaak und Jakob – alles Werden, alles Geschichte. Wo wiederholt sich etwas? Nicht wird der erste Schöpfungstag in abstrakter Weise wiederholt in dem zweiten. Nicht werden die Patriarchen wiederholt in den Propheten. Die Königszeit wiederholt nicht die Richterzeit und so weiter. Dann tritt die Zeit der Gefangenschaft ein. Überall werden wir hingeführt in den ganzen dramatischen Fortgang, wo die Zeit eine reale Rolle spielt wie im einzelnen Menschenleben. Durch das ganze Alte Testament wird uns die Zeit als ein realer Faktor des Geschehens gezeigt, abgesehen von dem, was sich wiederholt. Der Fortschritt ist das, was als ein besonderes Element eintritt in die Darstellung des Alten Testamentes. Das erste große Beispiel einer historischen Betrachtungsweise ist dieses Alte Testament. Dadurch wird dem Abendlande das Vermächtnis übergeben zur historischen Betrachtungsweise.

Langsam und allmählich lernen erst die Menschen, was ihnen geoffenbart wird im Laufe der Zeit. Und so darf man sagen, daß immer wieder gerade dann, wenn in einem gewissen Sinne neue Offenbarungen kommen, eine Art Rückfall in das Vorhergehende stattfindet. Großes und Bedeutsames ist im Anfange der theosophischen Bewegung geoffenbart worden. Allein gerade das Merkwürdige ist eingetreten, daß gleich vom Beginn an die historische Betrachtungsweise dieses theosophische Leben wenig durchzogen hat. Davon können Sie sich insbesondere überzeugen, wenn Sie einen Blick werfen in ein sonst ausgezeichnetes, verdienstvolles Buch, in den «Esoterischen Buddhismus» von *Sinnett*. Alle Kapitel, die dort von Geschichte durchdrungen sind, werden für das abendländische Gemüt gut annehmbar sein. Aber daneben ist ein anderes Element, das wir das «unhistorische Element» nennen können, jenes sonderbare Element, wo geredet wird von großen und kleinen Zyklen, von dem Fortgang in Runden und Rassen, und wo immer die Sache so dargestellt wird, als wenn die Wiederholung die Hauptsache wäre, wie auf die zweite Runde die dritte folgt, wie auf die eine Hauptrasse die andere Hauptrasse, auf die eine Unterrasse die andere Unterrasse folgt und so weiter. Man kommt wirklich in eine Art von Räderwerk hinein und legt den Hauptwert auf die Wiederholung. Das war ein Rückfall in eine bereits überwundene Denkweise der Menschheit.

Diejenige Denkweise, welche sich als der abendländischen Kultur angemessen ergibt, ist aber die historische. Und was ist die Folge dieses historischen Elementes der abendländischen Kultur? Eben die Erkenntnis des einen Brennpunktes alles Erdenwerdens. Das Morgenland betrachtete das Werden wie den sich wiederholenden Pflanzenvorgang eines jeden Jahres. So traten in jeder Periode die einzelnen großen Initiierten auf und wiederholten – wenigstens betont man vorzugsweise das, was sie wiederholten –, was schon früher da war. Man betont besonders in abstrakter Weise, daß ein jedes nur die besondere Ausgestaltung ist des einen, was sich da von Epoche zu Epoche fort-

entwickelt. Man hatte das besondere Interesse, das sich fortentwik-
kelnde Gleiche so darzustellen, wie man im Pflanzlichen durchaus das,
was sich als Form offenbart, beachtet, und nicht die einzelnen Jahre
unterscheidet. Nur in einem besonderen Falle beachtet der Mensch,
wie sich auch im Pflanzenleben die einzelnen Jahre unterscheiden.
Wenn er eine Lilie oder ein Weinblatt beschreiben will, kommt es ihm
nicht darauf an, ob die Pflanze im Jahre 1857 oder im Jahre 1867 gewachsen ist; denn die Lilien gleichen sich, sie sind Ausprägungen der
einen Lilienart. Nur, man möchte sagen, da, wo dieses allgemeine, sich
wiederholende gleichartige «Apollinische» auch im Pflanzenwachstum ins «Dionysische» übergeht, da legt der Mensch einen besonderen Wert auch darauf, daß sich die einzelnen «Jahrgänge» unterscheiden: in den Weinjahren. Da kommt es ihm darauf an, zu unterscheiden; aber sonst hat er kein Interesse zu sagen: Dies ist die Form der
Lilie vom Jahre 1890 oder 1895.

So hatte das Morgenland in einem gewissen Sinne auch kein rech-
tes Interesse daran – obwohl man den Vergleich nicht pressen darf –,
die Verkörperung des Bodhisattva im dritten Zeitalter zu unterscheiden von der im zweiten oder im ersten Zeitalter. Es war die Verkörperung des «einen». Dieses Hinlenken auf das Eine, dieses abstrakte
Zuspitzen auf das Gleiche macht das Unhistorische der morgenländischen Betrachtung aus, und es macht im Grunde genommen das Unhistorische aller Betrachtungen der vorchristlichen Zeitalter aus, außer
der historischen Betrachtung des Alten Testamentes. Mit dem Alten
Testament trat vorbereitend – und mit dem Neuen Testament in größerer Vollendung – die historische Betrachtung ein. Da kommt es
denn darauf an, die Linie des Werdens als solche als ein Ganzes anzusehen. Da muß man nicht bloß auf das hinsehen, was in den einzelnen
Zyklen wiederkehrt, sondern auf das, was den Brennpunkt alles Werdens ausmacht. Und da tritt dann das ins Recht, daß man sagt: Es ist
ein einfaches Unding, davon zu sprechen, daß es einen solchen Brennpunkt des Werdens nicht geben soll.

Hier liegt der Punkt, wo sich die verschiedenen Völker über den
Erdenkreis hin erst über das historische Werden verständigen müssen,
wo sie sich erst klarwerden müssen, daß dieses Historische zu einer

wirklich realen Menschheitsbetrachtung unbedingt notwendig ist. Man wird es heute noch erleben können, auch wenn nicht irgendein fanatisches oder konfessionelles, sondern ein wirklich gemeintes Christentum nach dem Orient gebracht wird und sich nur objektiv neben den anderen Religionen des Orients geltend machen will, daß dann gesagt wird: Ihr habt doch nur den einen Gott, der sich nur einmal in Palästina verkörpert hat; wir aber haben viele Verkörperungen des Gottes; da sind wir euch voraus. Diese Antwort wird eine ganz selbstverständliche sein vom Standpunkte des Morgenländers. Sie hängt zusammen mit seiner besonderen Begabung für das Hinsehen auf die Wiederholung des einen. Für den Abendländer aber muß gelten, daß das Ganze einen Schwerpunkt hat. Wenn daher von mehreren Verkörperungen des Christus gesprochen wird, so ist das derselbe Fehler, als wenn jemand sagen würde: Ja, man macht den Unsinn, zu sagen, daß man für die Waage nur *einen* Unterstützungspunkt brauche, daß auf der einen Seite die Last angreife und auf der anderen Seite die Gewichte; unterstützen wir die Waage an zwei, drei, vier Punkten! – Das ist aber ein Unsinn. Eine Waage kann nur *einen* Unterstützungspunkt haben. Und will man das ganze Werden verstehen, so muß man den einen Unterstützungspunkt, den einen Schwerpunkt, aufsuchen und nicht glauben, daß man besser fährt, wenn man aufeinanderfolgende Verkörperungen des Christus sucht. In dieser Beziehung werden sich die Nationen, die Völker, über den Erdkreis hin zu verständigen haben, daß im Laufe der Geschichte selbst die historische Denkweise, die historische Auffassung als die im höheren Sinne menschenwürdige erst eintreten mußte.

Langsam geschah es, indem diese historische Art, das Menschenwerden anzuschauen, man möchte sagen, zuerst von den primitivsten Zuständen ausgegangen ist. Da finden wir, daß dieses geschichtliche Werden im Alten Testamente uns zuerst angedeutet wird durch das immer wiederkehrende Betonen, wie es das Wesen des alttestamentlichen Volkes ausmacht, daß man sagen kann, sie gehören zu dem Blut von Abraham, Isaak und Jakob; es rinnt durch die aufeinanderfolgenden Generationen hindurch, und was sich entwickelt, ist im Grunde genommen eine Form der Blutabstammung, der Blutfortpflanzung.

Wie ein Mensch in der Aufeinanderfolge seiner Lebensepochen den Fortschritt zeigt, so daß die Zeit darin eine Rolle spielt, so ist das beim ganzen alttestamentlichen Volke der Fall. Und man wird, wenn man auf die genaueren Einzelheiten eingeht, tatsächlich diesen Verlauf der Generationen des alttestamentlichen Volkes so ähnlich auffassen können wie das Leben eines einzelnen Menschen, insofern er sich naturgemäß entwickelt, insofern er das in sich entwickelt, was sozusagen entwickelt werden kann am Menschen vermöge der physischen Anlage. Was dadurch geschehen konnte, daß immer überging das Väterliche auf den Sohn und so weiter, und so weiter, das wird uns geschildert im Alten Testament. Und was entstehen konnte an Bekenntnissen des Glaubens dadurch, daß die Nachkommen immer festhielten an denjenigen, mit denen sie blutsverwandt waren, das wird geschildert. Was im natürlichen Leben des einzelnen Menschen durch das Blut bedeutungsvoll geschieht, das wird angewendet auf den ganzen Körper des alttestamentlichen Volkes. Und wie im einzelnen Menschen zu einer gewissen Zeit sozusagen das seelische Element besonders herauskommt, wie dieses seelische Element eine besondere Rolle spielt, so wird das auch – und das ist ganz besonders interessant – in der geschichtlichen Entwickelung des Alten Testamentes schon festgehalten.

Betrachten wir das Kind. Da werden wir sehen, daß bei ihm das Natürliche überwiegt. Die Bedürfnisse des Leibes überwiegen zunächst. Das Seelische steckt noch drinnen im Leibe, es will noch nicht ganz heraus. Wohlsein des Leibes wird bewirkt durch angenehme Eindrücke der Außenwelt. Unangenehme, peinliche Eindrücke der Außenwelt äußern sich auch in den seelischen Äußerungen des Kindes. Dann wächst der Mensch heran. Durch das, was sich in ihm natürlich entwickelt, gewinnt allmählich das Seelische die Oberhand, und wir treten in ein Lebensalter ein – es wird bei den verschiedenen Menschen verschieden liegen, aber im wesentlichen ist es so in den Zwanzigerjahren –, da wird der Mensch so recht herausbringen, was seelisch in ihm ist. Da wird zurücktreten, was rein körperliche Schmerzen und Bedürfnisse sind; die seelische Konfiguration kommt besonders heraus. Dann tritt die Zeit ein, wo der Mensch geeigneter wird, dieses Seelische, das in ihm selbst ist, mehr in den Hintergrund treten zu lassen. Das dauert wieder beim einen länger, beim andern kürzer. Vielleicht bleibt einer auch ganz dabei, dieses ihm eigentümliche Seelische sein ganzes Leben hindurch festzuhalten. Aber es ist doch auch anderes vorhanden, wenn auch der Mensch oft in den Zwanzigerjahren so recht herausstellt, was er ist, daß es ihm vorkommt, als hätte die Welt nur gewartet auf das spezifische Seelische, das er hat. Insbesondere, wenn jemand starke geistige Anlagen hat, kommt dies heraus, so zum Beispiel, wenn jemand besondere philosophische Anlagen hat. Da zeigt es sich dann so, als ob die Welt nur darauf gewartet hätte, bis er kommt und das richtige philosophische System aufstellt, denn nur *sein* Seelisches ist dafür geeignet. Aber es kann auch das Richtige und Gute dabei herauskommen. Dann kommt die Zeit, in welcher man beginnt, das zu sehen, was die Welt durch andere hergeben kann, wo man anderes durch sich sprechen läßt, wo man aufnimmt, was bisher geleistet worden ist.

So, wie der einzelne Mensch ist, so stellt das Alte Testament den ganzen Körper des althebräischen Volkes dar. Wir sehen, was sich durch die Rasseneigentümlichkeiten dieses Volkes alles entwickelt in der Zeit des Abraham, Isaak und Jakob, wie alles davon abhängt, daß dieses Volk gerade diese Bluts- und Rasseneigentümlichkeiten hat. Und verfolgen Sie, was da geschildert wird, dann werden Sie sagen: Bis zu einem bestimmten Moment treten gewisse Rasseneigentümlichkeiten als das die Impulse Gebende im Alten Testament auf. Dann kommt die Zeit, da dieses Volk seine Seele ausbildet, was sich so ausnimmt, wie der einzelne Mensch sein Seelisches in den Zwanzigerjahren hinstellt. Das ist da, wo der Prophet Elias auftritt, denn der Prophet Elias erscheint wie die ganze eigentümliche Seele des althebräischen Volkes. Dann kommen die anderen Propheten, von denen ich Ihnen vor einigen Tagen sagen konnte, daß sie die Seelen der verschiedensten Eingeweihten der anderen Völker sind, die sich in dem alttestamentlichen Volke versammeln. Da hört die Seele dieses Volkes auf dasjenige, was die Seelen der anderen Völker zu sagen haben. Wie in einer großen Harmonie, wie in einer Symphonie vermischt sich das, was von Elias bleibt und was die Seelen der anderen Völker durch die anderen Propheten zu sagen haben, die sich in dem alttestamentlichen Volke verkörpern.

So reift dieser Körper des althebräischen Volkes heran. Und er stirbt in einer gewissen Weise, indem er nur das Geistige, das, was geistig bleibt, in seinen Glauben, in sein Bekenntnis aufnimmt, wie wir es so herrlich sehen an der Darstellung der Makkabäer. Man möchte sagen: In dieser Darstellung der Makkabäer erscheint das altgewordene Volk des Alten Testamentes, das sich allmählich als altgewordenes Volk zur Ruhe legt, aber das Bewußtsein von der Ewigkeit der Menschenseele aus den Makkabäersöhnen unmittelbar kundgibt. Die Ewigkeit des einzelnen tritt uns als Bewußtsein des Volkes entgegen. Und es ist jetzt, indem der Körper des Volkes selber zugrunde geht, wie wenn diese Seele als Seelensame in einer ganz neuen Gestalt bleibt. Wo ist sie, diese Seele?

Diese Elias-Seele, zugleich ist sie die Seele des alttestamentlichen Volkes, als sie in den Täufer eintritt, im Täufer lebt. Da er gefangengesetzt und dann von Herodes geköpft wird, was geschieht da mit dieser Seele? Wir haben es schon angedeutet. Diese Seele wird selbständig, verläßt den Leib, wirkt aber wie eine Aura weiter, und in das Gebiet dieser Aura tritt ein der Christus Jesus. Wo aber ist die Seele des Elias, die Seele Johannes des Täufers? Es ist im Markus-Evangelium deutlich genug angedeutet. Die Seele Johannes des Täufers, die Seele des Elias, sie wird die Gruppenseele der Zwölf, sie lebt in den Zwölfen und lebt in den Zwölfen weiter. Sehr, sehr merkwürdig wird uns das, man möchte sagen, in jener Art, wie künstlerisch gezeichnet wird, angedeutet, indem uns erzählt wird, bevor im Markus-Evangelium von dem Tode Johannes des Täufers gesprochen wird, wie der Unterricht sozusagen, die Lehrweise des Christus Jesus zu der großen Menge ist und wie zu seinen einzelnen Schülern. Wir haben davon gesprochen. Aber das ändert sich, als die Elias-Seele von Johannes dem Täufer frei wird, als sie wie eine Gruppenseele in den Zwölfen weiterlebt. Und das wird angedeutet. Denn von da ab – lesen Sie nach, man merkt es ganz deutlich – macht der Christus an seine Zwölf höhere Ansprüche als vorher. Er fordert von ihnen, daß sie Höheres verstehen. Und das sehr Merkwürdige ist dies, was sie gerade verstehen sollen und was es ist, das er, weil sie es nicht verstehen, ihnen später zum Vorwurf macht. Lesen Sie in diesem Buche genau! Auf die eine Seite der Dinge habe ich bereits hingewiesen: daß von einer Brotvermehrung die Rede ist, als Elias zu der Witwe nach Sarepta kommt, und daß, als die Elias-Seele frei wird von Johannes dem Täufer, wieder von einer Brotvermehrung berichtet wird. Aber jetzt verlangt der Christus gerade von seinen Jüngern, daß sie den Sinn dieser Brotvermehrung ganz besonders verstehen sollen. Vorher spricht er solche Art von Worten nicht zu ihnen. Dann aber, als sie verstehen sollen, was das Schicksal Johannes des Täufers nach der Enthauptung durch Herodes ist, was durch die fünf Brote mit den Fünftausend geschieht, wo die Brocken in zwölf Körben gesammelt werden, und was mit den sieben Broten und den Viertausend geschieht, wo die Brocken in sieben Körben gesammelt werden, da sagt er zu ihnen:

«Merket und verstehet ihr noch nichts? Bleibt es bei der Verfinsterung eurer Seele?

Ihr habt Augen und sehet nicht, Ohren und höret nicht, und denket nicht daran,

da ich die fünf Brote gebrochen habe für die Fünftausend. Wieviel Körbe voll Brocken habt ihr da aufgehoben? Sie sagen zu ihm: Zwölf.

Und wie dann die sieben Brote unter die Viertausend, wieviel Handkörbe voll Brocken habt ihr aufgehoben? Und sie sagen zu ihm: Sieben.

Und er sagt zu ihnen: «Verstehet ihr noch nicht?» (8, 17–21.)

Er macht ihnen den schweren Vorwurf, daß sie das, was in diesen Offenbarungen enthalten ist, nicht verstehen können. Warum? Weil er im Sinne hat: Jetzt ist der Geist des Elias freigeworden, er lebt in euch, und ihr müßt euch nach und nach würdig erzeigen, daß er in eure Seele eindringt, daß ihr Höheres verstehen könnt, als ihr früher verstanden habt. Wenn der Christus Jesus zur Menge sprach, so sprach er in Gleichnissen, in Bildern, weil diese Menschen noch den Nachklang derjenigen bildeten, die das Übersinnliche gesehen haben in den Imaginationen, in der imaginativen Erkenntnis; so daß er zur Menge sprechen mußte in der Art, wie die alten Hellseher gesprochen haben. Sokratisch, das heißt nach der gewöhnlichen Vernunft auslegen konnte er es denen, die als seine Jünger aus dem alttestamentlichen Volke hervorgegangen sind. Er konnte ihnen die Gleichnisse auslegen. Er konnte zu dem neuen Sinn sprechen, zu dem, was für die Menschheit gewöhnlich geworden war, nachdem das alte Hellsehen verglommen war. Aber dadurch, daß der Geist des Elias als eine Gruppenseele an die Zwölf herangetreten ist, sie durchsetzt hat wie eine gemeinsame Aura, dadurch wurden sie in einem höheren Sinne oder konnten wenigstens in einem höheren Sinne hellsichtig werden, konnten das, was sie als einzelne nicht erlangen konnten, als Zwölf zusammen, erleuchtet durch den Geist des Elias-Johannes, erschauen. Dazu wollte der Christus sie erziehen.

Zu was wollte er sie erziehen? Was ist denn eigentlich im Grunde genommen diese ganze Erzählung von der Brotvermehrung, das eine Mal durch Verteilung von fünf Broten unter Fünftausend, die Überreste geben zwölf Körbe voll; das zweite Mal durch Verteilung von sieben Broten unter Viertausend, die Überreste geben sieben Körbe voll? Ja, das war immer eine sonderbare Sache für die Bibelerklärer. Heute sind die Erklärer darin übereingekommen, daß sie sagen: Die Leute haben halt Brot mit sich gehabt; und als sie angeordnet worden sind, reihenweise, da haben sie ihre Brocken ausgepackt. Das ist ja das, was heute sozusagen als Übereinkommen selbst bei denjenigen dasteht, die so recht festhalten wollen am Evangelium. Wenn man allerdings die Sachen in dieser äußerlichen Weise nimmt, dann sinken sie zu einer äußeren Draperie, zu einer äußern Zeremonie herunter. Man weiß nicht, warum dann die ganze Sache erzählt wird. Auf der anderen Seite darf man natürlich auch nicht an schwarze Magie denken; denn das wirkliche Hervorzaubern von einer ausgiebigen Menge Brot aus fünf, beziehungsweise sieben Broten wäre schwarze Magie. Aber es kann sich nicht um schwarze Magie handeln, auch nicht um einen Vorgang, der besonders zurechtgerückt erscheint für die Philister, wie wenn die Leute Brot mitgebracht und ausgepackt hätten. Es ist dabei etwas Besonderes gemeint. Ich habe schon bei der Auslegung der verschiedenen anderen Evangelien darauf hingedeutet, und es wird im Evangelium selbst deutlich genug darauf hingewiesen, um was es sich handelt.

«Und die Apostel sammelten sich bei Jesus und berichteten ihm alles, was sie getan und was sie gelehrt hatten.

Und er sagte zu ihnen: Zieht euch zurück beiseit an einen einsamen Ort und ruhet ein wenig aus.» (6, 30–31.)

Diesen Ausspruch sollen wir wohl ins Auge fassen. Der Christus Jesus schickt die Apostel an einen einsamen Ort, daß sie ein wenig ausruhen, das heißt, daß sie sich in einen Zustand versetzen, in den man eben kommt, wenn man in die Einsamkeit geht. Und was sehen sie da? Was sehen sie da in einem anderen Zustande? Sie werden geführt zu einer Art von neuem Hellsehen, in das sie dadurch versetzt werden, daß der Geist des Elias-Johannes über sie kommt. Bis dahin hat der Christus ihnen die Gleichnisse ausgelegt, jetzt läßt er über sie kommen ein neues Hellsehen. Und was sehen sie? Sie sehen in umfassenden Bildern die Menschheitsentwickelung, sie sehen die Zukunft, sie sehen, wie allmählich heranrücken zu dem, was der Impuls des Christus ist, die Menschen der Zukunft. Was hier erzählt wird als die zweimalige Brotvermehrung, im Geistigen haben es die Jünger gesehen. Ein hellseherischer Akt ist es. Und als hellseherischer Akt ist er so wie ein anderer hellseherischer Akt: er huscht vorüber zunächst, wenn man seiner ungewohnt ist. Daher verstehen die Jünger ihn so lange nicht.

Das ist es überhaupt, was uns nun in den folgenden Vorträgen immer intensiver beschäftigen wird – am meisten wird es ersichtlich im Markus-Evangelium –, daß die Erzählungen vom äußeren Sinnensein übergehen in Wiedergabe von hellseherischen Momenten und daß wir das Evangelium nur verstehen, wenn wir es vom Gesichtspunkte der geistigen Forschung aus auffassen. Da steht man, sagen wir, in der Zeit, von der die Rede ist, nach der Enthauptung des Johannes, hat auf sich wirken lassen den Christus-Impuls; der steht da in der Welt. Mit dem äußeren Blick der Sinne erscheint einem zunächst der Christus selber als die einsame Persönlichkeit, die nicht viel wirken kann. In den im gegenwärtigen Sinne geschulten hellseherischen Blick tritt die Zeit ein! Der Christus tritt nicht nur unter diejenigen, die damals in Palästina waren, sondern auch unter diejenigen, welche da in allen folgenden Geschlechtern aufgehen werden. Sie alle versammeln sich

um ihn, und was er ihnen geben kann, das gibt er für Tausende und
aber Tausende. Und so sehen ihn die Apostel, die Zwölf. So sehen sie
ihn wirken, von damals ausgehend und durch die Jahrtausende hindurch, wie er geistig den Impuls in alle Perspektiven der Zukunft
hineinwirft, wie herbeikommen alle die zukünftigen Menschen. Das
schauen sie. Es ist ein Vorgang, wo sie im besonderen Maße im Geiste
mit dem Christus verbunden sind.

Das müssen wir insbesondere ins Auge fassen, daß das Spirituelle
von jetzt ab die ganze Darstellung des Markus-Evangeliums zu durchdringen beginnt. Wie das eigentümlich ist und wie das Evangelium
immer mehr wächst und wächst, wenn man dies ins Auge faßt, das
wird uns in den folgenden Vorträgen noch beschäftigen. Jetzt aber sei
auf eines aufmerksam gemacht. Auf eine Szene sei hingewiesen, die
nur verstanden werden kann durch diese geisteswissenschaftliche Art
der Forschung. Es ist die Szene, welche bald nach der eben angeführ-
ten eintrat.

«Und Jesus und seine Jünger zogen hinaus in die Ortschaften bei
Cäsarea Philippi. Und unterwegs befragte er seine Jünger also:
Was sagen die Leute von mir, wer ich sei?

Sie aber sagten zu ihm: Einige sagen, du seist Johannes der Täufer; und andere sagen, du seist Elias; andere aber, du seist einer von
den Propheten.

Und er befragte sie: Ihr aber, was sagt ihr, wer ich sei? Antwortete ihm Petrus und sagte zu ihm: Du bist der Christus.

Und er bedräute sie, daß sie niemandem von ihm sagen sollten.

Und er begann sie zu belehren, daß der Sohn des Menschen viel
leiden müsse und verworfen werde von den Ältesten und den Ho-
hepriestern und den Schriftgelehrten, und den Tod erleiden werde
und nach drei Tagen auferweckt werde.

Und er redete ganz offen davon. Und Petrus zog ihn an sich heran
und begann ihn zu schelten.

Er aber wandte sich um, und da er seine Jünger sah, schalt er den
Petrus also: Weiche hinter mich, Satan! du denkst nicht, was Gott
ansteht, sondern was den Menschen. » (8, 27–33.)

Man möchte sagen: eine harte Nuß für die Evangelienforschung! Denn was ist eigentlich alles in dieser Stelle? Es ist eigentlich, wenn man nicht in die spirituelle Forschung einrücken will, alles darin so, daß man es nicht verstehen kann. Der Christus fragt die Jünger: «Was sagen die Leute, wer ich sei?» Und sie antworten: «Einige sagen, du seist Johannes der Täufer.» Aber Johannes der Täufer ist doch kurz vorher enthauptet worden, und der Christus hat doch schon gelehrt, als Johannes der Täufer noch da war. Sollen die Leute offenbaren Unsinn reden, wenn sie den Christus für den Täufer Johannes halten und der Täufer doch noch da ist? Wenn sie sagen, er sei Elias oder ein anderer Prophet, so ginge das noch an. Nun aber, Petrus sagt: «Du bist der Christus», das heißt, er tut etwas kund, was ganz großartig ist, was nur das Heiligste in ihm sprechen kann. Und wenige Zeilen darnach soll der Christus zu ihm sagen: «Satan, weiche hinter mich! du sagst etwas, was Gott nicht ansteht, sondern den Menschen»? Kann jemand glauben, daß, nachdem Petrus diese großartigen Dinge gesagt hat, ihn der Christus mit «Satan» beschimpft? Oder kann man verstehen, wenn vorher gesagt wird: «Er bedräute sie, daß sie niemand davon sagen sollten», also, das heißt: Sagt keinem, daß der Petrus ihn für den Christus hält? Und dann heißt es weiter: «Er begann sie zu lehren, daß des Menschen Sohn viel leiden müsse, verworfen werde, getötet werde und nach drei Tagen auferweckt werde. Und er redete ganz offen davon.» Und dann, nachdem ihn der Petrus deswegen schilt, nennt er den Petrus einen «Satan». Und das Kurioseste, was noch darinnen liegt: es heißt: «Und Jesus und seine Jünger zogen hinaus in die Ortschaften von Cäsarea Philippi» und so weiter; immer wird erzählt, wie sie zu ihm sprechen, und dann wird noch einmal gesagt: «Und er begann sie zu belehren» und so weiter. Dann aber heißt es: «Er aber wandte sich um, und da er seine Jünger sah, schalt er den Petrus.» Also vorher ist gesagt: Er sprach zu ihnen, er belehrte sie. Ja, hat er das alles getan, indem er mit dem Rücken zu ihnen gewendet war? Denn es heißt dann: «Er wandte sich um und sah seine Jünger.» Hat er ihnen denn den Rücken zugewendet und in die Luft gesprochen?

Sie sehen: ein ganzes Knäuel von Unverständlichkeiten liegt in dieser einzelnen Stelle. Man wundert sich nur, daß solche Dinge hinge-nommen werden, ohne daß wahrhafte und wirkliche, reale Erklärun-gen gesucht werden. Aber gehen Sie die Evangelienerklärung durch: entweder huscht man über solche Stellen hinweg, oder man sucht das Allerkurioseste anzuführen. Auch Streite und Diskussionen waren da; wenige aber werden behaupten, daß sie durch solche Diskussionen gescheiter geworden sind.

Nun wollen wir nur das eine festhalten und vor unsere Seele hin-stellen, was gesagt ist. Nachdem wir angedeutet haben, daß nach dem Tode Johannes des Täufers, da die Elias-Johannes-Seele übergeht als eine Gruppenseele in die Jünger, das erste wirkliche «Wunder» voll-bracht wird, von dem wir aber immer mehr und mehr sehen werden, wie es zu verstehen ist, da finden wir eine vollständig unverständliche Stelle, in der dargestellt wird: der Christus Jesus spricht zu seinen Jüngern, fragt sie: «Was glauben die Leute, was jetzt geschieht?» Nicht wahr, diese Frage darf man auch so stellen; denn den Leuten kam es vor allen Dingen darauf an, wovon die Wirkungen ausgehen, die jetzt geschehen. Darauf antworten die Jünger: «Die Leute meinen, es gehe» – wenn wir einen trivialen Ausdruck gebrauchen wollen – «Johannes der Täufer um, oder es gehe der Elias um oder ein anderer der Propheten; und dadurch, daß dies geschieht, geschähen die Wir-kungen, die eben beobachtet worden sind.» – «Aber wovon glaubt *ihr*», so fragt der Christus Jesus, «daß die Dinge herkommen?» Da sagt Petrus: «Sie kommen davon her, daß du der Christus bist.» Da-mit hat Petrus im Sinne des Markus-Evangeliums sich selber in seiner Erkenntnis hingestellt wie den Knotenpunkt in der Menschheitsent-wickelung. Denn was hat er damit eigentlich gesagt? Stellen wir uns vor Augen, was er gesagt hat.

Diejenigen, welche die großen Menschheitsführer waren in der vor-hergehenden Zeit, das waren die Initiierten, die bis zum letzten Akt der Initiation in den heiligen Mysterien geführt worden waren. Es waren die, welche bis an die Pforte des Todes herangetreten waren, die in die Elemente untergetaucht waren, drei Tage außerhalb ihres Lei-bes verweilt hatten, während dieser dreier Tage aber in den übersinn-lichen Welten waren, danach wieder auferweckt waren und nun Kundschafter, Botschafter waren von den übersinnlichen Welten. Das waren immer die großen Menschheitsführer, die Initiierten, die es auf solche Weise geworden. Petrus sagt nun: «Du bist der Christus», das heißt: Du bist ein Führer, der nicht so durch die Mysterien gegangen ist, der aus dem Kosmos gekommen ist und jetzt Menschheitsführer ist. Historisch, einmal soll das auf den Plan der Erde gestellt werden, was sonst in seiner anderen Weise bei der Initiation geschehen ist. Es war etwas Ungeheures, was Petrus damit aussprach. Was mußte man denn dem Petrus sagen? Man mußte ihm sagen: Das ist etwas, was man nicht unter die Menge bringen darf; das ist etwas, wovon die heiligsten, ältesten Gesetze sagen, daß es Mysterium bleiben muß. Man darf nicht von den Mysterien sprechen. – In diesem Moment mußte man das dem Petrus sagen.

Nun ist aber der ganze Sinn der weiteren Menschheitsentwickelung der, daß mit dem Mysterium von Golgatha das, was sich sonst nur in den Tiefen der Mysterien abgespielt hatte, hinausgestellt worden ist auf den Plan der Weltgeschichte. Durch das, was auf Golgatha geschehen ist, das Drei-Tage-im-Grabe-Liegen, das Auferwecktwerden, durch das ist historisch hinausgestellt auf den Erdenplan, was sonst in den Tiefen, in dem Dunkel der Mysterien geschehen war. Mit anderen Worten: Was als heiliges Gesetz gegolten hat, daß man schweigen müsse über dieses Mysterium, jetzt ist der Zeitpunkt gekommen, wo das durchbrochen werden muß. Die Menschen haben die Gesetze aufgerichtet, wonach man über die Mysterien zu schweigen hat. Jetzt aber müssen die Mysterien durch das Mysterium von Golgatha offenbar werden. Ein Entschluß in der Seele des Christus, der größte welthistorische Entschluß ist es, da er sich vornimmt: was bis jetzt immer nach Menschengesetz hat verschwiegen werden müssen, das muß jetzt gezeigt werden vor aller Augen, vor der Weltgeschichte.

Denken wir uns einen Augenblick welthistorischen Nachdenkens in dem Christus, einen Augenblick welthistorischen Besinnens: Ich blicke hin auf die ganze Menschheitsentwickelung. Sie verbietet mir durch ihre Gesetze, zu sprechen über den Tod und die Auferstehung, die Auferweckung, über das heilige Mysterium der Initiation. Nein. Ich bin ja von den Göttern heruntergeschickt auf die Erde, um es offenbar zu machen. Ich darf mich nicht nach dem richten, was die Menschen sagen; ich muß mich nach dem richten, was die Götter mir sagen. – Der Entschluß, die Mysterien offenbar zu machen, bereitet sich in diesem Augenblick vor. Und abwerfen von seiner Seele muß der Christus die Unentschlossenheit, die etwa davon kommen könnte, daß er halten möchte in der Evolution, was Menschengebote gegeben haben. – Weiche von mir, Unentschlossenheit, und wachse in mir, Entschluß, dasjenige hinzustellen vor die ganze Menschheit, was bisher in den Tiefen der Mysterien gewesen war! – Zu seinem eigenen Entschluß, als er zurückzuweisen hat, was ihn unentschlossen machen kann, sagt der Christus: «Weiche von mir!» und nimmt sich vor in diesem Moment, dasjenige auszuführen, wozu er von seinem Gotte auf die Erde heruntergeschickt worden ist.

Wir haben es an dieser Stelle zu tun mit dem welthistorisch größten Monolog, der jemals in der ganzen Erdenevolution stattgefunden hat, mit dem Monolog des Gottes von dem Offenbarmachen der Mysterien. Kein Wunder, daß der Monolog des Gottes nicht von vornherein für Menschenintellekt verständlich ist, daß wir tief schürfen müssen, wenn wir uns nur einigermaßen würdig machen wollen, um diesen Monolog des Gottes, durch den die Tat des Gottes ein Stück weitergeht, zu verstehen. Davon morgen weiter.

SIEBENTER VORTRAG

Basel, 21. September 1912

Am besten wäre es zweifellos, wenn man bei den Betrachtungen, die sich an das eine oder andere der Evangelien erklärend anknüpfen sollen, immer ganz absehen könnte von den anderen Evangelien; denn dadurch würde das reinste und beste Verständnis des Grundtones des einzelnen Evangeliums zustande kommen. Allein es liegt nahe, daß eine solche Betrachtungsweise – wenn man gar nicht den einen oder anderen Lichtstrahl von einem Evangelium aus auf die anderen wirft – doch leicht Mißverständnisse hervorrufen kann. So könnte gerade das, was gestern als der «welthistorisch größte Monolog» angegeben worden ist, leicht mißverstanden werden, wenn irgend jemand nicht genau, sondern etwas oberflächlich zu Rate ziehen wollte, was zum Beispiel in Anlehnung an das Matthäus-Evangelium über die ähnliche Stelle gesagt werden muß und auch damals bei den Vorträgen in Bern gesagt worden ist. Und zwar wäre ein Einwand, der etwa von einem solchen Gesichtspunkt aus gemacht würde, im tieferen logischen Sinne eigentlich doch dasselbe, wie wenn es eine Mitteilung gäbe: Hier auf diesem Podium stand einmal ein Mensch, und zu seiner Linken stand ein Rosenbukett – und ein andermal würde man lesen: Hier auf diesem Podium stand einmal ein Mensch, und zu seiner Rechten stand ein Rosenbukett –, und wenn jemand, der nicht daran beteiligt gewesen wäre, dann sagen würde: Das stimmt nicht; denn das eine Mal stand das Rosenbukett rechts, und das andere Mal stand es links. Es kommt eben darauf an, wo der betreffende Beobachter gestanden hat; dann sind beide Sätze richtig. So muß man die Evangelien nehmen. Wir haben es eben nicht zu tun mit einer abstrakten Biographie des Christus Jesus, sondern mit einer reichen Welt von äußeren sowohl wie okkulten Tatsachen, die hier dargestellt sind.

Um diesen Gesichtspunkt ins Auge zu fassen, nehmen wir jetzt einmal das, was gestern der «welthistorisch größte Monolog» genannt worden ist, das Selbstgespräch des Gottes. Wir müssen uns darüber klar sein, daß das, was im Fortgange des Ganzen sich abspielte, sich ganz besonders zwischen dem Christus Jesus und seinen Jüngern, seinen nächsten Schülern, zutrug. Und was gestern gesagt worden ist, daß eigentlich der Geist des Elias, nachdem er befreit war von dem physischen Leib Johannes des Täufers, wie eine Art von Gruppenseele der Jünger wirksam war, das muß zu einer solchen Betrachtung noch ganz besonders hinzugezogen werden. Was damals vorging, das spielte sich nicht nur so ab, daß man es einfach in einer äußerlichen Weise erzählen kann, sondern es spielte sich in einer viel komplizierteren Weise ab. Es war gewissermaßen eine innere und tiefe Wechselbeziehung zwischen der Seele des Christus und der Seele der Zwölf. Was in der Seele des Christus vorging, das waren für die damalige Zeit alles bedeutungsvolle Vorgänge, Vorgänge reicher Art, vielfältige Vorgänge. Aber alles, was in der Seele des Christus vorging, spielte sich gleichsam noch einmal ab wie in einer Art von Spiegelbild, in einer Art von Reflex, in den Seelen der Jünger, aber in zwölf Teile geteilt; so daß jeder der Zwölf einen Teil dessen wie im Spiegelbilde erlebte, was in der Seele des Christus Jesus vorging, aber jeder der Zwölf etwas anderes.

Was in der Seele des Christus Jesus vorging, vorging wie eine große Harmonie, wie eine große Symphonie, das spiegelte sich in der Seele jedes der Zwölf in der Weise etwa wie das, was eines von zwölf Instrumenten geben kann. Daher kann man ein jegliches Ereignis, das sich auf einen oder mehrere der Jünger besonders bezieht, nach zwei Seiten hin schildern. Man kann schildern, wie sich das betreffende Ereignis ausnimmt in der Seele des Christus, so zum Beispiel, was gestern als der große welthistorische Monolog des Christus Jesus hingestellt worden ist; man kann schildern, wie es sich dort abspielte, wie es sich dort erlebte. Da nimmt es sich eben so aus, wie es gestern dargestellt worden ist. Aber in einem gewissen Spiegelbilde geht es auch vor in der Seele des Petrus. Dasselbe Seelenerlebnis geht in Petrus vor. Aber während es bei dem Christus Jesus die ganze Menschlichkeit einnimmt, geht dasselbe in Petrus so vor, daß es ein Zwölftel ist des gesamten Menschentums, ein Zwölftel oder ein Tierkreiszeichen des gesamten Christus-Geistes. Daher muß man es in einer anderen Weise darstellen, wenn man es darstellt in bezug auf den Christus Jesus selbst.

So muß man reden, wenn man es darstellt im Sinne des Markus-Evangeliums; denn in diesem werden die markanten Dinge dargestellt, und es wird ganz besonders dasjenige dargestellt, was sich in der Seele des Christus Jesus selbst vollzog. Im Matthäus-Evangelium dagegen wird dargestellt, was sich mehr auf die Seele des Petrus bezieht und was der Christus Jesus beitragen kann zur Erklärung dessen, was sich in der Seele des Petrus vollzieht. Lesen Sie das Evangelium genau, dann werden Sie darauf kommen können, wie im Matthäus-Evangelium in noch besonders hinzugefügten Worten die Darstellung von der Seite des Petrus ist. Denn warum werden dort die Worte zugefügt: «Selig bist du, Simon, Sohn des Jona; denn Fleisch und Blut hat es dir nicht geoffenbart, sondern mein Vater in den Himmeln»? (Matth. 16, 17.) Mit anderen Worten: Etwas von dem, was die Seele des Christus Jesus gefühlt hat, fühlt auch die Seele des Petrus. Aber indem die Seele des Petrus fühlt, daß sein Meister der Christus ist, ist das so auszulegen, daß Petrus eine Weile heraufgehoben ist zu einem Erleben im höheren Ich und überwältigt wird von dem, was er auf diese Weise erlebt, und sozusagen wieder zurückfällt. Aber dennoch war es ihm möglich, hindurchzudringen zu der Erkenntnis, die sich mit anderer Absicht, mit anderem Ziel in der Seele des Christus abspielt. Und weil er dazu fähig war, deshalb jene Übertragung der Schlüsselmacht, von der im Matthäus-Evangelium die Rede ist (Matth. 16, 19) und von der auch bei der Erklärung des Matthäus-Evangeliums gesprochen worden ist. Dagegen haben wir im Markus-Evangelium nur herausgehoben kräftig und einzig diejenigen Worte, welche anzeigen, daß das Ereignis, abgesehen von dem, was es in dem Petrus war, sich abspielte gleichzeitig, parallel, als der Monolog des Gottes.

So müssen wir diese Dinge nehmen. Dann fühlen wir aber auch, wie der Christus Jesus eigentlich mit den Seinigen vorgeht, wie er sie führt von Stufe zu Stufe, wie er, nachdem der Geist des Elias-Johannes auf sie übergegangen ist, sie weiter führen kann im Verständnis der spirituellen Geheimnisse, als er sie früher führen konnte. Und dann fühlen wir erst, welche Bedeutung es hat, daß an die Stelle, die wir gestern am Schlusse besprochen haben als den Monolog des Gottes, sich anschließt die sogenannte Verklärungs- oder Verwandlungsszene. Das ist wieder ein bedeutendes Element in der dramatischen Komposition des Markus-Evangeliums. Um diese Verklärung zu beleuchten, müssen wir auf einiges hinweisen, das mit vielem zusammenhängt, was zum Verständnisse der Darstellung in den Evangelien nötig ist; zunächst auf eines.

Sie können es im Markus-Evangelium und auch in den anderen Evangelien öfter lesen, wie der Christus Jesus davon spricht, daß des Menschen Sohn viel leiden müsse, daß er angefallen würde von den Schriftgelehrten, von den Hohenpriestern, daß er getötet würde, daß er nach drei Tagen auferweckt würde. Und Sie finden überall bis zu einem gewissen Punkt hin deutlich angedeutet, wie die Apostel zunächst diese Redewendung von dem leidenden, sterbenden und auferweckten Menschensohn nicht verstehen können, wie sie Schwierigkeiten haben gerade im Verständnis dieser Stelle (9, 31-32). Warum begegnen wir dieser eigentümlichen Tatsache? Warum treten Schwierigkeiten bei den Aposteln gerade in bezug auf das Verständnis des eigentlichen Mysteriums von Golgatha auf? Was ist denn dieses Mysterium von Golgatha? Wir haben es schon erwähnt. Es ist nichts anderes als das Herausholen der Initiation aus den Tiefen der Mysterien auf den Plan der Weltgeschichte. Natürlich ist ein ganz bedeutsamer Unterschied zwischen einer jeglichen Initiation und dem Mysterium von Golgatha. Der Unterschied liegt in folgendem.

Wer in den Mysterien der verschiedenen Völker initiiert worden ist, hatte in einer gewissen Weise dasselbe durchgemacht. Er wurde gebracht zu Leiden, zu einem dreitägigen, man möchte sagen, scheinbaren Tod, wo sein Geist außerhalb seines Leibes in den spirituellen Welten weilte, wo dann sein Geist wieder zurückgebracht wurde in seinen Leib, so daß der Geist in dem Leib sich erinnern konnte an das, was er in der geistigen Welt durchgemacht hatte, und er als ein Bote auftreten konnte für die Geheimnisse der geistigen Welt. Man kann also sagen, ein Hingehen zum Tode, wenn auch nicht zu dem Tode, der den Geist vollständig, sondern der ihn nur für eine Zeit vom physischen Leibe trennt, das ist die Initiation. Ein Verweilen außerhalb des Leibes und ein Zurückkehren in den physischen Leib und dadurch ein Bote werden der göttlichen Geheimnisse, das ist die Initiation. Sie vollzog sich nach sorgfältiger Vorbereitung, nachdem der Betreffende in die Lage gekommen war, in sich die Kräfte der Seele so verdichtet zu haben, daß er in diesen dreieinhalb Tagen leben konnte, ohne die Instrumente seines physischen Leibes zu gebrauchen. Dann aber, nach diesen dreieinhalb Tagen, mußte er sich wieder mit seinem physischen Leib vereinigen. Er hatte also sozusagen durch Entrückung in eine höhere Welt, abseits von den gewöhnlichen historischen Ereignissen, das durchgemacht.

Anders in seinem inneren Wesen, aber ähnlich in der äußeren Erscheinung war das Mysterium von Golgatha. Die Ereignisse, die sich während des Verweilens des Christus in dem Leib des Jesus von Nazareth abspielten, führten dahin, daß nun tatsächlich der physische Tod eintrat für den physischen Leib des Jesus von Nazareth, daß der Geist des Christus die drei Tage außerhalb des physischen Leibes weilte, dann aber zurückkehrte und jetzt nicht in den physischen Leib, sondern in den verdichteten Ätherleib, so verdichtet, daß ihn die Jünger wahrnehmen konnten, wie es in den Evangelien geschildert ist; so daß der Christus wandeln konnte und sichtbar werden konnte auch nach dem Ereignis von Golgatha. Damit war also als ein historisches Ereignis die Initiation hingestellt, die sonst, den äußeren Augen entzogen, in den Tiefen der Mysterien sich zugetragen hatte, war als ein einmaliges Ereignis hingestellt vor die ganze Menschheit. Damit war in einer gewissen Weise die Initiation herausgeholt aus den Mysterien, war durch den einen Christus vollbracht vor aller Augen. Aber eben damit ist der Abschluß der alten Welt gegeben, ist der Beginn der neuen Zeit gekommen.

Aus der Darstellung, die von den Propheten gegeben worden ist, haben Sie ersehen, daß der Geist des Prophetentums und das, was durch diesen Geist dem althebräischen Volke gegeben worden ist, anders war als der Geist der Initiation der anderen Völker. Die anderen Völker hatten Führer, die Initiierte waren, die so initiiert waren, wie es eben dargestellt worden ist. Das war beim althebräischen Volke nicht so der Fall. Da haben wir es nicht mit Initiationen wie bei anderen Völkern zu tun, sondern wir haben es zu tun, wie wir gehört haben, mit einem elementaren Hervortreten des Geistes in den Leibern derjenigen, die als Propheten auftauchten, mit etwas, was wie Genies der Spiritualität hervortritt. Und damit das sein kann, sehen wir, daß bei den mittleren Propheten diejenigen Seelen im althebräischen Volke auftreten, die in den früheren Inkarnationen Initiierte bei den anderen Völkern waren, damit sie das, was sie dem althebräischen Volke geben, wie eine Erinnerung an das erleben, was sie in der Initiation empfangen haben. So war das Hereinleuchten des spirituellen Lebens anders beim alttestamentlichen Volke und anders bei den anderen Völkern. Bei den letzteren geschah es durch die Handlung, durch die Initiation, beim alttestamentlichen Volke kam es durch die Gaben, die denen eingepflanzt wurden, die eben als Propheten unter dem Volke wirkten.

Durch dieses Wirken seiner Propheten wurde das althebräische Volk dazu vorbereitet, jene einzigartige Initiation zu erleben, die jetzt nicht die Initiation eines Menschen, sondern die Initiation einer kosmischen Individualität war, wenn man dann noch von Initiation sprechen will, was eigentlich nicht mehr richtig ist. Dadurch wurde das althebräische Volk vorbereitet, das zu empfangen, was an die Stelle der alten Initiation treten sollte: in richtiger Art hinzuschauen auf das Mysterium von Golgatha. Dadurch aber ist auch gegeben, daß die dem alttestamentlichen Volke angehörenden Apostel zunächst kein Verständnis haben für die Worte, welche die Initiation charakterisieren. Der Christus Jesus spricht von der Initiation, und er drückt sich so aus, daß er sagt: Hineilen zum Tode, drei Tage im Grabe sein, dann auferweckt werden. Das ist die Beschreibung der Initiation. Hätte er diese Beschreibung der Initiation seinen Schülern anders gegeben, so hätten sie ihn verstanden. Weil aber diese Art zu sprechen nicht heimisch war beim alttestamentlichen Volke, deshalb verstanden die Zwölf diese Art der Beschreibung zunächst nicht. Daher werden wir mit Recht darauf hingewiesen, wie die Apostel erstaunt sind und nicht wissen, wovon er redet, als er von dem Leiden und Sterben und Auferwecktwerden des Menschensohnes spricht.

Solche Dinge sind also durchaus im Sinne der historischen Darstellung im Geiste dessen, was geschehen ist. Wenn der alte Initiierte seine Initiation erlebte, da geschah das mit ihm, daß er, während er außerhalb seines Leibes weilte, in einer höheren Welt war, nicht in der Welt des gewöhnlichen Sinnenseins. Er war vereinigt außerhalb des Leibes, man kann sagen, mit den Tatsachen eines höheren Planes. Wenn er dann wieder in seinen Leib zurückkam, was war dann dasjenige, was er in der spirituellen Welt leibfrei erlebt hatte? Erinnerung war es. Er mußte so sprechen, daß er sagen konnte: Ich erinnere mich, wie man sich sonst an das erinnert, was man gestern und vorgestern erlebt hat, an meine Erlebnisse im leibfreien Zustande. Und er konnte für sie zeugen. Zu wesentlich mehr kam es bei den Initiierten nicht, als daß sie in ihrer Seele die Geheimnisse von den spirituellen Welten trugen, wie die Menschenseele die Erlebnisse von gestern als Erinnerung in sich trägt. Und wie die Seele vereinigt ist mit dem, was sie als Erinnerung bewahrt, so trugen die Initiierten in sich die Geheimnisse der spirituellen Welten, waren mit ihnen vereinigt.

Warum war das so? Es war so aus dem Grunde, weil bis zur Zeit des Mysteriums von Golgatha des Menschen Seele auf der Erde überhaupt nicht geeignet war, in das Ich hineinkommen zu lassen die Reiche der Himmel, die übersinnlichen Welten. Sie konnten gar nicht bis zum wirklichen Ich kommen, konnten sich mit dem Ich nicht vereinigen. Nur wenn man über sich selber hinaussah oder hinausahnte durch das Hellsehen, wie es in den alten Zeiten war, wenn man, ich möchte sagen, sich hinausträumte oder durch die Initiation aus dem Ich herauskam, konnte man in die übersinnlichen Welten hineinkommen. Aber innerhalb des Ich gab es kein Verständnis, keine Urteilskraft für die höheren Welten. So war es nun schon einmal. Mit all den Kräften, die zum Ich gehören, konnte sich der Mensch vor dem Mysterium von Golgatha nicht mit den spirituellen Welten vereinigen.

Das war das Geheimnis, das durch die Johannes-Taufe den Leuten klarwerden sollte, daß jetzt die Zeit herangekommen war, wo die Reiche der Himmel bis ins Ich hineinleuchten sollten, bis an das Ich, das Erden-Ich, herankommen sollten. Oh, es war immer wieder und wieder durch die Zeiten hin angedeutet worden, wie eigentlich in den alten Zeiten das, was der Mensch darleben konnte als sein Seelisches, nicht in die übersinnlichen Welten hinaufkommen konnte. Wie eine Disharmonie war es für die alten Zeiten zwischen dem Erleben der eigentlichen menschlichen Heimat, der geistigen Welt, und dem, was, wenn man auch das alte Seelenhafte als Ich bezeichnen will, im menschlichen Innern sich abspielte. Dieses menschliche Innere war abgetrennt von der geistigen Welt; man konnte sich nur in Ausnahmezuständen mit ihr vereinigen. Und wenn alle Gewalt dessen, was später «Ich» werden sollte, was später im Menschen wohnen sollte, wenn alle Gewalt, alle Impulse dieses Ich dennoch einmal die Menschen ausfüllten, sagen wir durch die Initiation oder durch die Erinnerung an eine vorher erlebte Initiation in einer späteren Inkarnation, wenn da die Gewalt des Ich, des noch nicht für die menschliche Leiblichkeit bestimmten Ich, sich hineindrängte als Kraft in die menschliche Leiblichkeit, was geschah dann? Was dann geschah, das wird immer angedeutet: dann hat in den vorchristlichen Zeiten die über die menschliche Leiblichkeit hinausgehende Kraft des Ich sozusagen nicht recht Platz in dem Leibe, durchbricht das, was für das Ich bestimmt ist.

Solche Menschen also, die mehr von der übersinnlichen Welt in sich tragen, die von der übersinnlichen Welt so etwas in sich tragen, was schon in der vorchristlichen Zeit gleichsam an das erinnert, was das Ich später werden soll, die zerbrechen mit dieser Ich-Kraft ihre Leiblichkeit, weil diese Ich-Kraft zu stark ist für die vorchristliche Zeit. Und das wird angedeutet zum Beispiel dadurch, daß bei gewissen Individualitäten in ihrer Verkörperung, wenn sie diese Kraft des Ich in sich haben, dieses Ich nur dadurch in ihnen weilen kann, daß der Leib in irgendeiner Weise verletzt ist oder verletzbar ist, irgendeine leicht verletzbare Stelle hat, die dann auch verletzt wird. Da ist der Mensch durch irgend etwas an sich mehr, als es durch seine übrige Leiblichkeit der Fall ist, der Umgebung ausgesetzt. Wir brauchen uns nur an die Verwundbarkeit des Achill an der Ferse, an die Verwundbarkeit des Siegfried, an Ödipus zu erinnern, wo die Gewalt des Ich die Leiblichkeit durchbricht. Da wird uns angedeutet an dem Vorhandensein der Verwundung, daß nur ein zerbrochener Leib zu der Größe des Ich, zu der übermenschlichen Kraft des Ich paßt, die dadrinnen ist.

Was hiermit eigentlich gesagt werden soll, es kann vielleicht, wenn es in einer anderen Weise formuliert wird, noch ganz bedeutsam vor unsere Seele treten. Nehmen wir an, irgendein Mensch in der vorchristlichen Zeit würde – es braucht nicht mit Bewußtsein zu sein –

mit allen Impulsen, mit allen Kräften, die später das Ich durchdringen sollen, in sich erfüllt sein und würde mit dieser, man möchte sagen, Über-Ich-Kraft, mit dieser übermenschlichen Kraft untertauchen in seinen Leib. Er müßte diesen Leib zerbrechen und ihn nicht so sehen, wie er ist, wenn das schwache Ich – oder das schwache Innere – dadrinnen ist. Er müßte ihn anders sehen, der Mensch der alten Zeit, der alle Gewalt des Ich in sich dazu gehabt hätte, daß er heraustreten konnte aus seinem Leibe. Er würde ihn so gesehen haben, wie er als zerbrochener Leib ist unter dem Einflusse des Über-Ich, würde ihn mit allerlei Wunden gesehen haben, weil nur das schwache Ich – oder das schwache Innere – in den alten Zeiten den Leib so schwach durchdringt, daß er ganz bleiben kann.

Was ich jetzt gesagt habe, ist bei den Propheten ausgesprochen. Es ist die Stelle ungefähr so formuliert, daß gesagt wird (Sacharja 12, 10): Der Mensch, der alle Kraft der Ichheit in sich vereint und sich dem menschlichen Leib gegenüber sieht, er sieht ihn durchstochen, verwundet, mit Löchern. Denn die höhere Kraft des Ich, die in den alten Zeiten noch nicht das menschliche Innere bewohnen konnte, durchlöchert, durchdringt, zersticht den Leib. Das ist ein Impuls, der deshalb durch die Menschheitsevolution läuft, weil wegen des luziferischen und ahrimanischen Einflusses dem Menschen in der vorchristlichen Zeit ein geringeres Quantum seines Ich mitgegeben werden mußte, als das Voll-Ich umfaßt. Und weil der Leib nur geeignet ist für das geringere Quantum und nicht für die ganze Kraft des Ich, deshalb zermürbt er. Und daher mußte – nicht weil es in der vorchristlichen Zeit geschieht, sondern weil mit dem Christus Jesus auf einmal das volle Ich in die Leiblichkeit eingezogen ist, weil da am stärksten die Ichheit eingezogen ist –, deshalb mußte diese Leiblichkeit nicht nur mit einer Wunde, wie es bei so vielen Menschheitsindividualitäten war, die ein Über-Ich getragen haben, sondern mit fünf Wunden angeschaut werden, mit fünf Wunden, die notwendig sind wegen des Hinausragens der Christus-Wesenheit, das heißt des Voll-Ich des Menschen, über die Form der Leiblichkeit, über die angemessene Form der Leiblichkeit. Wegen dieses Hinausragens mußte sich auf dem physischen Plan der Weltgeschichte das Kreuz erheben, das den Christus-Leib so trug, wie der menschliche Leib sein würde, wenn jemals in einem Augenblick die ganze Summe des Menschentums, von welcher der Mensch einen großen Teil durch den luziferischen und ahrimanischen Einfluß verloren hat, in einem Menschen weilen würde.

Das ist ein tiefes Mysterium, das uns aus der Geheimwissenschaft heraus geradezu das Bild auf Golgatha hinstellt. Und wer versteht, was Menschheit und Menschentum ist, was das Erden-Ich ist, was das Verhältnis des Erden-Ich zur Menschenform des Leibes, zur Form des Menschenleibes ist, der weiß, daß bei der vollständigen Durchdringung des Erden-Ich mit dem Menschenleibe nicht die Durchdringung geschehen kann, welche die normale bei dem herumwandelnden Menschen ist, sondern daß der Mensch, wenn er aus sich herausgeht und, sich selber anschauend, fragen kann: Wie müßte dieser Leib sein, wenn alle Ichheit in ihn hineinrücken würde? – ihn anschauen würde mit fünf Wunden. Aus der Menschennatur und aus der Erdenwesenheit selber folgt die Gestalt des Kreuzes mit dem Christus und den Wunden auf Golgatha. Bis in das Bild hinein kann sich aus der Betrachtung der Menschennatur das Mysterium von Golgatha aus dem ergeben, was man wissen kann. Das ist das Eigentümliche, daß es eine Möglichkeit gibt, nicht nur im Hellsehen, wo es sich als natürlich erweist, hinzuschauen, wie das Kreuz auf Golgatha erhöht ist, wie die Kreuzigung stattfindet, und die Wahrheit dieses historischen Ereignisses zu schauen, sondern daß es eine Möglichkeit gibt, daß wir durch das Mysterium von Golgatha sogar die menschliche Vernunft so weit heranbringen an das Mysterium von Golgatha, daß, wenn man fein genug, scharf genug diese menschliche Vernunft gebraucht, diese sich umwandelt in Imagination, in Einbildung, die aber dann Wahrheit enthält, wodurch dann, wenn man versteht, was der Christus ist und wie er sich zur Form des Menschenleibes verhält, die menschliche Phantasie so geleitet wird, daß das Bild auf Golgatha selber entsteht. So waren vielfach die älteren christlichen Maler geleitet, die nicht etwa immer Hellseher waren, sondern aus der Kraft der Erkenntnis des Mysteriums von Golgatha bis zu dem Bilde von Golgatha getrieben wurden, so daß sie es malen konnten. Es ist eben in jenem großen Wendepunkt der Menschheitsevolution aus dem Hellsehen herangebracht worden an die Ich-Seele des Menschen das Verständnis für die Christus-Wesenheit, das heißt für das Ur-Ich des Menschen.

Das Hellsehen macht möglich, außerhalb des Leibes das Mysterium von Golgatha zu schauen. Wodurch? Wenn ein Verhältnis zum Mysterium von Golgatha innerhalb des Leibes eingegangen ist, so ist es auch heute möglich, in den höheren Welten das Mysterium von Golgatha und damit die volle Bekräftigung dieses großen Knotenpunktes der Menschheitsevolution zu schauen. Aber es ist auch ein Begreifen dieses Mysteriums von Golgatha möglich, und in den Worten, die ich eben gesprochen habe, sollte die Möglichkeit eines Begreifens gegeben sein. Freilich muß man lange meditieren, muß lange nachdenken über das, was gesagt worden ist. Und wenn jemand das Gefühl hat, was jetzt gesagt worden ist, sei schwer verständlich, so darf das als berechtigt bezeichnet werden; denn selbstverständlich gehört das, was die Menschenseele hinführen kann zu dem vollen Verständnis des Größten, des Höchsten, des Bedeutsamsten, das auf der Erde geschehen ist, zu den schwierigsten Dingen. In einer gewissen Weise sollten die Jünger dazu hingeführt werden; und von diesen wieder, die nach und nach herangebracht werden sollten zu einem neuen Verständnis der Menschheitsevolution, erwiesen sich eben als die brauchbarsten Petrus, Jakobus und Johannes.

Es ist gut, den bedeutsamen Zeitabschnitt, der da in der Zeit des Mysteriums von Golgatha eingetreten ist, sich von den verschiedensten Seiten vor Augen zu halten. Deshalb ja ist es auch so dankenswert, daß Sie heute morgen die Hegelsche Darstellung dieses Zeitpunktes haben hören können. Alle Dinge, die menschliches Begreifen geben kann, können nämlich zusammenströmen, um das Bedeutsamste zu begreifen, das damals, heranreifend in den vorhergehenden Jahrhunderten, sich vollziehend um die Zeit des Mysteriums von Golgatha und dann die weitere Menschheitsevolution langsam vorbereitend und bedingend, eingetreten ist. Es ist an verschiedenen Orten der Erde eingetreten. Wir können nicht nur in Palästina, wo das Ereignis von Golgatha selber geschehen ist, die Sachen verfolgen, sondern wir können sie verfolgen, wenn wir in der richtigen Weise vorgehen, auch an anderen Punkten der Erde; nur spielte sich da nicht das Ereignis von Golgatha ab. Aber das Absteigen und das Wiederaufsteigen der Menschheit, das Sichemporheben der Menschheit durch die Wirkung des Mysteriums von Golgatha, das sich über die westliche Welt verbreitete, können wir verfolgen. Namentlich das Herabsteigen können wir verfolgen, und es ist interessant, wie wir das Herabsteigen der Menschheit verfolgen können.

Nehmen wir den griechischen Boden noch einmal und fassen wir ins Auge, wie ein halbes Jahrtausend, bevor das Ereignis von Golgatha sich vollzog, die Ereignisse sich abspielten. Drüben im Morgenlande, wo der Krishna aufgetreten ist, war man in einer gewissen Weise der damaligen Zeit voraus. Man war voraus sozusagen in der Epoche des Niedergehens des alten Hellsehens. Es ist etwas Eigentümliches um diese Kultur gerade zum Beispiel Indiens. Während in der unmittelbar nachatlantischen Zeit in Indien die erste große nachatlantische Kulturblüte auftritt und in der reinsten Weise – für die menschliche Seele reinsten Weise – ein Hineinschauen in die geistige Welt noch da war, das sich bei den Rishis verband mit einer wunderbaren Möglichkeit, das Geschaute darzustellen, so daß es auf die späteren Zeiträume wirken konnte, und dann, als das Hellsehen verschwand, in solchen bedeutenden Offenbarungen, wie es die Krishna-Offenbarung ist, aufbewahrt wurde für die späteren Zeiten, war das, was eigentliches Hellsehen war, am Ende des dritten Zeitraumes schon erloschen. Aber durch Krishna und seine Schüler waren die Tatsachen, die man schauen konnte, in wunderbare Worte gebracht und aufbewahrt, so daß man in der Schrift das hatte, was früher gesehen worden ist. Das trat eigentlich für Indien niemals ein, was weiter westlich, zum Beispiel in Griechenland, eingetreten ist.

Wenn wir so recht die indische Welt ins Auge fassen, können wir sagen: Es erlischt das alte Hellsehen; dafür schreiben nieder in wunderbaren Worten diejenigen, von denen Krishna der Bedeutendste ist, was einstmals geschaut worden ist. Das ist dann da im Wort, im Veda. Und wer sich in das Wort vertieft, erlebt in seiner Seele davon den Nachklang. Aber nicht das entsteht, was in Sokrates zum Beispiel oder in anderen Philosophen entstanden ist. Das, was man westliche Vernunft, westliche Urteilskraft nennen kann, das tritt nicht in den indischen Seelen auf. Wovon wir heute im eminentesten Sinne sprechen, wenn wir von der ureigenen Kraft des Ich sprechen, das tritt gar nicht einmal in Indien auf. Daher macht sich sogleich etwas anderes geltend, als das alte Hellsehen verglommen war: der Drang nach Yoga, dem schulgerechten Hinaufkommen in die Welten, die auf natürliche Weise verloren worden sind. Und Yoga wird ein künstliches Hellsehen. Und im Grunde genommen tritt an die Stelle des alten Hellsehens sogleich die Yoga-Philosophie, ohne daß dazwischen das ist, was zum Beispiel in der griechischen, rein vernunftgemäßen Philosophie auftritt. Das tritt für das Indertum gar nicht ein. Diese Zwischenphase ist gar nicht vorhanden. Und wenn wir die Vedantaphilosophie des Vyasa nehmen, können wir sagen: Nicht so ist sie ausgeprägt, wie die westlichen Weltanschauungen lehren, von Ideen durchzogen, von Vernunft durchzogen, sondern sie ist gleichsam noch heruntergeholt aus den höheren Welten, aber in menschliche Worte gebracht; das ist das Eigentümliche: nicht mit menschlichen Begriffen errungen, nicht ausgedacht wie das sokratische, das platonische Element, sondern hellseherisch erschaut.

Es ist schwer, sich ganz über diese Dinge klarzuwerden; aber es gibt eine Möglichkeit, auch heute diesen Unterschied zu erleben. Nehmen Sie irgendein Philosophiebuch, irgendeine Darstellung eines philosophischen Systems der westlichen Philosophie in die Hand. Was heute ernsthaft als Philosophie bezeichnet werden kann, wie ist es meistens errungen? Wenn Sie in die Werkstätte eines Menschen, der als ernster Philosoph bezeichnet werden kann, hineinschauen, so können Sie sehen, wie durch Anstrengung der logischen Urteilskraft, des logischen Denkens diese Systeme gewonnen sind. Das alles ist nach und nach gebildet. Und die, welche so Philosophie machen, können eigentlich nicht verstehen, daß man das, was sie da von Begriff zu Begriff weben, in gewisser Beziehung auch hellseherisch schauen kann, daß man das hellseherisch vor sich hat. Daher ein so schwieriges Sichverständlichmachen, wenn man, man möchte sagen, mit einem Schlage gewisse Philosopheme, die sonst «im Schweiße des Angesichts» von Idee zu Idee gewoben werden, hellseherisch überschaut und nicht nötig hat, alle die einzelnen Gedankenschritte zu machen. So gleichsam hellseherisch geschaute Begriffe sind die Begriffe der Vedantaphilosophie. Sie sind nicht im Schweiße des Angesichts nach dem Beispiel der europäischen Philosophen erworben, sondern hellseherisch heruntergebracht, sind eben die letzten Überreste, die in die abstrakten Begriffe hinein verdünnten Reste des alten Hellsehens oder die ersten durch Yoga errungenen, noch dünnen Eroberungen in der übersinnlichen Welt.

Anderes aber haben die mehr westlich wohnenden Menschen durchgemacht. Da blicken wir auf eigenartige, wichtige innere Geschehnisse der Menschheitsevolution. Nehmen wir einen merkwürdigen Philosophen des sechsten Jahrhunderts der vorchristlichen Zeitrechnung: *Pherekydes von Syros*. Ein merkwürdiger Philosoph! Ein Philosoph, den die heutigen Philosophen nicht als Philosophen gelten lassen. Es gibt heute Philosophiebücher, die sagen das tatsächlich. Ich zitiere da zwei Worte wörtlich: Nun ja, das ist alles kindliche Schilderung, kindliche Symbole; «kindlich und genial» sagt einer heute, der sich ganz besonders erhaben dünkt über jenen alten Philosophen. Also ein halbes Jahrtausend vor der christlichen Zeitrechnung taucht da in Syros ein merkwürdiger Denker auf. Allerdings stellt er anders dar als die übrigen Denker, die man dann später Philosophen nennt. Pherekydes von Syros sagt zum Beispiel: Es liegt dem, was man in der Welt sieht, ein Dreifaches zugrunde: Chronos, Zeus, Chthon. Aus Chronos gehen hervor das luftige, das feurige und das wässerige Element. Und mit alledem, was aus diesen drei Mächten hervorgeht, kommt eine Art Schlangenwesenheit in Streit, Ophioneus. – Alles, was er schildert, man kann es, wenn man seiner Schilderung auch ohne Hellsehen, sondern nur mit etwas Phantasie begabt, nachgeht, vor sich sehen: Chronos, nicht nur als die abstrakt verfließende Zeit, sondern als Wesenheit, als wirkliche Wesenheit, erschaubar gestaltet; ebenso Zeus, den unendlichen Äther, als die in sich belebte Allwesenheit; Chthon, dasjenige, wodurch das sonst Himmlische irdisch wird, was das im Raume auseinander Gewobene zusammenzieht im Planeten Erde, um ein irdisches Dasein zu haben; das alles sich irdisch abspielend; dann, sich hineinmischend wie ein feindliches Element, eine Art Schlangenwesenheit. Wenn man dem nachgeht, was da der merkwürdige Pherekydes von Syros schildert, so braucht man Geistesforschung, um das zu verstehen; denn er ist ein letzter Nachzügler des alten Hellsehens. Er sieht die Welt der Ursachen hinter der Sinneswelt und beschreibt diese Ursachen mit seinem hellseherischen Vermögen. Das gefällt natürlich denen, die nur in Begriffen wirtschaften, gar nicht. Er schaut das lebendige Weben der guten Götter und das Hineinspielen der feindlichen Mächte, die er schildert, wie man sie hellseherisch schaut. Er sieht, wie geboren werden aus Chronos, aus der realen Zeit, die Elemente.

Da haben wir also in diesem Philosophen Pherekydes von Syros einen Mann, der noch mit seiner Seele hineinschaut in die Welt, die das hellseherische Bewußtsein erschließt, und sie beschreibt, eine Beschreibung, der man nachgehen kann. So steht er noch in der westlichen Welt da im sechsten Jahrhundert der vorchristlichen Zeitrechnung. *Thales, Anaximenes, Anaximander, Heraklit,* die fast seine Zeitgenossen sind, stehen schon anders da. Da kommen wirklich zwei Welten ineinander. Aber wie sieht es in ihren Seelen aus? Ausgelöscht, gelähmt ist das alte Hellsehen in ihnen. Höchstens noch die Sehnsucht nach diesen geistigen Welten ist da. Und was erleben sie an der Stelle, wo ein Rest des alten Schauens bei dem Weisen von Syros noch da war, wo er noch hineingeschaut hat in die elementarische Welt der Ursachen? Die ist ihnen bereits verschlossen. Da sehen sie nicht mehr hinein. Es ist so, wie wenn sich gerade diese Welt vor ihnen verschließen wollte, wie wenn sie halb noch da wäre für sie und doch sich wieder ihnen entzöge, so daß sie abstrakte Begriffe, die dem Ich angehören, an die Stelle des alten Hellsehens setzen. So schaut es aus in diesen Seelen. Das ist ein sehr merkwürdiger Seelenzustand in den westlichen Seelen. Das ist jener Seelenzustand, der hinarbeitet nach Vernunft, nach Urteilskraft, die gerade das Ich auszeichnen sollen. An einzelnen Seelen sehen wir es, so zum Beispiel, wenn Heraklit noch das lebendig webende Feuer, man möchte sagen, mit einem letzten Anflug von richtigem hellseherischem Schauen als die Ursache aller Dinge schildert; Thales das Wasser, aber nicht das physisch-sinnliche Wasser, wie Heraklit auch nicht das physisch-sinnliche Feuer meint, sondern es ist noch etwas von der elementarischen Welt, die sie halb noch sehen, während sie sich ihnen halb entzieht und sie abstrakte Begriffe geben müssen. Da blicken wir hinein in diese Seelen und da verstehen wir, wie bis in unsere Zeit hinein noch etwas nachklingen konnte von der Stimmung dieser Seelen.

Wenn unsere Zeitgenossen nur nicht oftmals gar so gedankenlos über manche Dinge hinweglesen wollten! Über eine Stelle bei *Nietzsche*, die einen tief erfassen, ergreifen, erschüttern kann, liest man leicht heute hinweg. Sie steht in der nachgelassenen Schrift «Die Philosophie im tragischen Zeitalter der Griechen», worin er Thales, Anaximander, Heraklit, Parmenides, Anaxagoras und Empedokles schildert. Da ist eine Stelle gleich im Anfange – man muß sie nachfühlen –, da hat Nietzsche etwas von dem empfunden, was in den Seelen dieser ersten griechischen einsamen Denker erlebt worden war. Lesen Sie die Stelle bei Nietzsche nach, wo er sagt: Wie mag es gewesen sein in den Seelen dieser philosophischen Heroengestalten, welche den Übergang finden mußten aus der Zeit des lebendigen Anschauens – von dem auch er nichts mehr wußte, das er aber ahnte –, als die alte Lebendigkeit in den Seelen abgelöst wurde durch die abstrakten, trockenen, nüchternen Begriffe, wo das «Sein», dieses nüchterne, trockene, abstrakte, kalte Sein als Begriff trat an die Stelle der vollen Lebendigkeit, die das hellseherische Bewußtsein hatte? Und Nietzsche empfindet: Es ist, wie wenn das Blut einem erstarrte, wenn man übergeht aus der Welt der Lebendigkeit in die Welt der Begriffe bei Thales oder Heraklit, wenn diese Leute Begriffe von «Sein» und «Werden» brauchen, so daß man sich aus dem warmen Werden in die Eisregion der Begriffe versetzt fühlt.

In jenes Zeitalter muß man sich hineinversetzt fühlen, in dem diese Menschen standen, muß empfinden, wie sie beim Herannahen des Mysteriums von Golgatha dastanden, muß sich in sie so hineinfühlen, daß man empfindet, wie noch in ihnen ein dunkler Nachklang der alten Zeiten ist, sie aber so dastehen, daß sie sich begnügen müssen mit dem, was abstrakte Urteilskraft im menschlichen Ich ist, was früher gar nicht dazusein brauchte. Und während in der Folgezeit die Begriffswelt immer reicher und reicher wurde, konnten in der ersten Zeit, als die Begriffswelt herankam, die griechischen Philosophen nur die allereinfachsten Begriffe erfassen. Wie quälen sie sich mit den Begriffen, mit dem abstrakten «Sein»; wie quälen sich zum Beispiel die Philosophen der eleatischen Schule mit dem abstrakten «Sein»! So bereitet sich vor, was die eigentlichen abstrakten Eigenschaften des Ich sind.

Jetzt denken wir uns eine solche Seele, welche da im Westen steht, präpariert ist zu dieser Mission des Westens, die aber noch in sich trägt die stärksten Nachklänge an das alte Hellsehen. In Indien sind diese Nachklänge längst verglommen; im Westen sind sie noch da. Der Trieb der Seele will hinein in die elementarische Welt, aber das Bewußtsein kann nicht. Eine Stimmung wie die Buddha-Stimmung konnte in diesen Seelen nicht entstehen. Die Buddha-Stimmung würde gesagt haben: Wir sind hinausversetzt in die Welt des Leidens; also machen wir uns frei von ihr. Nein, die westlichen Seelen wollten etwas erfassen von dem, was vor ihnen war. In das, was hinter ihnen war, konnten sie nicht hinein; in der Welt vor ihnen hatten sie nur die kalten, eisigen Begriffe. Denken wir uns eine solche Seele wie den Pherekydes von Syros. Er ist der, welcher als der letzte hineinschauen konnte in das, was da drinnen ist in der elementarischen Welt. Denken wir uns eine der anderen Seelen aber. Sie kann nicht sehen, wie die Elemente lebendig geboren werden aus dem Chronos heraus. Sie kann nicht sehen, daß das Schlangenwesen Ophioneus den Streit beginnt mit den oberen Göttern; aber im Bilde hält sie fest, daß da etwas hereinwirkt in das Sinnliche. Sie sieht nicht hindurch auf Chronos; aber das sieht sie, was als Abdruck in der Sinneswelt aus Chronos hervorgeht: Feuer, Wasser, Luft und Erde. Sie sieht nicht, wie die oberen Götter von den unteren bekämpft werden, wie sich der Schlangengott Luzifer empört; aber sie sieht, wie Disharmonie und Harmonie, Freundschaft und Feindschaft walten. Liebe und Haß sieht sie als abstrakte Begriffe, Feuer, Wasser, Luft und Erde als abstrakte Elemente. Was jetzt noch in die Seele hereindringt, das sieht sie; aber was früher von den Zeitgenossen gesehen worden war, das ist zugedeckt.

Denken wir uns eine solche Seele, die noch ganz drinnensteht in dem Lebendigen der früheren Zeit, aber nicht hineinschauen kann in die geistige Welt, die nur erfassen kann das äußere Abbild, bei der zugedeckt ist – wegen ihrer besonderen Mission – dasjenige, was vorher die Menschen beglückt hat; auf der anderen Seite hat sie aber von der neuen

Ich-Welt nichts anderes als ein paar Begriffe, an denen sie sich festhalten muß, dann haben wir die Seele des *Empedokles*. Denn so steht die Seele des Empedokles vor uns, wenn wir ihr Innerstes erfassen wollen. Fast Zeitgenosse des Weisen von Syros ist Empedokles. Kaum zwei drittel Jahrhunderte später lebt er. Aber ganz anders ist seine Seele beschaffen. Den Übergang mußte sie vollziehen über den Rubikon von dem alten Hellsehen zu dem abstrakten Begreifen des Ich. Da sehen wir, wie auf einmal zwei Welten zusammenstoßen. Da sehen wir, wie das Ich hereindämmert und seiner Erfüllung entgegengeht. Da sehen wir die Seelen der alten griechischen Philosophen, die dazu verurteilt waren, zuerst das aufzunehmen, was wir jetzt Vernunft, Logik nennen; da sehen wir, wie ihre Seelen ausgeleert waren von den alten Offenbarungen. Und in diese Seelen mußte hineingegossen werden der neue Impuls, der Impuls von Golgatha.

So waren die Seelen beschaffen, als dieser Impuls heraufkam. Aber sie mußten lechzen nach einer neuen Erfüllung. Dann nur konnten sie ihn verstehen. Für das indische Denken ist fast kein Übergang, der sich vergleichen ließe mit dem, was wir bei den einsamen griechischen Denkern haben. Daher bietet die indische Philosophie, die gleich den Übergang zur Yoga-Lehre gemacht hat, kaum eine Möglichkeit, den Übergang zu finden zu dem Mysterium von Golgatha. Die griechische Philosophie ist so vorbereitet, daß sie lechzt nach dem Mysterium von Golgatha. Sehen Sie sich die Gnosis an, wie sie in ihrer Philosophie verlangt nach dem Mysterium von Golgatha. Auf griechischem Boden ersteht die Philosophie des Mysteriums von Golgatha, weil die besten der Griechenseelen lechzten nach der Aufnahme des Impulses von Golgatha.

Man muß guten Willen haben, um zu verstehen, was in der Menschheitsevolution geschah; dann, möchte man sagen, verspürt man etwas von dem, was man nennen könnte: es ist wie ein Ruf und ein Gegenruf auf dem Boden der Erde. Wir schauen nach Griechenland, wir schauen weiter nach Sizilien in solche Seelen, von denen Empedokles eine ganz besonders hervorragende ist, und wir vernehmen einen merkwürdigen Ruf. Wie können wir uns ihn charakterisieren? Wie sprechen solche Seelen? Etwa so – schauen wir hinein in die Empedokles-Seele –: Ich weiß historisch von der Initiation. Ich weiß historisch, daß durch die Initiation hineingingen in die Menschenseele die übersinnlichen Welten. Allein jetzt ist ein anderes Zeitalter gekommen. Die Initiation kann nicht mehr unmittelbar lebendig werden. Die Menschenseele ist in ein anderes Stadium eingerückt. Wir brauchen, hineinreichend in das Ich, einen neuen Impuls. Wo bist du, Impuls, der an die Stelle der alten Initiation treten kann, die wir nicht mehr erleben können, der vor das neue Ich hinstellt dasselbe Geheimnis, das das alte Hellsehen enthielt? – Und darauf antwortet der andere Ruf, der von Golgatha kommt: Herausholen durfte ich, indem ich mich den Göttern fügte und nicht den Menschen, die Geheimnisse der Mysterien und sie hinstellen vor die ganze Menschheit, damit vor der ganzen Menschheit dasteht, was sonst in den Tiefen der Mysterien gestanden hat.

Wie die Frage der westlichen Welt nach einer neuen Lösung des Weltenrätsels, so erscheint uns das, was zum Beispiel im Süden von Europa in den Griechenseelen geboren worden ist. Und wie die Antwort – die aber nur nach dem Westen hin verstanden werden kann – erscheint uns der große Monolog des Gottes, von dem wir am Schlusse des gestrigen Vortrages gesprochen haben und von dem wir morgen weiter sprechen wollen.

Wir wissen, daß im Markus-Evangelium nach dem charakterisierten großen welthistorischen Monologe die sogenannte Verklärung, die Verwandlungsszene folgt. Es ist schon öfter von mir angedeutet worden, daß für die drei Jünger, welche mitgenommen werden nach dem «Berge», auf welchem diese Verwandlungsszene stattfindet, dies eine Art höherer Einweihung ist. Sie sollen gleichsam in diesem Augenblicke noch tiefer hineingeführt werden in die Geheimnisse, die ihnen aufeinanderfolgend übergeben werden zur Leitung und zur Führung der Menschheit. Wir wissen, daß diese Szene – das geht schon aus verschiedenen früheren Darstellungen hervor – eine Reihe von Geheimnissen enthält. Schon das eine deutet in den Evangelien und in den sonstigen okkulten Schriften darauf hin, daß man es mit etwas Geheimnisvollem zu tun hat: wenn von dem «Berge» gesprochen wird. Der Berg als solcher bedeutet immer, wenn es sich um eine okkulte Sache handelt, daß diejenigen, die den Berg hinaufgeführt werden, zu gewissen Geheimnissen des Daseins hingeführt werden. Im Markus-Evangelium empfinden wir das ganz besonders stark aus einem gewissen Grunde, der beim richtigen Lesen des Evangeliums schon auffallen kann. Man muß nur eben das Evangelium richtig lesen.

Da muß verwiesen werden auf das dritte Kapitel des Markus vom 7. bis 23., 24. Vers, ja, man braucht eigentlich nur bis zum 22. Verse, streng genommen, zu gehen, und man braucht nur mit empfindendem Verständnis zu lesen, so wird einem dabei etwas auffallen. Das ist öfter hervorgehoben worden, daß der Ausdruck «zum Berge geleiten», «zum Berge führen» eine okkulte Bedeutung hat. Aber in dem genannten Kapitel finden wir ein Dreifaches, nicht nur ein Zum-Berge-Geleiten, sondern, wenn wir die drei Absätze, die Markus anführt, näher ansehen, so hören wir zuerst in Vers 7: «Und Jesus zog sich mit seinen Jüngern zurück an den See» und so weiter. Wir werden also zuerst zu einer Szene am See geführt. Dann hören wir im 13. Vers: «Und er steigt auf den Berg und ruft zu sich, welche ihm gefielen.»

Und als Drittes hören wir in Vers 20/21: «Und er kommt nach Hause. Und wiederum versammelt sich eine Menge, so daß sie nicht einmal Brot essen konnten. Und da es die Seinigen hörten, gingen sie aus, ihn zu greifen; denn, sagten sie, er ist von Sinnen.»

An drei Orte werden wir verwiesen, an den See, an den Berg und an das Haus. So, wie man beim «Berge» meint, daß immer etwas Wichtiges in okkulter Beziehung geschieht, so ist das auch bei den anderen beiden Dingen der Fall. Wenn in okkulten Schriften die Rede ist von «zum See geführt werden» und von «nach Hause geführt werden», ist immer damit auch eine okkulte Bedeutung verknüpft. Daß dies in den Evangelien gemeint ist, können Sie aus einem bestimmten Umstand entnehmen. Erinnern Sie sich, daß nicht nur im Markus-Evangelium, sondern überhaupt in den Evangelien eine besondere Offenbarung, eine besondere Manifestation, gerade mit dem «See» verbunden wird, so, wenn die Jünger über den See hinfahren und der Christus ihnen erscheint, sie ihn zuerst für ein Gespenst halten, dann aber gewahr werden, daß er in Realität an sie herantritt (6, 45–52). Und auch sonst können Sie verfolgen, daß in den Evangelien öfter die Rede ist von einem Ereignis, das am See oder durch den See stattfindet. Auf dem «Berge» ernennt er zuerst die Zwölf, das heißt, er erteilt ihnen die okkulte Sendung. Wir haben es da mit einer okkulten Erziehung zu tun. Auf dem Berge ist es wieder, wo die okkulte Verklärung stattfindet. «Zu Hause», da erklären ihn die Seinigen «von Sinnen», da haben wir das Dritte. Alle drei Dinge von der größten, von der umfänglichsten Bedeutung.

Wenn wir verstehen wollen, was in einem solchen Zusammenhange «am See» bedeutet, so müssen wir uns an etwas erinnern, was wir oft klargelegt haben. Wir haben dargestellt, wie unserer nachatlantischen Erdenperiode die sogenannte atlantische Zeit vorangegangen ist, daß in derselben die Luft noch durchzogen war von dichten Nebelmassen, so daß durch das Anschauen der Menschen, weil sie unter veränderten physischen Verhältnissen lebten, auch das Seelenleben ganz anders war, wie sie ja auch das alte Hellsehen in der atlantischen Zeit hatten. Aber das war gebunden an das ganz andersartige Sein des physischen Leibes, an das Eingebettetsein in die Nebelmassen. Von alledem ist etwas wie ein altes Erbstück bei der Menschheit zurückgeblieben. Wenn durch irgend etwas in der nachatlantischen Zeit jemand in okkulte Verhältnisse eingeführt wird, an okkulte Verhältnisse herankommt, wie es bei den Jüngern Jesu der Fall war, so wird er viel empfindender, viel intensiver empfindend für die Umgebung, für die Naturverhältnisse. Man möchte sagen, bei der robusten Art des Naturverhältnisses, wie es heute beim Menschen in der nachatlantischen Zeit ist, kommt es nicht so sehr in Betracht, ob er über das Meer fährt, ob er am See sich aufhält, ob er den Berg hinaufsteigt – wir werden gleich nachher sehen, was das bedeutet – oder ob er bei sich zu Hause ist. Wie die Augen sehen, wie der Verstand denkt, das hängt nicht so sehr davon ab, wo man ist. Aber wenn das feinere Schauen beginnt, wenn man in die spirituellen Weltenverhältnisse hinaufsteigt, dann erweist sich das gewöhnliche Menschenwesen als grob organisiert.

Wenn der Mensch in Zeiten, in welchen das hellseherische Bewußtsein beginnt, über das Meer fährt, wo die Verhältnisse ganz andere sind, auch wenn er an der Küste lebt, so ist das hellsichtige Bewußtsein für etwas ganz anderes gestimmt als in der Ebene. In der Ebene ist sozusagen die größte Anstrengung notwendig, um überhaupt die hellsichtigen Kräfte herauszubringen. Die See läßt leichter die hellsichtigen Kräfte herausbringen, aber nur jene Kräfte, die sich auf etwas ganz Bestimmtes beziehen, nicht auf alles. Denn es ist wieder ein Unterschied, ob das hellseherische Bewußtsein sich in der Ebene betätigt oder ob es den Berg hinansteigt. Auf den Höhen ist das hellseherische sensitive Bewußtsein wieder für etwas anderes gestimmt als in der Ebene. Und was sich ergibt in bezug auf das, wofür das hellseherische Bewußtsein gestimmt ist am See oder oben am Berg, das ist etwas sehr voneinander Verschiedenes.

An dem See – es kann das natürlich ersetzt werden auch in der Stadt, aber nur mit großen Kräften; was jetzt gesagt wird, ist besonders für das gültig, was mehr oder weniger von selbst kommt –, am Wasser, in den Nebelmassen ist das hellsichtige Bewußtsein besonders gestimmt, Imaginationen, alles Imaginative zu empfinden und das anzuwenden, was es schon erreicht hat.

Auf dem Berge, bei der verdünnten Luft, bei dem andersartigen Verhältnis der Verteilung von Sauerstoff und Stickstoff ist das hellsichtige Bewußtsein mehr dafür gestimmt, Inspirationen durchzumachen, Neues an hellseherischen Kräften entstehen zu lassen. Daher ist der Ausdruck «den Berg hinansteigen» nicht bloß symbolisch gemeint, sondern die Bergverhältnisse begünstigen die Möglichkeit, neue okkulte Kräfte in sich auszubilden. Und der Ausdruck «an den See gehen» ist auch nicht bloß symbolisch gemeint, sondern er ist gerade deshalb gewählt, weil das Mit-dem-See-in-Berührung-Kommen das imaginative Schauen, das Anwenden der okkulten Kräfte begünstigt.

Und am schwersten haben es die okkulten Kräfte, wenn man bei sich ist, in seinem eigenen Hause, gleichgültig, ob man schließlich allein zu Hause ist oder ob die Angehörigen dabei sind. Denn während es bei einem Menschen, der längere Zeit am See gelebt hat, verhältnismäßig leicht ist – wenn alles dabei stimmt – zu glauben, daß er durch den Schleier der Körperlichkeit Imaginationen hat, und während es leichter ist bei einem Menschen, der in den Bergen lebt, daran zu glauben, daß er höher hinaufsteigt, so hat man bei einem Menschen, der zu Hause ist, bloß das Gefühl, daß er außer seinem Leibe ist, daß er «von Sinnen» ist. Nicht daß er die okkulten Kräfte nicht entwickeln könnte, aber es stimmt nicht so zu der Umgebung, es scheint in bezug auf die Umgebung nicht so natürlich wie in den entsprechenden anderen Fällen, am See oder auf dem Berge.

Daher hat es einen ungeheuer tiefen Sinn und ist ganz von den okkulten Naturverhältnissen hergenommen, daß das Evangelium genau einhält, was jetzt beschrieben worden ist. Ganz sachgemäß okkultistisch hält das Evangelium das ein. So werden wir immer das Folgende sehen. Es werden schon bestimmte Kräfte angewendet, so, wenn Heilkräfte oder Schaukräfte entfaltet werden, wenn gesprochen wird vom «am See sein», wenn davon die Rede ist, daß ein Ereignis an den See verlegt wird. Daher erscheint der Christus Jesus den Seinigen an dem See in der Imagination, nur daß er real in dem ganzen Ereignis darin steckt, weil er sich exteriorisieren kann. Die Jünger sehen ihn, dennoch aber haben sie ihn nicht im physischen Leibe vor sich. Aber weil der Ortsunterschied bei einem solchen Erlebnis nichts bedeutet, deshalb ist er zugleich «bei ihnen», am See. – Und aus diesem Grunde wird da, wo von einem Fortentwickeln der Seelenkräfte der Apostel die Rede ist, vom Berge gesprochen. Deshalb wird auch bei der Er- nennung der Zwölf, wo er sozusagen ihre Seelen dazu bestimmt, den Gruppengeist des Elias aufzunehmen, vom Berge gesprochen. Und wo sich der Christus in seiner ganzen welthistorischen und kosmischen Erscheinung zeigen will, wird wieder vom Berge gesprochen. Die Ver- klärung findet also wieder auf dem Berge statt.

Nun müssen wir gerade von diesem Gesichtspunkte aus jetzt die Verklärungsszene ins Auge fassen. Es erweisen sich als fähig, in die tieferen Geheimnisse des Mysteriums von Golgatha eingeführt zu wer- den, die drei Jünger Petrus, Jakobus und Johannes. Und es erscheinen den hellseherischen Augen, die diesen Dreien geöffnet werden, ver- klärt, das heißt in ihrer spirituellen Wesenheit, Elias auf der einen Seite, Moses auf der anderen Seite, der Christus Jesus selber in der Mitte, aber jetzt in der Gestalt – das wird im Evangelium imaginativ angedeu- tet –, durch die er erkannt werden kann in seiner spirituellen Wesen- heit. Das wird hinlänglich auch im Markus-Evangelium angedeutet.

«Und er ward vor ihnen verwandelt.

Und seine Kleider wurden glänzend weiß, so hell, wie kein Walker auf Erden bleichen kann.

Und es erschien ihnen Elias mit Moses, und sie unterredeten sich mit Jesus.» (9, 2–4.)

Nach dem großen Monologe des Gottes eine Unterredung, eine Unterredung zu dreien. Welch wunderbarer dramatischer Fortgang! Die Evangelien sind überall voll von solchen künstlerischen Kompo- sitionen. Komponiert sind diese Evangelien schon großartig. Nach- dem wir zuvor den Monolog des Gottes vernommen haben, nachher eine Unterredung zu dritt. Und welche Unterredung! Zunächst sehen wir Elias und Moses zu beiden Seiten des Christus Jesus. Was wird uns mit Elias und Moses angedeutet?

Die Gestalt des Moses ist Ihnen ja hinlänglich bekannt, auch von jener okkulten Seite her, von der sie öfter beleuchtet worden ist. Wir wissen, daß von der weltgeschichtlichen Weisheit der Übergang gewählt worden ist aus uralten Zeiten zu der Zeit des Mysteriums von Golgatha hin auf dem Umwege durch Moses. Wir wissen aus den Betrachtungen über das Lukas-Evangelium, daß in derjenigen Jesusgestalt, von welcher das Matthäus-Evangelium besonders spricht, eigentlich zunächst in dem Knaben Jesus der wiederinkarnierte Zarathustra zu sehen ist. Wir wissen aber auch, daß dieser Zarathustra in bezug auf das, was an ihm und in ihm war, dafür sorgte, daß dieses sein späteres Erscheinen vorbereitet wurde. Ich habe öfter erwähnt, wie der Ätherleib des Zarathustra durch besondere okkulte Vorgänge von ihm abgegeben worden ist und dann übergegangen ist an Moses, so daß in Moses die Kräfte des Ätherleibes des Zarathustra gewirkt haben. So haben wir gleichsam, indem Elias und Moses hingestellt werden neben den Christus Jesus, in Moses die Kräfte, die überleiten von den Urformen der Kultur zu dem, was in dem Christus Jesus und in dem Mysterium von Golgatha der Menschheit gegeben werden sollte.

Aber auch in anderer Form haben wir in Moses eine Übergangsgestalt. Wir wissen, daß Moses nicht nur den Ätherleib des Zarathustra in sich hatte, durch den er in sich trägt auch die Zarathustra-Weisheit, die dann in ihm zum Vorschein kommen kann, sondern wir wissen, daß Moses in einer gewissen Weise auch in die Geheimnisse der anderen Völker eingeweiht wird. Eine besondere Einweihungsszene haben wir zu sehen in der Begegnung mit dem midianitischen Priester Jethro. Wir haben sie auch besprochen. Sie findet sich im Alten Testament (2. Mose 2, 16–21). Deutlich ist darin angedeutet, wie Moses zu diesem einsamen Priester kommt und nicht nur die Initiationsgeheimnisse des Judentums kennenlernt, sondern auch der anderen Völker, und sie hereinträgt in seine Wesenheit, die noch die besondere Stärkung erfahren hat, daß sie den Ätherleib des Zarathustra in sich trägt. So sind durch Moses in das jüdische Volk die Initiationsgeheimnisse der ganzen umliegenden Welt hineingekommen, so daß er gleichsam auf einer untergeordneten Stufe vorbereitet hat, was durch den Christus Jesus geschehen sollte. Das war die eine Strömung, die hinleiten sollte zu dem Mysterium von Golgatha.

Die andere Strömung war die, welche herkam von dem, was auch schon angedeutet ist, von dem, was nunmehr auf naturgemäße Weise, auf natürliche Weise, in dem jüdischen Volke als Volk selber lebte. Moses war der, welcher zu dem Strom, der hinunterfloß durch die Generationen von Abraham, Isaak und Jakob, das andere schon hat hinzuströmen lassen, was in der Welt war, so weit es zu seiner Zeit möglich war. Aber es sollte dabei immer gewahrt bleiben, was so eng verbunden war mit der Natur des althebräischen Volkes. Wozu war dieses Volk ausersehen? Dazu, die Vorbereitung zu bilden für jene Zeit, die wir versuchten, in der Anschauung vor unsere Seele treten zu lassen, indem wir zum Beispiel auf das Griechentum und gestern noch einmal auf Empedokles hingewiesen haben. Wir haben dadurch hingewiesen auf jene Zeit, wo den Menschen die alten hellseherischen Fähigkeiten entschwinden, wo ihnen verlorengeht das Hineinschauen in die spirituelle Welt und wo herauskommt die Urteilskraft, die dem Ich eigen ist, wo herauskommt das auf sich selber angewiesene Ich.

Diesem Ich das zuzuführen, was aus der natürlichen Wesenheit des Menschen durch die Blutsorganisation des Menschen dem Ich zugeführt werden kann, dazu war das althebräische Volk ausersehen. Es sollte sich in diesem Volke einfach alles das ausleben, was durch die physische Organisation des Menschenwesens sich ausleben kann. An die physische Organisation des Menschen ist ja gebunden die Intellektualität. Entnommen werden sollte der physischen Organisation des althebräischen Volkes dasjenige, was eben die Fähigkeiten des Menschen, die an die Intellektualität gebunden sind, speisen konnte. Die anderen Völker hatten sozusagen hereinleuchten zu lassen in die irdische Organisation das, was durch die Initiation, also von außen, hereinkommen konnte. Was aufsteigen konnte durch die eigene menschliche Natur aus dem Blutszusammenhange, das sollte aufsteigen aus dem Zusammenhange des althebräischen Volkes. Daher wird so streng darauf gehalten, daß der Blutszusammenhang ein kontinuierlicher ist und daß jeder in sich trägt die Fähigkeiten, die seit Abraham, Isaak und Jakob durch das Blut hindurchflossen. Das Ich ist an das Blut gebunden und sollte durch das Blut des althebräischen Volkes seiner Organisation zugeführt werden, und das konnte nur durch die Vererbung geschehen.

Ich habe schon darauf hingedeutet – was in dem Alten Testament mit der Opferung und mit der Verhinderung der Opferung des Isaak durch Abraham angedeutet ist –, daß dieses Volk gerade von der Gottheit ausersehen war, der Menschheit gegeben zu werden, und daß damit das äußere physische Gefäß für die Ichheit der Menschheit gegeben wird. Daß dieses physische Gefäß mit dem alten jüdischen Volke der Menschheit von dem Gotte gegeben ist, das wird dadurch angedeutet, daß Abraham seinen Sohn opfern will. Mit Isaak hätte aber Abraham jene Organisation hingeopfert, welche der Menschheit die physische Grundlage für die Intellektualität und damit für die Ichheit geben sollte. Er bekommt ihn zurück – und damit die ganze Organisation, von dem Gotte geschenkt, zurück. Das ist das Grandiose in dieser Rückgabe des Isaak. (1. Mose 22, 1–19.) Damit ist aber auch angedeutet, daß auf der einen Seite die spirituelle Strömung liegt, die uns in der Verklärungsszene in Moses imaginiert wird, alles das, was nun gerade durch das Instrument des jüdischen Volkes heranströmen soll zu der Tat des Mysteriums von Golgatha. Was wird uns in Elias imaginiert? Es wird da getreulich in Zusammenhang gebracht, wie die Gesamtheit der Gottesoffenbarung, die im jüdischen Volke lebt, sich vereint mit dem, was durch das Mysterium von Golgatha geschieht. Es wird im 4. Buch Mose im 25. Kapitel dargestellt, wie Israel zum Götzendienst verführt wird, aber durch einen Mann gerettet wird. Durch die Entschlossenheit eines Mannes geschieht es, daß die Israeliten, das althebräische Volk, nicht völlig damals zum Götzendienst getrieben werden. Wer ist dieser Mann? Er ist derjenige, von dem uns in diesem 4. Buch Mose erzählt wird, daß er die Kraft hatte, hinzutreten vor das althebräische Volk, das dem Götzendienst der umliegenden Völker zu verfallen drohte, und einzutreten für den Gott, der durch Moses geoffenbart worden ist; eine starke Seele. Dieses Eintreten für den Gott wird gewöhnlich in der deutschen Sprache übersetzt mit «eifern»; es ist aber dieses Eifern nicht im schlimmen Sinne gedacht, sondern es heißt einfach «sich kraftvoll einsetzen». Da lesen wir 4. Mose 25, 10–12:

«Und der Herr redete mit Moses und sprach:
Pinehas, der Sohn Eleasars, des Sohnes Aarons, des Priesters, hat meinen Grimm von den Kindern Israel gewendet durch seinen Eifer

um mich, daß ich nicht in meinem Eifer die Kinder Israel vertilgte. Darum sage: Siehe, ich gebe ihm meinen Bund des Friedens.»

Das sprach Jahve zu Moses. Wir haben auch nach der althebräischen Geheimlehre gerade in dieser Stelle etwas außerordentlich Bedeutsames zu sehen. Und die neuere okkulte Forschung bestätigt das. Wir wissen, daß von Aaron heruntergeht die Reihenfolge derjenigen, welche das Hohepriestertum des alten Israel darstellen, in denen also fortlebt die Essenz dessen, was durch das jüdische Volk der Menschheit gegeben war. An der Stelle der Weltgeschichte, auf die dort hingedeutet wurde, wird auch nach der althebräischen Geheimlehre und nach der neueren okkulten Forschung auf nichts Geringeres hingedeutet, als daß Jahve dem Moses mitteilte, daß er in Pinehas, dem Sohn des Eleasar, dem Sohn des Aaron, also in dem Enkel des Aaron, einen besonderen Priester, der für ihn eintritt, der mit ihm verbunden ist, dem althebräischen Volke übergibt. Und diese Geheimlehre und die neuere okkulte Forschung sagen da, daß in des Pinehas Leibe dieselbe Seele lebte, die später in Elias vorhanden war. Damit haben wir eine fortlaufende Linie, die wir ja für gewisse Punkte schon bezeichnet haben. In dem Enkel des Aaron haben wir die Seele, auf die es uns ankommt; da wirkt sie, in Pinehas. Wir haben sie dann wieder in Elias-Naboth, dann in Johannes dem Täufer, und wir wissen ja, wie sie darnach ihren weiteren Weg durch die Menschheitsevolution macht. – Diese Seele wird uns imaginiert auf der einen Seite, auf der anderen Seite die Seele des Moses selber.

So haben wir bei der Verklärung, bei der Verwandlung auf dem Berge wahrhaftig das vor uns, was da zusammenströmt. Es strömt die Spiritualität der ganzen Erdenentwickelung zusammen, das, was durch das jüdische Blut heraufströmt in seiner Essenz im Levitentum. Denn es steht die Seele des Pinehas, des Sohnes Eleasars, des Sohnes Aarons vor uns, es steht Moses vor uns, und es steht der Vollbringer des Mysteriums von Golgatha vor uns. Wie die Kräfte, wie die spirituellen Strömungen zusammenflossen, das sollte in imaginativer Erkenntnis vor die drei einzuweihenden Jünger Petrus, Jakobus und Johannes treten. Und wenn gestern von mir versucht worden ist, etwas darzustellen wie einen Ruf, der gleichsam von Griechenland hinübertönt nach Palästina, und den Ruf, der als Antwort zurücktönt, so ist das doch etwas mehr noch gewesen wie eine bloße, eine bildliche Ausmalung der Tatsachen. Es sollte vorbereiten auf das große welthistorische Gespräch, das nun wirklich stattgefunden hat. Die Jünger Petrus, Jakobus und Johannes sollten eingeweiht werden in dasjenige, was diese drei Seelen, von denen die eine dem alttestamentlichen Volke angehört, die andere vieles in sich trägt, wie wir dies von der Moses-Seele wissen, während die dritte als kosmische Gottheit sich mit der Erde verbindet, zusammen zu konferieren hatten. Das sollten die Jünger schauen.

Wir wissen, daß es nicht sogleich in ihr Herz einziehen konnte, daß sie nicht sogleich die Sätze verstanden. Aber so geht es mit vielem, was man auf okkultem Felde erlebt. Man erlebt es imaginativ, versteht es nicht und lernt es oft erst in den folgenden Inkarnationen verstehen, versteht es dann aber um so besser, je mehr sich unser eigenes Verständnis demjenigen anpaßt, was man zuerst geschaut hat. Aber fühlen können wir: oben die drei Weltenmächte auf dem Berge, unten die Drei, die eingeweiht werden sollen in diese großen kosmischen Geheimnisse. Aus all diesen Dingen darf sich für unsere Seele die Empfindung ergeben, wie das Evangelium, wenn wir es richtig verstehen, wenn wir namentlich auch die dramatischen Steigerungen, die künstlerische Komposition, die überall ein Ausdruck von okkulten Tatsachen ist, richtig auf uns wirken lassen, doch hinweist auf den großen Umschwung, der zur Zeit des Mysteriums von Golgatha eingetreten ist.

Das Evangelium spricht, wenn es durch die okkulte Forschung erklärt werden kann, eine recht, recht deutliche Sprache. Und es wird sich darum handeln, daß die Menschen immer mehr und mehr verstehen lernen, daß man bei den einzelnen Punkten des Evangeliums wirklich immer wissen muß, worauf es ankommt, was gerade besonders an der einen oder anderen Stelle wichtig ist; dann trifft man erst den Punkt, der für das eine oder andere Gleichnis, für die eine oder andere Erzählung der besonders wichtige ist. Es ist kurios, daß gegenüber den wichtigsten Dingen der Evangelien die gebräuchlichen theologischen oder philosophischen Erklärungen immer eigentlich von dem merkwürdigen Gesichtspunkte ausgehen, von dem ein Mensch ausgehen

würde, der das Pferd nicht so vor den Wagen stellt, wie man gewöhnlich die Pferde vor den Wagen stellt, sondern umgekehrt, was man in
der trivialen Sprache nennt «das Pferd beim Schwanz aufzäumen».
Das findet in der Tat bei vielen Erklärern und Kommentatoren statt;
man merkt nicht, worauf es ankommt.

Weil es in dem Fortgange unserer Betrachtungen sehr bedeutsam ist,
sei jetzt gleich auf eine Stelle aufmerksam gemacht, welche Sie im vierzehnten Kapitel des Markus-Evangeliums finden.

«Und da er in Bethanien war, im Hause Simons des Aussätzigen,
kam eine Frau, wie er zu Tische saß, mit einer Alabasterflasche ech-
ter kostbarer Nardensalbe, schlug die Flasche auf und goß es ihm
über das Haupt.

Es waren aber etliche da, die unter sich zankten und sprachen:
Wozu das, diese Salbe zu vergeuden?

Hätte man doch diese Salbe verkaufen können um mehr als dreihundert Denare und es den Armen geben. Und sie fuhren sie an.

Jesus aber sagte: Lasset sie! Was beschwert ihr sie? Sie hat ein gutes Werk an mir getan.

Denn die Armen habt ihr allezeit bei euch und könnet ihnen allezeit Gutes tun, wann ihr wollt; mich aber habt ihr nicht allezeit.

Sie hat getan, was sie vermochte; sie hat meinen Leib zum voraus
gesalbt zum Begräbnis.

Wahrlich aber, ich sage euch: Wo in aller Welt das Evangelium
verkündigt wird, wird auch von ihrer Tat geredet werden zu ihrem
Gedächtnis.» (14, 3-9.)

Es wäre nur richtig, wenn man immer gestehen würde, daß eine solche Stelle etwas recht Auffallendes hat. Und die meisten Menschen sollten sich, wenn sie ehrlich sind, gestehen, daß sie sympathisieren müß-
ten mit denen, die da zanken, daß die Salbe vertrödelt worden ist, daß
es doch recht unnötig ist, sie jemandem über den Kopf zu gießen. Die
meisten werden wirklich glauben, daß es besser gewesen wäre, die Salbe
für dreihundert Denare zu verkaufen und das Geld den Armen zu geben. Und wenn sie ehrlich sind, werden sie es vielleicht hart finden von
dem Christus, daß er sagt: Gescheiter ist es, sie gewähren zu lassen, als

die dreihundert Denare, die man bekommt, wenn man die Salbe verkaufen würde, den Armen zu geben. – Da muß man sich sagen: Es müssen doch gewisse Dinge dahinterstecken, wenn man nicht eigentlich durch die ganze Erzählung abgeschreckt werden soll. Das Evangelium tut noch etwas mehr; es ist gar nicht einmal höflich an dieser Stelle. Denn wenn sich eine Anzahl Menschen finden, die sich gestehen, daß es besser gewesen wäre, die dreihundert Denare, die man für die Salbe bekommen könnte, den Armen zu geben, so will das Evangelium sagen, daß die, welche das meinen, ähnlich denken wie ein gewisser anderer. Denn es fährt fort:

«Wo in aller Welt das Evangelium verkündet wird, wird auch von ihrer Tat geredet werden zu ihrem Gedächtnis.
Und Judas Iskarioth, einer von den Zwölfen, ging hin zu den Hohenpriestern, ihn an dieselben auszuliefern.
Sie aber freuten sich, wie sie es hörten, und versprachen ihm Geld zu geben. Und er suchte, wie er ihn bei guter Gelegenheit ausliefern möge.» (14, 9–11.)

Weil nämlich Judas Iskarioth besonderen Anstoß nahm an dem Vergießen der Salbe! Es werden die, welche Anstoß nahmen an dem Vergießen der Salbe, dem Beispiele des Judas Iskarioth beigesellt. Das Evangelium ist also gar nicht einmal höflich, denn es läßt ganz deutlich merken, daß die, welche an dem Vergießen der Salbe Anstoß nahmen, ebenso sind wie der Judas Iskarioth, der nachher den Herrn für dreißig Silberlinge verkaufte, indem es sagen will: Seht ihr, so sind die Menschen, welche die Salbe für dreihundert Denare verkaufen wollen; denn der Judas hängt am Geld. Das Evangelium sollte gar nicht in irgendeiner Weise beschönigt werden, denn das Beschönigen verhindert die objektive, richtige Erklärung. Man muß den Punkt finden, worauf es ankommt. Und wir werden noch mehr Beispiele finden, die uns zeigen, daß das Evangelium sich sogar daran hält, Nebenpunkte auch zuweilen in etwas anstößiger Weise zu geben, wenn der Hauptpunkt in besonders klares Licht gerückt werden soll.

Worauf kommt es hier an dieser Stelle an? Darauf, daß das Evangelium sagen will: Nicht bloß das Sinnensein ist es, auf das der Mensch zu sehen hat, nicht bloß das ist es, was im Sinnensein Wert und Bedeutung haben kann, sondern die übersinnliche Welt ist es, die der Mensch vor allen Dingen in sich hereinnehmen soll; und wichtig ist es auch, auf dasjenige zu sehen, was im Sinnensein keine Bedeutung mehr hat. Der Leib des Christus Jesus, dessen Salbung vor dem Begräbnis hier von der Frau nur vorausgenommen wird, hat keine Bedeutung, wenn er entseelt ist; aber man soll für das etwas tun, was jenseits des Sinnenseins Wert und Bedeutung hat. Das soll besonders stark herausgehoben werden. Daher wird zu diesem Herausheben gerade etwas verwendet, worauf selbst das natürliche Menschenbewußtsein glaubt den allergrößten Wert legen zu müssen im Sinnensein.

Daß man dem Sinnensein zuweilen etwas entziehen muß, um es dem Geist zu geben, dem zu geben, wohinein das Ich einrückt, wenn es leibbefreit ist, dafür wählt hier das Evangelium ein besonderes Beispiel. Es wählt gerade hier ein recht pietätlos scheinendes: daß den Armen entzogen wird, was dem Geiste gegeben, was dem Ich gegeben wird, wenn es leibbefreit ist. Es sieht nicht auf das, was das irdische Dasein wert macht, sondern auf das, was in das Ich hineinkommen kann und von dem Ich ausstrahlen kann. Das wird hier in besonders kräftiger Weise hingestellt. Daher wird es in Verbindung gebracht mit dem Judas Iskarioth, der den Verrat begeht, weil er sein Herz besonders hingedrängt fühlt zu dem Sinnensein, weil er sich unter diejenigen mischt, welche das Evangelium hier in wenig höflicher Form als die rechten Banausen bezeichnet, trotzdem es stark ist, worauf hier hingedeutet wird. Dem Judas ist es nur um das zu tun, was im Sinnensein Bedeutung hat, wie diejenigen, welche glauben, daß das, was man für die dreihundert Denare bekommen kann, mehr Bedeutung hat als das, was über das Sinnensein hinausgeht.

Überall muß hingewiesen werden nicht auf das Nebensächliche, sondern auf die Hauptsache. Überall wird das Evangelium erkannt werden, wenn der Wert des Spirituellen erkannt werden wird. Wo man das Spirituelle richtig erkennt, da wird dieses Beispiel als zutreffend erkannt werden. Deshalb wird man überall reden vom Verschwenden der Salbe als von etwas, das seine Bedeutung hat, da, wo man den Wert des Übersinnlichen für das Ich hervorheben will.

Eine besondere Stelle, wobei man wieder das Methodisch-Künstlerische kennenlernen kann, was das Evangelium an okkulten Tatsachen der Menschheitsevolution birgt, ist die folgende, die wieder eine Art von Crux für die Erklärer ist.

«Und am folgenden Tage, als sie von Bethanien ausgezogen, hungerte ihn.

Und er sah von weitem einen Feigenbaum, der Blätter hatte, und trat herzu, ob er etwas auf demselben finde. Und wie er hinkam, fand er nichts als Blätter; denn es war nicht die Zeit der Feigen.

Und er hob an und sprach zu ihm: Nie mehr in Ewigkeit soll jemand von dir Frucht essen! Und seine Jünger hörten es.» (11, 12–14.)

Nun sollte doch jeder ehrlicherweise fragen: Ist es denn nach dem Evangelium nicht doch sonderbar von einem Gotte, daß er auf einen Feigenbaum losgeht, Feigen sucht, aber keine findet, daß man noch dazu den Grund angibt, warum er keine gefunden hat – denn es heißt ausdrücklich «es war nicht die Zeit der Feigen», das heißt also, daß er zur Zeit, da es keine Feigen gibt, zum Feigenbaume hingeht, Feigen sucht und keine findet –, und nachher sagt: «Nie mehr in Ewigkeit soll jemand von dir Frucht essen!»? Nun nehmen Sie die Erklärungen, die zu dieser Geschichte gewöhnlich gegeben werden, während trocken und nüchtern nichts anderes dasteht, als daß in sonderbarer Weise der Christus Jesus Hunger verspürt, zu einem Feigenbaume geht in einer Zeit, in welcher keine Feigen wachsen, keine Feigen findet und den Baum dann verflucht, daß in alle Ewigkeit keine Feigen mehr auf ihm wachsen sollen. Ja, was ist denn dann der Feigenbaum, und warum wird das Ganze hier erzählt? Wer okkulte Schriften lesen kann, wird in dem «Feigenbaume» – wie der Zusammenhang im Evangelium ist, werden wir noch sehen – zunächst dasselbe erkennen, wovon bei dem Buddha gesprochen wird, der unter dem «Bodhibaume» saß und die Erleuchtung zu der Predigt von Benares empfing. Unter dem «Bodhibaume» – das heißt auch: unter dem «Feigenbaume». Weltgeschichtlich war zur Zeit des Buddha in bezug auf das menschliche Hellsehen noch die «Zeit der Feigen», das heißt, man bekam, wie es bei Buddha der Fall war, unter dem Bodhibaume – unter dem Feigenbaume – die Erleuchtung. Jetzt war das nicht mehr so. Das sollten die Jünger lernen. Jetzt war die weltgeschichtliche Tatsache eingetreten, daß nicht mehr an jenem Baume, unter dem der Buddha die Erleuchtung empfangen hat, die Früchte da waren.

Und was in der ganzen Menschheit geschah, das spiegelte sich dazumal in der Seele des Christus. Sehen wir einen Repräsentanten der Menschheit in Empedokles von Sizilien, einen Repräsentanten für viele Menschen, die ähnlich hungerten, weil ihre Seele nicht mehr fand die Offenbarung, die ihr früher gegeben war und sich jetzt mit den Abstraktionen des Ich begnügen mußte, so kann man von dem hungernden Empedokles sprechen, kann sprechen von dem Hunger nach dem Geist, den alle Menschen der heranrückenden Zeit fühlten. Und der ganze Hunger der Menschheit lud sich ab in der Seele des Christus Jesus, bevor heranrückte das Mysterium von Golgatha.

Und die Jünger sollten teilnehmen an diesem Geheimnis und davon wissen. Der Christus führt sie hin zu dem Feigenbaum und sagt ihnen das Geheimnis von dem Bodhibaum. Er ließ aus, weil es bedeutungslos war, daß noch der Buddha die Früchte dieses Feigenbaumes gefunden hat. Aber jetzt war nicht mehr die Zeit der «Feigen», die Buddha zur Zeit der Predigt von Benares von dem Bodhibaume gehabt hat; sondern konstatieren mußte der Christus, daß bis in alle Ewigkeit an dem Baume, von dem heruntergeflossen ist das Licht von Benares, nicht mehr die Erkenntnisfrüchte reifen werden, sondern daß sie jetzt kommen werden von dem Mysterium von Golgatha.

Welche Tatsache haben wir vor uns? Die Tatsache, daß der Christus Jesus mit seinen Jüngern von Bethanien nach Jerusalem geht und daß bei dieser Gelegenheit in den Jüngern eine besonders starke Empfindung, eine besonders starke Kraft hervorgerufen wird, welche in den Seelen der Jünger hellseherische Kräfte hervorruft, so daß sie besonders zur Imagination geneigt sind. In den Jüngern werden hellseherische, imaginative Kräfte erweckt. Sie sehen hellseherisch den Bodhibaum, den Feigenbaum, und der Christus Jesus bewirkt in ihnen die Erkenntnis, daß von dem Bodhibaume nicht mehr die Früchte der Erkenntnis kommen können; denn es ist nicht mehr die Zeit der Feigen, das heißt der alten Erkenntnis. In alle Ewigkeit wird dieser Baum verdorrt sein, und ein neuer Baum muß erwachsen, der Baum, der aus dem toten Holze des Kreuzes besteht, und an dem nicht die Früchte reifen der alten Erkenntnis, sondern die Früchte, die der Menschheit aus dem Mysterium von Golgatha reifen können, das mit dem Kreuze von Golgatha als einem neuen Sinnbild verbunden ist. Hingestellt hat sich an die Stelle jener Szene der Weltgeschichte, die wir sehen in dem Sitzen des Buddha unter dem Bodhibaum, das Bild von Golgatha, wo ein anderer Baum, der Baum des Kreuzes, erhöht ist, an dem die lebendige Frucht des sich offenbarenden Menschengottes hing, damit von ihm ausstrahle die neue Erkenntnis des sich nun weiter ausbilden-den Baumes, der in alle Ewigkeit die Früchte tragen soll.

Wiederholt wurde in diesen Vorträgen darauf hingewiesen, daß ein
gewisser Umschwung in dem Verhältnis der Menschen zu den Evangelien gegen die Zukunft hin dadurch eintreten werde, daß das tief
Künstlerische, das Künstlerisch-Kompositionelle in diesen Evangelien gesehen werden wird und daß man die okkulten Hintergründe,
die in den Evangelien dargestellten weltgeschichtlichen Impulse erst
dann im richtigen Licht sehen wird, wenn man auf das Künstlerisch-
Kompositionelle der Evangelien eingehen wird. Im Grunde genommen stellt sich auch in dieser Beziehung die Evangelienliteratur und
die Evangelienkunst in den ganzen historischen Evolutionsgang der
Menschheit in derselben Weise hinein, wie wir das für mancherlei
Punkte in diesen Tagen andeuten konnten.

Wir haben hingewiesen auf jene einsamen Gestalten im Griechentum, die so recht in ihrer Seele das Verglimmen, das allmähliche Ver-
schwinden des alten hellseherischen Schauens fühlten und dafür dasjenige eintauschen mußten, aus dem sich herauszuarbeiten hat das Ich
des Menschen, das gegenwärtige Bewußtsein, die abstrakte Begriff-
lichkeit, die abstrakten Vorstellungen. Wir können auf etwas anderes
noch hinweisen, was in gewisser Weise gerade innerhalb der griechischen Kultur etwas zeigt wie eine Art Abschluß der Menschheitskultur, wie einen Punkt, bis zu dem hin diese Menschheitskultur gegangen ist, um von einem anderen Punkt aus weiter angefeuert zu werden.
Das ist die griechische Kunst. Woher rührt es denn, daß nicht nur zur
Zeit der Renaissance in Europa die Menschen sozusagen das Land der
Griechen, das heißt das Land der Schönheit, mit der Seele suchten,
in der wunderbaren Ausgestaltung der menschlichen Form ein Ideal
menschlicher Entwickelung sahen, sondern daß auch noch in der modernen klassischen Zeit Geister wie *Goethe* ebenso dieses Land der
Griechen, das heißt das Land der schönen Form, mit der Seele suchten? Das rührt davon her, daß in Griechenland tatsächlich die Schönheit, die im unmittelbaren Anblick in der äußeren Form spricht, einen

gewissen Abschluß, einen Abschluß in einem gewissen Höhepunkt gefunden hat.

Das innere Geschlossensein in der Form ist es, was uns in der griechischen Schönheit, in der griechischen Kunst entgegentritt. Dem Kompositionellen des griechischen Kunstwerkes sieht man gleich unbedingt das an, was durch diese Komposition gegeben sein soll. Es tritt vor das Auge hin, es ist völlig im Sinnensein da. Darin liegt das Große der griechischen Kunst, daß sie so ganz herausgetreten ist in die äußere Erscheinung. Man möchte sagen, darin zeigt nun auch die Evangelienkunst einen neuen Anfang, einen Anfang, der bis heute keineswegs in erheblichem Maße verstanden worden ist. Es ist innere Komposition, inneres Verschlungensein der künstlerischen Fäden, die zugleich die okkulten Fäden sind, insbesondere auch in den Evangelien darinnen. Daher kommt es so auf das an, was wir gestern betonten, daß man überall eigentlich den Punkt sieht, der bei irgendeiner Darstellung, bei irgendeiner Erzählung ins Auge gefaßt wird.

Gerade im Markus-Evangelium kommt, weniger durch den Wortlaut als durch den ganzen Ton der Darstellung, das heraus, daß der Christus hingestellt wird als eine kosmische, als eine zugleich irdische und überirdische Erscheinung und das Mysterium von Golgatha als eine zugleich irdische und überirdische Tatsache. Aber noch etwas anderes wird betont, und hier tritt das fein Künstlerische gegen das Ende des Markus-Evangeliums uns besonders entgegen. Es wird betont: Da leuchtete herein ein kosmischer Impuls in die Erdenangelegenheiten. Er leuchtete herein. An den Erdenwesen, an den Erdenmenschen war es, diesem Impuls Verständnis entgegenzubringen. Vielleicht nirgends so sehr als im Markus-Evangelium wird angedeutet, wie zum Verständnisse dessen, was da aus dem Kosmos in das Erdendasein hereinleuchtete, im Grunde genommen der ganze Rest der Erdenevolution notwendig ist, wie dieses Verständnis keineswegs möglich war in der Zeit, in welcher das Mysterium von Golgatha unmittelbar stattgefunden hat. Und diese Tatsache des dazumal noch nicht vorhandenen Verständnisses, die Tatsache, daß das Verständnis damals erst einen ersten Anstoß erhalten hat und nach und nach sich erst ergeben kann in der weiteren Fortentwickelung der Menschheit, dies wird nun gerade im Künstlerisch-Kompositionellen des Markus-Evangeliums in einer ganz wunderbaren Weise dargestellt. Wir werden dieses fein Künstlerisch-Kompositionelle verspüren, wenn wir fragen, wie sich das Verständnis arten konnte, wie das Verständnis engegengebracht werden konnte dem Mysterium von Golgatha in der damaligen Zeit.

Im wesentlichen war ein dreifaches Verständnis möglich. Von drei Faktoren konnte das Verständnis ausgehen: Erstens von denjenigen, welche die nächsten, die auserwählten Jünger des Christus Jesus waren; sie treten uns ja im Evangelium überall als die entgegen, welche der Herr selber auserwählt hat und denen er manches anvertraut hat zum höheren Verständnisse des Daseins. Von ihnen also dürfen wir das höchste Verständnis des Mysteriums von Golgatha erwarten. Welches Verständnis dürfen wir von ihnen erwarten? Das ist fein hineinkomponiert in das Markus-Evangelium, je mehr wir gegen das Ende zu kommen. Daß diese auserwählten Jünger ein höheres Verständnis haben konnten als die Führer des alttestamentlichen Volkes, wird uns sehr klar angedeutet, wenn wir überall den Punkt aufsuchen, auf den es ankommt.

Da finden Sie ein Gespräch, das der Christus Jesus zu führen hat mit den Sadduzäern (12, 18–27). Dieses Gespräch handelt zunächst über die Unsterblichkeit der Seele. Wenn man das Evangelium oberflächlich nimmt, wird man auch nicht leicht darauf kommen, warum gerade da dieses Gespräch mit den Sadduzäern steht, dieses Gespräch über die Unsterblichkeit, und dann die sonderbare Rede der Sadduzäer, die da sagen: Es könnte vorkommen, daß von sieben Brüdern der eine eine Frau geheiratet hat, er stirbt aber, und dieselbe Frau heiratet der zweite; nachdem der zweite auch gestorben ist, heiratet sie der dritte und so die andern auch, und sie selbst stirbt erst, nachdem der siebente gestorben ist. Und da verstanden die Sadduzäer nicht, wie sich, wenn es eine Unsterblichkeit gibt, diese sieben Männer zu der einen Frau verhalten sollen im geistigen Leben. Es ist das der bekannte Sadduzäer Einwand, der, wie vielleicht einige von Ihnen wissen, nicht nur zur Zeit des Mysteriums von Golgatha gemacht worden ist, sondern sich auch noch in manchem modernen Buche als ein Einwand gegen die Unsterblichkeit findet, ein Beweis dafür, daß auch heute in den Kreisen derer, die solche Bücher schreiben, noch nicht das volle Verständnis der Sache vorhanden ist. Warum aber dieses Gespräch? Wenn wir darauf eingehen, zeigt sich uns gerade aus der Antwort, die der Christus Jesus gibt, daß die Seelen nach dem Tode himmlisch werden und daß unter den Wesen der überirdischen Welt nicht gefreit wird, daß es also gar keinen Anstand hat, wenn diese Tatsache eintritt, welche die Sadduzäer anführen, und daß von ihnen auf ein Verhältnis hingedeutet wird, das im wesentlichen nur irdisch ist und keine Bedeutung hat für das Außerirdische. Mit anderen Worten: Der Christus Jesus spricht von außerirdischen Verhältnissen, die er hereinbringen will, soweit sie hereinzubringen sind für die Auffassung des außerirdischen Lebens.

Aber noch ein anderes Gespräch finden Sie, wenn Sie immer mehr gegen das Ende des Markus-Evangeliums kommen. Da wird der Christus Jesus gefragt über die Ehe (10, 1–12). Es wird darüber gesprochen zwischen dem Christus Jesus und den jüdischen Schriftgelehrten, wie es nach dem Gesetz des Moses möglich ist, die Frau mit einem Scheidebrief zu entlassen. Worauf kommt es da an, als der Christus Jesus antwortet: «Ja, dieses Gesetz hat Moses euch gegeben, weil eure Herzen hart sind, und ihr eine solche Einsetzung braucht»? Darauf kommt es an, daß er jetzt über alles ganz anders redet. Jetzt redet er so über die Zusammengehörigkeit von Mann und Weib, wie sie sich ausnimmt, bevor die menschliche Evolution vor der Verführung durch die luziferischen Mächte gestanden hat. Das heißt, er redet von etwas Kosmischem, von etwas Überirdischem; er lenkt die Sache auf etwas Überirdisches hin. Das ist es, worauf es ankommt, daß der Christus Jesus die Gespräche über das, was sich auf das Sinnensein bezieht, über die Verhältnisse des Sinnenseins, über die gewöhnliche irdische Evolution hinauslenkt. Das ist das Bedeutsame, daß er schon darin zeigt: er bringt überirdische, kosmische Verhältnisse mit seinem Erscheinen auf die Erde herunter und redet mit den Erdenwesen von diesen kosmischen Verhältnissen.

Von wem also dürfen wir hoffen oder könnten wir sozusagen fordern, daß die Reden des Christus Jesus von den kosmischen Verhältnissen am besten verstanden werden? Von denen, die er zunächst auserwählt hat als seine Jünger. Also wir können sagen, das erste Verständnis könnten wir so charakterisieren: Die auserwählten Jünger des Christus Jesus hätten das Mysterium von Golgatha so verstehen können, daß sie das Überirdische, das Kosmische dieser weltgeschichtlichen Tatsache aufzufassen vermochten. Das hätte man erwarten können von den Jüngern, die er auserwählt hat.

Ein zweites Verständnis, eine zweite Art des Verständnisses, das man erwarten könnte, wäre das gewesen, das da kommen konnte von den Führern des althebräischen Volkes, von den Hohenpriestern, von den Oberrichtern, von denen, welche die Schrift kennen, welche die geschichtliche Evolution des alttestamentlichen Volkes wissen. Was hätte man von diesen verlangen können? Das Evangelium zeigt klar: Ein Verständnis wird bei ihnen nicht beansprucht für das, was die kosmischen Verhältnisse des Christus Jesus sind, aber es wird ein Verständnis dafür erwartet, daß der Christus Jesus zu dem althebräischen Volke gekommen ist und mit seiner Individualität in das Blut dieses Volkes hineingeboren ist, daß er ein Sohn des Hauses David ist, daß er mit der Wesenheit dessen, was mit David in das jüdische Volk gekommen ist, innig verknüpft ist. Damit werden wir hingewiesen auf die zweite Art des Verständnisses, auf dieses geringere Verständnis. Daß der Christus Jesus eine Sendung hat, welche den Höhepunkt der Sendung des ganzen jüdischen Volkes bedeutet, das wird in einer wunderbaren Weise angedeutet gegen das Ende des Markus-Evangeliums, indem immer mehr und mehr darauf hingewiesen wird – sehen Sie, wie fein künstlerisch-kompositionell das auftritt –, daß wir es zu tun haben mit dem Sohne Davids. Während also von den Jüngern Verständnis verlangt wird für die Sendung des kosmischen Helden, wird von denen, die sich zu dem jüdischen Volke rechnen, das Verständnis dafür verlangt, daß der Abschluß der Sendung des David gekommen ist. Das ist das Zweite. Das jüdische Volk hätte verstehen sollen, daß ein Abschluß und eine neue Anfeuerung seiner eigenen Mission hätte kommen können.

Und woher sollte die dritte Art des Verständnisses kommen? Da wird nun wieder Geringeres verlangt. Es ist so merkwürdig, wie fein künstlerisch-kompositionell uns das im Markus-Evangelium entgegentritt. Es wird wieder Geringeres verlangt, und dieses Geringere wird verlangt von den Römern. Lesen Sie gegen Ende des Markus-Evangeliums, da, wo von den Hohenpriestern der Christus Jesus an die Römer ausgeliefert wird, was da geschieht. – Ich spreche jetzt immer nur von dem Markus-Evangelium. – Die Hohenpriester noch fragen den Christus Jesus, ob er von dem Christus sprechen will, ob er sich als den Christus bekennen will, woran sie Anstoß nehmen würden, weil er dann von seiner kosmischen Sendung sprechen würde, oder ob er davon sprechen will, daß er ein Sproß aus Davids Geschlecht sei. Woran nimmt Pilatus, der Römer, Anstoß? Nur daran, daß er sich ausgegeben haben soll als den «König der Juden» (15, 1–15). – Die Juden sollten verstehen, daß er einen Höhepunkt ihrer eigenen Entwickelung darstellt. Die Römer sollten verstehen, daß er etwas bedeutet innerhalb der Entwickelung des jüdischen Volkes, nicht einen Höhepunkt, sondern nur etwas, was eine Führerrolle sein kann. Wenn die Römer das verstanden hätten, was wäre dann gekommen? Nichts anderes als das, was ohnehin gekommen ist, nur haben sie es nicht verstanden. Wir wissen, daß das Judentum sich ausgebreitet hat, indem es sich auf dem Umwege über Alexandrien über die westliche Welt ausgebreitet hat. Daß jetzt der welthistorische Zeitpunkt gekommen war für die Ausbreitung der jüdischen Bildung, dafür hätten die Römer Verständnis zeigen können. Das ist wieder weniger als das, was die Schriftgelehrten verstehen sollten. Die Römer hätten nur die Bedeutung der Juden als eines Teils der Welt verstehen sollen. Daß sie es nicht verstanden – was eine Aufgabe der Zeit gewesen wäre –, das wird darin angedeutet, daß Pilatus nichts davon versteht, daß der Christus Jesus aufgefaßt wird als der König der Juden, sondern es im Grunde genommen überhaupt als eine harmlose Sache bezeichnet, daß er als ein König der Juden hingestellt wird.

So hätte ein dreifaches Verständnis für die Sendung des Christus Jesus erwartet werden können: erstens das Verständnis, das die auserwählten Jünger haben konnten für das kosmische Element des Christus, zweitens das Verständnis, das die Juden haben sollten für das, was sich ausbreitet im jüdischen Volke selber, und drittens das Verständnis, das die Römer haben sollten für das jüdische Volk, wie die

Juden aufhörten, sich bloß über Palästina auszubreiten, und wie sie anfingen, sich über ein größeres Stück der Erde auszubreiten.

Das ist hineingeheimnißt in das Künstlerisch-Kompositionelle insbesondere des Markus-Evangeliums. Und auch die Antworten werden uns auf alle drei Dinge gegeben, werden ganz klar gegeben.

Die erste Frage muß sein: Sind die Apostel, die auserwählten Jünger, ihrem Maße des Verständnisses gewachsen gewesen? Haben sie den Christus Jesus erkannt als den kosmischen Geist? Haben sie erkannt, daß da unter ihnen einer war, der nicht bloß das war, was er als Mensch vor ihnen bedeutete, sondern der umhüllt war von einer Aura, durch die kosmische Kräfte und kosmische Gesetze auf die Erde hereinkamen? Haben sie es verstanden?

Daß der Christus Jesus von ihnen dieses Verständnis forderte, wird deutlich im Evangelium angedeutet. Denn als die beiden Jünger, die Söhne des Zebedäus, kamen und verlangten, es solle einer von ihnen zu seiner Rechten und einer zu seiner Linken sitzen, da sagte er:

«Ihr wisset nicht, was ihr verlangt. Könnt ihr den Becher trinken, den ich trinke, oder euch mit der Taufe taufen lassen, mit der ich getauft werde?» (10, 38).

Die Jünger geloben es zunächst. Daß der Christus Jesus dies von ihnen verlangt, wird uns an dieser Stelle deutlich angedeutet. Was hätte nun geschehen können? Ein Zweifaches hätte geschehen können. Das eine wäre das gewesen, daß die auserwählten Jünger wirklich durch all das, was sich nun als das Mysterium von Golgatha vollzogen hat, mit hindurchgegangen wären, daß das Band zwischen den Jüngern und dem Christus bis zum Mysterium von Golgatha hin erhalten geblieben wäre. Das wäre das eine gewesen, was hätte geschehen können. Daß nicht dieses, sondern das andere geschehen ist, sehen wir insbesondere aus dem Markus-Evangelium ganz genau. Als der Christus Jesus gefangengenommen wird, fliehen alle, und Petrus, der gelobt hatte, an nichts Anstoß zu nehmen, verleugnet ihn dreimal, bevor der Hahn zweimal gekräht hat. Das ist die Darstellung von der Apostelseite aus. Wie aber ist die Darstellung, daß es nicht so gewesen ist, von der Seite des Christus selber aus?

Versetzen wir uns einmal mit aller Demut – denn so muß es sein – in die Seele des Christus Jesus, der bis zuletzt versucht, das Band, das gewoben war zu den Seelen der Apostel hin, aufrechtzuerhalten; versetzen wir uns, so gut wir es dürfen, in die Seele des Christus für den weiteren Verlauf des Geschehens. Da mochte sich wohl diese Seele die weltgeschichtliche Frage stellen: Kann ich es bewirken, daß sich die Seelen wenigstens der auserlesensten Jünger zu der Höhe erheben, um mit mir alles zu erleben, was bis zum Mysterium von Golgatha hin zu geschehen hat? Vor dieser Frage steht die Christus-Seele selber. Es ist ein grandioser Augenblick, wo Petrus, Jakobus und Johannes herausgeführt werden nach dem Ölberge und der Christus Jesus bei sich selber nachschauen will, ob er sie halten kann, die Auserwähltesten. Und auf dem Wege dahin wird er ängstlich. Ja, meine Freunde, glaubt jemand, oder darf jemand glauben, daß der Christus ängstlich geworden ist vor dem Tode, vor dem Mysterium von Golgatha, daß er das Blut auf dem Ölberge geschwitzt hat wegen des herannahenden Ereignisses von Golgatha? Das hieße wenig Verständnis sich erwerben für das Mysterium von Golgatha. Das mag theologisch sein, sinnvoll ist es nicht. Warum wird der Christus traurig? Er bebt nicht vor dem Kreuz. Das ist selbstverständlich. Er bebt zunächst davor: Werden die, welche ich da mitnehme, diesen Augenblick überstehen, in dem es sich entscheiden soll, ob sie mit mir in ihrer Seele gehen wollen, ob sie mit mir erleben wollen alles bis zum Kreuz? Daß ihr Bewußtseinszustand so wach bleibt, daß sie alles miterleben bis zum Kreuz, das soll sich entscheiden. Das ist der «Kelch», der sich ihm naht. Und er läßt sie allein, daß sie «wach» bleiben können, das heißt in einem Bewußtseinszustande, in welchem sie mit ihm erleben können, was er erleben soll. Dann geht er und betet: «Vater, laß diesen Kelch an mir vorübergehen, doch nicht mein, sondern dein Wille geschehe.» Das heißt: Laß mich nicht noch erfahren, daß ich ganz allein stehe als der Menschensohn, sondern daß die andern mitgehen. Und er kommt zurück, und sie schlafen. Sie haben nicht jenen Bewußtseinszustand erhalten können. Und er macht den Versuch wieder, und sie haben ihn auch wieder nicht erhalten. Und er macht ihn noch einmal, und sie haben ihn auch da wieder nicht erhalten. Daher war es für ihn klar, daß er nun dasteht allein, daß sie nicht mitmachen, was bis zum Kreuz hingeht. Der Kelch war nicht vorübergegangen! Er war zur einsamen, auch zur seeleneinsamen Vollbringung der Tat bestimmt.

Die Welt hatte wohl das Mysterium von Golgatha, aber zur Zeit, da es geschah, noch nicht das Verständnis für dieses Ereignis. Auch nicht die Auserlesensten und Auserwählten konnten sich so weit aufrechterhalten. Das über die erste Art des Verständnisses. Wie wunderbar künstlerisch kommt das zum Ausdruck, wenn man nur hinter dem, was in den Evangelien steckt, die eigentlichen okkulten Hintergründe zu fühlen versteht.

Nun fragen wir nach der zweiten Art des Verständnisses, fragen wir, wie die Führer der Juden verstanden haben den, der aus dem Geschlechte Davids als die Blüte der althebräischen Evolution auftreten sollte. Eine der ersten Stellen, wo wir darauf hingewiesen werden, welches Verständnis das althebräische Volk dem aus dem Geschlechte Davids Stammenden entgegenbrachte, finden wir im zehnten Kapitel des Markus-Evangeliums. Es ist die entscheidende Stelle, wo der Christus sich Jerusalem nähert und erkannt werden sollte von dem althebräischen Volke als der, welcher sich an David anschließt.

«Und sie kamen nach Jericho. Und da er aus Jericho herauszog mit seinen Jüngern und einer ansehnlichen Menge, saß der Sohn des Timäus, Bartimäus, ein Blinder, als Bettler an der Straße.

Und da er hörte, daß es Jesus der Nazarener sei, begann er zu rufen: Jesus, du Sohn Davids, erbarme dich meiner!

Und es schalten ihn viele, daß er schweige. Er aber rief um so lauter: Du Sohn Davids, erbarme dich meiner!» (10, 46–48.)

Ausdrücklich wird der Ruf des Blinden so charakterisiert, daß er ruft: «Du Sohn Davids». Er soll also nur zum Verständnisse des «Sohnes Davids» kommen.

«Und Jesus stand still und sagte: Ruft ihn herbei. Und sie riefen den Blinden und sagten zu ihm: Sei guten Mutes, stehe auf, er ruft dich.

Er aber warf seinen Mantel weg, sprang auf und kam zu Jesus.

Und Jesus redete ihn an: Was willst du, daß ich dir tun soll? Der Blinde aber sagte zu ihm: Rabbuni, daß ich sehend werde.

Und Jesus sagte zu ihm: Gehe hin, dein Glaube hat dir geholfen. Und alsbald ward er sehend und folgte ihm auf der Straße.» (10, 49–52.)

Das heißt: Nur der Glaube war es, den er verlangte. Darf man denn gar nicht nachdenken, warum mitten unter den anderen Erzählungen eine Heilung von einem Blinden angeführt wird? Warum steht sie so isoliert dort? Aus dem Kompositionellen des Evangeliums sollten die Leute etwas lernen. Gar nicht auf die Heilung kommt es an, sondern darauf, daß von allen nur ein einziger, der Blinde, mit aller Stärke ruft: «Jesus, du Sohn Davids!» Die Sehenden erkennen ihn nicht. Der Blinde, der ihn gar nicht physisch sieht, erkennt ihn. So daß hier gezeigt werden soll, wie blind die andern sind, und daß dieser erst hat blind werden müssen, um ihn zu schauen. Auf die Blindheit, nicht auf die Heilung kommt es an dieser Stelle an. Und wie wenig der Christus verstanden wird, zeigt sich auch zugleich.

Im weiteren Fortgang können Sie es überall finden, wie er davon spricht, daß das Kosmische sich hereinlebt in das menschliche Individuelle, wie er tatsächlich von dem Kosmischen spricht, indem er – und das ist wieder wichtig, daß das hier gerade in diesen Zusammenhang hineinkomponiert ist, wo der Christus als der «Sohn Davids» erscheinen soll – von der Unsterblichkeit spricht, daß der Gott ein Gott der Lebendigen und nicht der Toten ist, wie der Gott ein Gott Abrahams, Isaaks und Jakobs ist (12, 26–27), weil Abraham, Isaak und Jakob, jeder in dem Nachfolgenden, in anderen Formen weiterleben, weil der Gott in ihrer Individualität lebt. Aber noch stärker wird dies angedeutet da, wo er den Menschen darstellt, was in ihm schlummert und erweckt werden soll. Da wird gesagt, daß es sich nicht um den bloß physischen Sohn Davids handelt, denn David selbst spricht von dem «Herrn» und nicht von dem physischen Sohn (12, 35–37). Von dem «Herrn» in der Individualität des Menschen, von dem, was aus Davids Geschlecht erspießen soll, wird überall gesprochen, als zur Neige geht der Einfluß des kosmischen Christus.

Auf eine Stelle sei noch besonders hingewiesen – suchen Sie sie auf im Markus-Evangelium da, wo es gegen das Ende zu geht –, eine Stelle, über die man leicht hinweglesen kann, wenn man sie nicht versteht, eine Stelle, die erschütternd auf die Seele wirkt, wenn man sie versteht. Das ist da, wo davon die Rede ist, daß der Christus nun ausgeliefert ist an die weltlichen Mächte, verurteilt werden soll, und man nun Gründe sucht, um ihn zu verurteilen. Vorangegangen ist, daß geschildert wird, was er im Tempel gemacht hat, wo er die Wechsler herausgetrieben und die Tische umgestürzt hat, wo er gepredigt hat ganz besondere Worte, welche die Seelen vernommen haben. Deswegen ist nichts mit ihm geschehen. Er macht ausdrücklich darauf aufmerksam: Das alles habt ihr angehört, und jetzt, wo ich vor euch stehe, sucht ihr falsche Anklagen gegen mich, habt mich durch einen Verräter mit den gewöhnlichen Mitteln gefangengenommen, wie man einen Menschen hascht, der etwas Schweres begangen hat; während ihr nichts getan habt, als ich unter euch im Tempel gestanden habe. – Eine erschütternde Stelle! Denn wir werden hingeführt, zu verstehen, daß im Grunde genommen der Christus überall so wirkt, daß man nichts machen kann gegen ihn. Darf man da nicht nach dem «Warum» fragen? Er wirkt wirklich so, daß er im eminentesten Sinne darauf hinweist, welcher große Wendepunkt in der Weltenevolution eingetreten ist, indem er sagt: «Die Ersten werden die Letzten sein, und die Letzten werden die Ersten sein.» (9, 35.) Lehren, die, wenn man die Lehren und das Verständnis des Alten Testamentes ins Auge faßt, furchtbar sein mußten, die schleudert er ihnen entgegen. Da geschieht nichts. Nachher wird er bei Nacht und Nebel abgefangen, auf einen Verräter hin abgefangen, und man bekommt fast den Eindruck, daß es bei diesem Abfangen etwas wie eine Rauferei gab. Es ist etwas Erschütterndes, diese Stelle:

«Es hatte ihnen aber der Verräter ein Zeichen gegeben und gesagt: Den ich küssen werde, der ist es; den greifet und bringt ihn in Sicherheit.

Und da er kam, trat er alsbald zu ihm und sagte: Rabbi, Rabbi! und küßte ihn.

Sie aber legten Hand an ihn und griffen ihn.

Einer aber von denen, die dabeistanden, zog das Schwert und schlug nach dem Knecht des Hohenpriesters und hieb ihm das Ohr ab.

Und Jesus redete sie an: Wie gegen einen Mörder seid ihr ausgezogen mit Schwertern und Stöcken, mich gefangenzunehmen;

Täglich war ich bei euch im Tempel lehrend, und ihr habt mich nicht ergriffen; doch es müssen die Schriften erfüllt werden.» (14, 44–49.)

Was ist denn da eigentlich geschehen, daß sie ihn zunächst nicht eingefangen haben und dann nach Gründen suchen, um ihn wie einen Mörder einzufangen? Man versteht nur, was da geschehen ist, wenn man die Dinge in ihren okkulten Tiefen ins Auge faßt. Ich habe schon darauf hingewiesen, wie das Markus-Evangelium deutlich zeigt, daß in seinem Verlaufe okkulte Tatsachen, spirituelle Tatsachen mit rein physischen Tatsachen durcheinander geschildert werden. Und deutlich werden wir darauf hingewiesen, daß der Christus in seiner Wirkung nicht bloß beschränkt war auf die einzelne Persönlichkeit des Jesus von Nazareth, sondern wie er auf die Jünger wirkte exteriorisiert, außer dem physischen Leibe sie aufsuchte am See, wie er zu ihnen kam. So konnte er außer seinem physischen Leibe, während sich dieser vielleicht da oder dort aufhielt, alles, was er wirkte, was er als Impuls, als Geist ausstrahlte, in die Seelen der Jünger legen. Und wir werden im Markus-Evangelium besonders deutlich darauf hingewiesen, wie die Menschen das vernehmen, was er im exteriorisierten Zustande, außerhalb seines physischen Leibes, predigt und lehrt. In den Seelen lebt es. Die Seelen verstehen es nicht, aber die Seelen leben sich hinein. Es ist irdisch und überirdisch, in der Individualität des Christus und in der Menge.

Der Christus ist überall verbunden mit einer weithingehenden, wirksamen Aura. Diese wirksame Aura war dadurch da, daß er mit den Menschen, die er auserwählt hatte, in den Seelen verbunden war, und sie war so lange da, als er mit ihnen verbunden war. Der Kelch war nicht vorübergegangen. Die auserwählten Menschen hatten kein Verständnis gezeigt. Da zog sich allmählich die Aura von dem Menschen Jesus von Nazareth zurück, und immer fremder wurden einander der Christus und der Menschensohn, der Jesus von Nazareth. Immer mehr allein war der Jesus von Nazareth gegen das Ende des Lebens, und immer loser war der Christus mit ihm verknüpft, immer loser.

Während das kosmische Element, das bis zu dem Momente da war, der uns als das Blutschwitzen auf Gethsemane dargestellt wird, während der Christus bis zu diesem Momente voll mit dem Jesus von Nazareth verbunden war, wird jetzt durch das Unverständnis der Menschen dieser Zusammenhang gelockert. Und während früher der kosmische Christus im Tempel wirkte und die Händler heraustrieb, die gewaltigsten Lehren verbreitete und nichts geschah, konnten jetzt die Häscher heran, als der Jesus von Nazareth nur noch in einem losen Zusammenhange mit dem Christus stand. Das Kosmische sehen wir zwar noch vorhanden, aber immer weniger und weniger an den Menschensohn gebunden. Das macht die Sache so erschütternd. Und weil das dreifache Verständnis nicht da sein konnte, was hatten die Menschen deshalb zuletzt? Was konnten sie fangen, was verurteilen und was ans Kreuz schlagen? Den Menschensohn. Und je mehr sie das taten, desto mehr zog sich das kosmische Element, das als ein junger Impuls in das Erdenleben hereintrat, zurück. Es zog sich zurück. Und es blieb denen, die das Urteil sprachen und das Gericht vollzogen, der Menschensohn, den nur umschwebte, was als junges kosmisches Element auf die Erde herunter kommen sollte.

Kein Evangelium spricht davon, daß der Menschensohn nur blieb und daß das kosmische Element ihn nur umschwebte, als das Markus-Evangelium. Daher sehen wir in keinem anderen Evangelium in bezug auf das Christus-Ereignis als kosmische Tatsache so prägnant die Tatsache zum Ausdruck gebracht, daß in demselben Moment, da sich die Menschen in ihrem Unverstande menschlich an dem Menschensohne vergreifen, das kosmische Element ihnen entwich. Das junge kosmische Element, das von jener Zeitenwende an als ein Impuls der Erdenevolution eingefügt wurde, es entwich. Man hatte den Menschensohn. Das wird im Markus-Evangelium deutlich betont. Lesen wir noch einmal die Stelle und suchen wir, ob das Markus-Evangelium betont, wie das Kosmische hier gerade an dieser Stelle des Ereignisses sich zu dem Menschlichen verhält.

«Und Jesus redete sie an: Wie gegen einen Mörder seid ihr ausgezogen mit Schwertern und Stöcken, mich gefangenzunehmen;

täglich war ich bei euch im Tempel lehrend, und ihr habt mich nicht ergriffen; doch es müssen die Schriften erfüllt werden.

Und sie verließen ihn alle und nahmen die Flucht.» (14, 48–50.)

Er steht allein. Was ist es mit dem jungen kosmischen Element? Man denke sich diese Einsamkeit des Menschen, der von dem kosmischen Christus durchzogen war, jetzt den Häschern wie ein Mörder gegenüberstehend. Und die, welche ihn hätten verstehen sollen, fliehen. «Und sie verließen ihn alle und nahmen die Flucht», sagt der 50. Vers; und dann heißt es Vers 51 und 52:

«Und ein Jüngling war in seinem Gefolge, der ein feines Leinengewand auf dem bloßen Leib trug; und sie griffen ihn.

Er aber ließ das Leinengewand fahren und floh nackt.»

Wer ist der Jüngling? Wer entweicht da? Wer ist es, der da neben dem Christus Jesus erscheint, unbekleidet fast, und dann unbekleidet entschlüpft? Das ist der junge kosmische Impuls, das ist der Christus, der entschlüpft, der jetzt nur noch einen losen Zusammenhang mit dem Menschensohn hat. Es ruht viel in diesem 51. und 52. Vers. Er bewahrt nichts, der neue Impuls, von dem, was die alten Zeiten um den Menschen haben schlingen können. Er ist der ganz nackte, neue kosmische Impuls der Erdenevolution. Er bleibt bei dem Jesus von Nazareth. Und wir finden ihn wieder. Denn das 16. Kapitel beginnt damit:

«Und wie der Sabbath vorüber war, da kauften Maria von Magdala und Maria, des Jakobus Mutter, und Salome Gewürze, um hinzugehen und ihn einzusalben.

Und in der Morgenfrühe am ersten Wochentag kamen sie an das Grab, wie die Sonne aufging.

Und sie sprachen bei sich selbst: Wer wird uns den Stein von des Grabes Tür abwälzen?

Und da sie aufblickten, schauten sie, daß der Stein abgewälzt war; er war nämlich sehr groß.

Und da sie in das Grab eintraten, sahen sie einen Jüngling auf der rechten Seite sitzen, mit einem weißen Talar bekleidet; und sie schraken zusammen.

Er aber sagte zu ihnen: Erschrecket nicht. Ihr suchet Jesum den Nazarener, den Gekreuzigten; er ist auferstanden.» (16, 1–6.)

Das ist derselbe Jüngling. Nirgends sonst in der künstlerischen Komposition der Evangelien tritt dieser Jüngling uns entgegen, der den Menschen in dem Augenblick entschlüpft, da sie den Menschensohn verurteilen, der wieder da ist, als die drei Tage vorüber sind, und der von jetzt ab wirkt als das kosmische Prinzip der Erde. Nirgends sonst in den Evangelien – vergleichen Sie die anderen – als an diesen zwei Stellen tritt uns dieser Jüngling in so grandioser Weise entgegen. Da haben wir das, was wir brauchen, um zu verstehen, in welch tiefem Sinne gerade das Markus-Evangelium meint, daß man es mit einem kosmischen Ereignis zu tun habe, wie man es mit dem kosmischen Christus zu tun habe. Man begreift jetzt erst, wie darnach auch die andere künstlerische Komposition des Markus-Evangeliums sein mußte.

Es ist so merkwürdig, daß, nachdem dieses Bedeutsame, dieses zweimalige Erscheinen des Jünglings vor uns hingetreten ist, das Markus-Evangelium schnell schließt und nur noch sehr wenige markante Sätze hat. Denn man kann sich kaum denken, daß irgendein Folgendes noch eine Steigerung abgegeben hätte, eine Steigerung vielleicht des Erhabenen und Herrlichen, aber nicht des Erschütternden und des Bedeutsamen für die Erdenevolution, nachdem in diese Komposition des Markus-Evangeliums hineingelegt war der Monolog des Gottes, das kosmische Gespräch über der Erde, auf dem Berge, zu dem die drei Jünger gerufen werden, es aber nicht verstehen; dann Gethsemane, die Szene auf dem Ölberge, wo der Christus sich gestehen muß, daß die Auserwählten nicht finden können das Verständnis für das Bevorstehende; wie er allein hinzuschreiten hat, wie der Menschensohn leidet und gekreuzigt wird; dann die weltgeschichtliche Einsamkeit des Menschensohnes, der verlassen wird, verlassen wird von denen, die er auserwählt hat, verlassen wird von dem kosmischen Prinzip nach und nach. So daß wir, nachdem wir die Mission und die Bedeutung des Jünglings verstanden haben, der den Augen und den Händen der Menschen entschlüpft, in ganz besonders tiefer Weise die Worte verstehen: «Mein Gott, mein Gott, warum hast du mich verlassen?» (15, 34.) Dann das Wiedererscheinen des Jünglings; kurz dann angedeutet, wie der Jüngling ein Geistiges, ein Übersinnliches ist, das nur wegen der damaligen besonderen Umstände sinnlich anschaulich wird, wie er sich dann zuerst gezeigt hat der Maria von Magdala. Und «nachdem offenbarte er sich zweien von ihnen, die einen Gang machten, in anderer Gestalt, da sie über Feld gingen». (16, 12.) Das Physische hätte sich nicht in einer anderen Gestalt zeigen können.

Und dann geht es schnell zu Ende, hinweisend auf die Zukunft in bezug auf das, was damals nicht verstanden werden konnte, weil die Menschheit, die damals an ihrem tiefsten Punkt des Herabsteigens angekommen war, auf die Zukunft verwiesen werden mußte, indem dieses Auf-die-Zukunft-Verweisen so vorbereitet wird, daß wir auch darin das Künstlerisch-Kompositionelle voll würdigen können. Was können wir uns denn vorstellen als das, was wie ein Hinweis auf die Zukunft ausgeht von dem, der dieses dreifach mangelnde Verständnis geschaut hat, während er das Mysterium von Golgatha zu vollbringen hatte? Wir können uns vorstellen, daß er darauf hinweist, daß die Menschen, je mehr es in die Zukunft geht, immer mehr und mehr Verständnis werden gewinnen müssen für das, was damals geschehen ist.

Wir bringen nur das richtige Verständnis dem entgegen, wenn wir auf das blicken, was wir durch das markant sprechende Markus-Evangelium erfahren können, wenn wir uns also sagen: Ein jedes Zeitalter hat immer mehr Verständnis dem entgegenzubringen, was damals geschehen ist, was das Mysterium von Golgatha war. – Und deshalb glauben wir, daß wir mit dem, was wir hier unsere anthroposophische Bewegung nennen, in der Tat etwas erfüllen, worauf im Evangelium zunächst hingewiesen wird: ein neues Verständnis entgegenzubringen dem, was der Christus in der Welt wollte. Daß es aber schwer ist, dieses neue Verständnis, daß immerdar die Möglichkeit vorhanden ist, das Wesen des Christus mißzuverstehen, das deutet er schon selber an.

«Und hierauf, wenn man zu euch sagt: Siehe, hier ist der Christus! siehe, da ist er! so glaubet es nicht.

Es werden sich aber erheben falsche Christusse und falsche Propheten, und werden geben Zeichen und Wunder zur Verführung, wäre es möglich, selbst der Auserwählten.

Ihr aber sehet zu! Siehe, ich habe euch alles vorausgesagt» (13, 21–23).

Es war zu allen Zeiten in den Jahrhunderten seit dem Ereignis von Golgatha genugsam Gelegenheit, solche Worte sich zur Warnung sein zu lassen. Wer Ohren hat zu hören, der darf auch heute hören, wie uns von Golgatha herüber das Wort tönt: «Wenn alsdann euch jemand sagen wird: Siehe, hier ist der Christus! siehe, da ist er! so glaubet es nicht. Denn es werden falsche Christusse und falsche Propheten sich erheben und werden Zeichen und Wunder geben, um womöglich auch die Auserwählten irrezuführen.»

Wie dürfen wir uns zu dem Mysterium von Golgatha stellen? In den wenigen markanten Sätzen, die das Markus-Evangelium noch enthält, nachdem es so erschütternd zu uns gesprochen hat, findet sich auch der allerletzte Satz, wo von den Jüngern gesprochen wird, nachdem sie durch den Jüngling, den kosmischen Christus, einen neuen Impuls bekommen hatten, während sie früher so wenig Verständnis gezeigt hatten.

«Sie aber zogen aus und verkündigten überall, wobei der Herr mitwirkte und das Wort bekräftigte durch die begleitenden Zeichen.» (16, 20.)

Der Herr wirkte mit! So bekennt man im Sinne des Mysteriums von Golgatha. Nicht daß irgendwo der Herr verkörpert sein könnte im physischen Leibe, sondern da, wo er verstanden wird, da wirkt er auch mit aus den übersinnlichen Welten heraus, wenn in seinem Namen – nicht mit der Eitelkeit, ihn physisch vorzuführen – gewirkt wird und er geistig unter denen ist, die seinen Namen verstehen in Wahrheit. Richtig verstanden, spricht das Markus-Evangelium von dem Mysterium von Golgatha selber so, daß wir mit seinem richtigen Verständnisse auch die Möglichkeit einer richtigen Erfüllung des Mysteriums von Golgatha finden. Gerade in dem, was nur das Markus-Evangelium enthält, in dieser merkwürdigen Erzählung von dem Jüngling, der sich wie loslöst im entscheidenden Momente von dem Christus Jesus, sehen wir uns auch darauf hingewiesen, wie das Evangelium verstanden werden muß. Da sie flohen, die Auserwählten, so haben sie ja nicht alles mitgemacht, was sich nunmehr zutrug und was auch im Markus-Evangelium erzählt ist. Mitten in die Komposition wird wieder echt künstlerisch ein Stück hineingestellt; so klar wie nur irgend etwas wird da ein Stück hineingestellt, bei dem die Jünger nicht dabeigewesen sind, wo keiner ein Augenzeuge gewesen ist. Und doch wird alles erzählt. Diese Frage tritt noch vor uns hin, und wir werden versuchen, in die Beantwortung dieser Frage noch weiter einzudringen und dann auch ein Licht zu werfen auf das andere.

Woher stammt nun das andere, was die Jünger nicht gesehen haben? Die jüdischen Überlieferungen erzählen es ganz anders, als es hier in den Evangelien erzählt ist. Woher stammt – da doch mit Bezug auf die Wahrheit des Mysteriums von Golgatha die, welche darüber berichten, nicht dabei waren –, woher stammt die Kunde von dem, was keiner gesehen haben kann, der auf seiten der Fortpflanzer des Christentums stand?

Diese Frage wird uns noch tiefer in die Sache hineinführen.

Wir haben gestern gesehen, wie von dem gemeinsamen Zusammenleben der auserwählten Jünger des Christus Jesus mit diesem selbst ein Stück herausfällt im Markus-Evangelium. Und dementsprechend ist ja auch in den anderen Evangelien dieses deutlich angedeutet. Es haben also die Ereignisse, die da verfließen von der Auslieferung ab, also das Richten, Verurteilen und Kreuzigen des Christus Jesus gerade die ihm Nahestehenden nicht mitgemacht. Dieses ist wieder ein Zug im Evangelium, der mit großer Absichtlichkeit zum Ausdruck kommt. Es soll gewissermaßen dies zum Ausdruck kommen, wie der Weg der Menschen beschaffen sein soll zum Verständnisse des Mysteriums von Golgatha und wie die Menschen in der Folgezeit, das heißt also, nachdem das Mysterium von Golgatha sich vollzogen hat, zu dem Verständnisse dieses Mysteriums kommen können. Dieses Verständnis soll nämlich in einer ganz anderen Weise errungen werden als irgendein anderes Verständnis einer geschichtlichen Tatsache der Menschheitsevolution. Wie es sich damit verhält, das sehen wir am besten aus dem, was sich gerade in unserer Zeit am deutlichsten abgespielt hat.

Seit dem achtzehnten Jahrhundert wird von den verschiedensten Gesichtspunkten aus, man möchte sagen, für das moderne Bewußtsein eine Art Stütze des Glaubens an das Mysterium von Golgatha gesucht. Mannigfaltige Phasen hat dieses Suchen durchgemacht. Bis ins achtzehnte Jahrhundert herein ist im Grunde genommen wenig darnach gefragt worden, wie die historischen Dokumente – die historischen Dokumente in dem Sinne, wie man von solchen Dokumenten spricht – beschaffen sind, die das Dasein des Christus Jesus bekräftigen können. Es war zu sehr in den menschlichen Seelen, auf die es ankam, dasjenige lebendig, was als Wirkung von dem Mysterium von Golgatha ausgegangen war. Man hatte sozusagen zu deutlich gesehen, was als Wirkung durch die Jahrhunderte an den Namen des Christus Jesus sich anknüpfte, als daß man nötig gehabt hätte zu fragen: Bezeugt irgendein

Dokument, daß der Christus Jesus da war? Für die, welche überhaupt zu dem Christus Jesus sich bekannten, war sein Dasein eben ganz selbstverständlich, und ebenso selbstverständlich war – viel mehr, als man heute glaubt – das Festhalten an der zugleich menschlichen und zugleich übermenschlichen geistig-göttlichen Wesenheit des Christus Jesus.

Aber immer mehr und mehr kamen die materialistischen Zeiten herauf. Und damit trat das ein in der Menschheitsentwickelung, was notwendig mit der materialistischen Anschauung verknüpft ist. Diese Anschauung verträgt nicht den Hinblick darauf, daß im Menschen etwas lebt von einer höheren Individualität, verträgt überhaupt nicht, daß man durch die äußere Persönlichkeit auf ein Geistiges im Menschen zurückgehe. Wenn man materiell die Menschen anschaut – am radikalsten geschieht das in unserer Zeit –, so sehen sich doch die Menschen für ein materielles Anschauen gar sehr gleich. Alle gehen auf zwei Beinen, alle haben einen Kopf und die Nase an einer gewissen Stelle des Gesichtes sitzend, alle haben zwei Augen, haben einen Teil des Kopfes mit Haaren bedeckt usw. Und die materialistische Zeit sieht ja, wie die Menschen alle in dieser Weise gleich aussehen. Warum sollte sie da noch auf irgend etwas hinschauen, was hinter diesem äußeren Menschen ist? Das beleidigt ja auch den, der sich nicht sagen kann, daß hinter ihm in der betreffenden Inkarnation etwas so Bedeutendes sitzt wie in den anderen Menschen. Der Materialismus läßt das nicht zu. So verlor man die Möglichkeit des Verständnisses, daß in dem Menschen Jesus von Nazareth der Christus gewesen sein konnte. Und je mehr das neunzehnte Jahrhundert heraufging, verlor man überhaupt die Idee von dem Christus. Immer mehr und mehr richtete man den Blick bloß hin auf den Jesus von Nazareth, der in Nazareth oder sonstwo geboren sein mußte, wie ein Mensch gelebt hat, nur eben schöne Grundsätze verbreitet hat und dann in irgendeiner Weise den Märtyrertod gestorben sein mag. Der Mensch Jesus trat immer mehr und mehr an die Stelle des Christus Jesus der vorhergehenden Jahrhunderte. So war es ganz selbstverständlich für die materialistische Anschauung.

Und dann war es wiederum selbstverständlich, daß sich im neunzehnten Jahrhundert heraufentwickelte, was man die Leben-Jesu-Forschung nennt. Auch die aufgeklärte Theologie sucht nichts anderes als diese Leben-Jesu-Forschung; das heißt, wie man die Daten über Karl den Großen, über Otto den Großen oder sonst über irgend jemanden feststellt, so sucht sie die Daten über den Jesus von Nazareth festzustellen. Nun ist es aber sehr schwierig, die Daten über den Jesus von Nazareth festzustellen. Denn zunächst liegen ja als Hauptdokumente die Evangelien und die Paulusbriefe vor. Aber im Sinne von historischen Dokumenten können die Evangelien als solche selbstverständlich nicht gelten. Es sind ihrer vier, und für eine äußere materialistische Betrachtungsweise widersprechen sie sich alle. Man hat da allerdings im Laufe der Leben-Jesu-Forschung allerlei Auswege gesucht. Nun kann man zunächst absehen von einer gewissen Phase der Leben-Jesu-Forschung, welche, weil sie in die materialistische Zeit fiel, an «Wunder» nicht mehr glauben wollte und daher die Wunder, die erzählt werden, in der sonderbarsten Weise deutete, Deutungen etwa von dem Kaliber, daß man die Erscheinung des Christus Jesus auf dem See dadurch erklärte, daß er nicht mit Füßen physisch über den See gegangen sei – wir haben ja gesehen, wie es sich damit verhält –, aber die Jünger hätten eben die physische Weltordnung nicht gewußt; und nun stellte man bei einem gewissen Auswuchse der Leben-Jesu-Forschung die Sache so dar, daß die Apostel im Schiff gefahren sind, und drüben am Ufer ging der Christus Jesus, und da konnten die Leute, die am jenseitigen Ufer waren, sich leicht täuschen und glauben, daß der Christus Jesus auf dem Wasser ginge. Gar nicht zu gedenken anderer besonders rationalistischer Auswüchse, daß bei der Verwandlung des Wassers in Wein etwas wie eine Weinessenz hineingeschmuggelt worden ist! Es hat ja sogar jemand die Johannes-Taufe im Jordan dadurch zu erklären versucht, daß einfach eine Taube dabei gerade vorbeigeflogen sei. Das gibt es alles. Was gibt es nicht alles auf dem Boden, den man den Boden der strengen, objektiven Wissenschaft nennt! Aber von diesen Auswüchsen kann man ganz absehen.

Man kann hinsehen auf die Forschung, die da versuchte, weil es mit dem Übersinnlichen nicht ging, dieses Übersinnliche materialistisch als Zutaten anzusehen, und sich sagte: Wenn man an den Christus Jesus nicht glauben kann, nicht glauben kann, daß jemand als ein Zimmermannssohn in Nazareth geboren ist, mit zwölf Jahren im Tempel gewesen ist und so weiter, wenn man alles Übersinnliche herausnimmt und kombiniert, was in den verschiedenen Evangelien zusammenstimmt oder nicht zusammenstimmt, dann ließe sich daraus so etwas wie eine Biographie des Jesus von Nazareth herstellen. Das hat man in der mannigfaltigsten Weise versucht. Es konnte ja allerdings dabei nicht ausbleiben, weil viele Leute eine solche Biographie zu schreiben versuchten, daß dann jede Biographie anders war. Aber auf die Einzelheiten kann jetzt nicht eingegangen werden. Es gab auch eine Zeit in der Leben-Jesu-Forschung, in welcher man den Jesus von Nazareth als einen höheren Menschen, etwa wie einen höheren Sokrates, vorstellte, in ähnlicher Weise, wie man sich auch den Sokrates vorstellte nach einer materialistischen Anschauung.

Das ist die Leben-Jesu-Forschung, die vor allen Dingen auf eine Biographie des Jesus von Nazareth losarbeitete, die aber im Grunde genommen doch wieder auch Anstoß erregen mußte. Und zwar gegenüber zwei Dingen erregte sie Anstoß: erstens gegenüber den Dokumenten selber. Denn in dem Sinne, wie man heute von historischen Dokumenten spricht, wie die Historiker ihre Dokumente werten, sind die Evangelien keine Dokumente. Das liegt zunächst an den vielen Widersprüchen und an der ganzen Art und Weise, wie sie sich erhalten haben. Das andere ist, daß in den letzten Jahren etwas dazukam zu dieser Leben-Jesu-Forschung, was Leute fanden, die nun doch eingingen auf gewisse Stellen in den Evangelien, auf immer wiederkehrende Bemerkungen, von denen wir wissen, daß sie sich auf die übersinnlichen Tatsachen beziehen. Aber diese anderen, welche im materialistischen Glauben heute befangen sind, sie fanden diese Dinge, und sie konnten sie nicht einfach aus der Forschung herauseskamotieren, wie die Leben-Jesu-Forschung sie herauseskamotierte. Da kam man dann zu dem anderen, zu der Christus-Forschung, die sich in den letzten Jahren hervorgetan hat, während die Leben-Jesu-Forschung lange in dem von einem heutigen Professor geprägten Wort von dem «schlichten Mann aus Nazareth» gipfelte. Denn das war den Menschen recht angenehm. Es schmeichelte ihnen, wenn sie nicht etwas Höheres anzuerkennen brauchten in den Evangelien. Es paßte ihnen besser, von dem «schlichten Mann aus Nazareth» zu sprechen, als sich hinaufzuranken zu dem Gottesmenschen.

Aber man fand dann doch den Gottesmenschen. Da ergab sich dann die Christus-Forschung. Die ist nun ganz eigentümlich. Sie tritt in einer besonders grotesken Form hervor in der Schrift «Ecce Deus» von *Benjamin Smith* und in anderem, was er geschrieben hat. Sie tritt so hervor, daß gezeigt wird: Ein Jesus von Nazareth hat überhaupt nicht in Wirklichkeit existiert; der ist nur eine Sage. Aber die Evangelien berichten von dem Christus Jesus. Was ist dieser Christus Jesus? Ja, er ist ein erdichteter Gott, ein Idealbild. Und die Leute haben ja schon ihre guten Gründe, von diesem Gesichtspunkte aus den realen Jesus von Nazareth abzuleugnen; denn die Evangelien erzählen von dem Christus, legen ihm Eigenschaften bei, die es gar nicht gibt nach materialistischer Auffassung. Daraus folgt mit Evidenz, daß er nicht historisch existiert haben kann, daß er erdichtet sein muß. Er ist also entstanden durch die Zeitdichtung, in die eben das Mysterium von Golgatha versetzt wird. So ist man in einer gewissen Weise in den letzten Jahren von dem Jesus zurückgekehrt zu dem Christus; aber der Christus ist überhaupt nichts Wirkliches, sondern lebt nur in den menschlichen Gedanken. Alles ist heute sozusagen ohne Boden da auf diesem Gebiete.

Das größere Publikum weiß natürlich noch nicht viel von den Dingen, die da mitspielen. Aber im Grunde genommen ist alles auf dem Boden der Wissenschaft in bezug auf das Mysterium von Golgatha unterminiert. Nirgends ist mehr ein fester Grund. Die Leben-Jesu-Forschung hat abgewirtschaftet, weil sie nichts beweisen kann, und die Christus-Forschung kann überhaupt nicht ernsthaft besprochen werden. Denn worauf es ankommt, ist die kolossale Wirkung, die ausgegangen ist von jener Wesenheit, die mit dem Mysterium von Golgatha zusammenhängt. Wenn das Ganze eine Erdichtung ist, dann sollte eigentlich eine materialistische Zeit sich gestehen, daß sie sich möglichst bald abgewöhnen sollte, auf eine Dichtung hinzuschauen; denn eine materialistische Zeit kann nicht an eine Dichtung glauben, die die allerwichtigste Mission in der Zeit vollbracht haben soll. Ja, unsere «aufgeklärte» Zeit hat es eben sehr weit gebracht in bezug auf das Aufhäufen von Widersprüchen und weiß gar nicht, wie sehr sie gerade auf wissenschaftlichem Felde Anspruch erhebt auf Berücksichtigung des Spruches «Herr, vergib ihnen, denn sie wissen nicht, was sie tun». Das gilt eigentlich in bezug auf alle Jesus- und Christus-Forschung der Gegenwart, die sich nicht ernst und würdig auf den spirituellen Boden stellen will.

Das Evangelium selber aber deutet klar schon auf dasjenige hin, was in der eben geschilderten Weise in unserer Zeit herausgekommen ist. Die Menschen, die Materialisten sein wollen, die durchaus nur an das glauben wollen, was sich dem materialistischen Bewußtsein im Sinnensein ergibt, sie können keinen Weg finden zu dem Christus Jesus. Denn dieser Weg ist abgeschnitten worden dadurch, daß diejenigen, welche dem Christus am nächsten standen, ihn gerade, während sich das Mysterium von Golgatha vollzogen hat, verlassen haben und ihn erst später wiedergetroffen haben, also nicht mitgemacht haben, was sich dazumal auf dem physischen Plan in Palästina zugetragen hat. Und daß keine irgendwie glaubwürdigen Dokumente von der anderen Seite gegeben worden sind, das weiß ja jedermann. Dennoch haben wir im Markus-Evangelium und in den anderen Evangelien Schilderungen gerade dieses Mysteriums von Golgatha.

Wie sind diese Schilderungen zustande gekommen? Dies ins Auge zu fassen, ist außerordentlich wichtig. Betrachten wir diese Schilderungen an dem einzelnen Fall, an dem Fall des Markus-Evangeliums. Es wird uns ja hinlänglich auch im Markus-Evangelium angedeutet, wenn auch kurz und prägnant, nach der Auferstehungsszene, daß der Jüngling im weißen Talar, das heißt der kosmische Christus, nachdem das Mysterium sich vollzogen hatte, den Jüngern wieder sich gezeigt hat, auf die Jünger Impulse ausgeübt hat. Und so konnten denn solche Jünger, solche Apostel, wie es etwa Petrus war, nachher dadurch, daß sie durchdrungen waren von dem Impuls, der auf sie ausgeübt wurde, zum hellseherischen Schauen entflammt werden, so daß sie das, was sie nicht mit physischen Augen mit angesehen hatten, weil sie entflohen waren, hinterher hellseherisch geschaut haben. Petrus und den anderen, welche auch Schüler sein durften nach der Auferstehung des Christus Jesus, wurden die Augen hellseherisch geöffnet, so daß sie hellseherisch schauen durften das Mysterium von Golgatha.

Es gibt nur einen hellseherischen Weg zu dem Mysterium von Golgatha, trotzdem es auf dem physischen Plan sich vollzogen hat. Das müssen wir festhalten. Das deutet das Evangelium ganz klar an, indem es schildert, daß die Berufensten im entscheidenden Augenblicke geflohen waren; so daß also in einer solchen Seele, wie es die Petrus-Seele war, nachdem sie den Impuls des Auferstandenen empfangen hatte, aufleuchtete die Erinnerung an das, was geschehen war nach der Flucht. Sonst erinnert sich der Mensch nur an das, wo er im Sinnensein dabeigewesen war. Bei einem solchen Hellsehen, das da bei den Jüngern auftrat, ist es gegenüber dem gewöhnlichen Erinnern so, daß man Ereignisse – physisch-sinnliche – wie im Gedächtnis hat, aber solche, bei denen man nicht dabeigewesen ist. Denken Sie also in bezug auf das Aufleuchten der Erinnerung in einer solchen Seele, wie die Petrus-Seele war, an die Ereignisse, bei denen sie nicht unmittelbar dabeigewesen ist. Und so lehrte der Petrus zum Beispiel die, welche ihn hören wollten, aus seinem Gedächtnis heraus über das Mysterium von Golgatha, lehrte sie das, an was er sich erinnerte, trotzdem er nicht dabeigewesen ist.

In dieser Weise kam es zur Lehre, zur Offenbarung des Mysteriums von Golgatha. Aber der Impuls, der von dem Christus auf solche Jünger wie Petrus ausgegangen war, konnte sich mitteilen auch an die, welche wieder Schüler dieser Jünger waren. Ein solcher Schüler des Petrus war der, welcher ursprünglich zusammengestellt hat – allerdings nur mündlich – das sogenannte Markus-Evangelium. So ging der Impuls, der sich in Petrus selber geltend gemacht hatte, auf die Markus-Seele über, so daß Markus selber in seiner eigenen Seele das aufleuchten sah, was in Jerusalem als Mysterium von Golgatha sich vollzogen hatte. Längere Zeit war jener Markus Schüler des Petrus. Dann kam er, Markus, an einen Ort, wo er wahrhaftig sozusagen das äußere Milieu, die äußere Umgebung hatte, aus der heraus er seinem Evangelium jene Färbung geben konnte, die gerade dieses Evangelium brauchte.

Bei allen unseren Darstellungen – vielleicht ergibt sich später, was noch darüber zu sagen ist – haben wir das eine gesehen, daß uns das Markus-Evangelium am deutlichsten die ganze kosmische Größe und

Bedeutung des Christus fühlen läßt. Angeregt werden zu dieser Schilderung der kosmischen Größe des Christus konnte der ursprüngliche Autor des Markus-Evangeliums gerade durch den Ort, an den er versetzt worden war, nachdem er Petrus' Schüler gewesen war. Er wurde nach Alexandrien in Ägypten versetzt, lebte dort in einer Zeit, in welcher in einer gewissen Weise die jüdische theosophisch-philosophische Gelehrsamkeit in Alexandrien auf einer gewissen Höhe war, und konnte dort aufnehmen, was damals die besten Seiten der heidnischen Gnosis waren. Aufnehmen konnte er dort Anschauungen, die auch damals vorhanden waren, von dem Heraustreten der menschlichen Wesenheit aus dem Geistigen, von dem In-Berührung-Kommen dieser menschlichen Wesenheit mit Luzifer, mit Ahriman, von dem Aufnehmen der luziferischen und ahrimanischen Kräfte in die Menschenseele. Er konnte alles das aus der heidnischen Gnosis aufnehmen, was ein Verständnis der Herkunft des Menschen aus dem Kosmos heraus beim Aufbau unseres Planeten gab. Aber Markus konnte auch sehen, gerade an einem Orte, der innerhalb Ägyptens lag, wie stark der Kontrast war zwischen dem, wozu ursprünglich der Mensch bestimmt war, und dem, was dann der Mensch geworden war.

Das zeigt sich ja in der ägyptischen Kultur am allerbesten, in dieser ägyptischen Kultur, die ausgegangen war von den höchsten Offenbarungen, von Offenbarungen, die dann in der ägyptischen Architektur, insbesondere in den Pyramiden und Palästen zu schauen waren, in der Kultur der Sphinx, die aber immer mehr und mehr in Ägypten in die Dekadenz, in die Korruption hineinkam; so daß gerade die größten Werke der ägyptischen Kultur immer mehr und mehr herunterfielen, gerade während der dritten Kulturperiode, in die schlimmsten Ausgeburten der schwarzen Magie, in die schlimmsten Auswüchse der Korruption des Spirituellen. In einer gewissen Beziehung konnte man, wenn man dazu die geistigen Augen hatte, tiefste Geheimnisse noch schauen in dem, was in Ägypten getrieben wurde, weil es ausging von ursprünglicher reiner Hermes-Weisheit; aber es gehörte eben immer mehr die Seele dazu, die auf den Grund sah, nicht auf das, was als Korruption vorhanden war. Schon zu Mosis Zeiten war die Korruption weit fortgeschritten, und schon er mußte das, was auf der einen

Seite im Ägyptertum als ein Gutes vorhanden war, kaum aber sichtbar für eine so edle Seele, wie es die Moses-Seele war, aus diesem Ägyptertum herausziehen, damit es auf dem Umwege durch die Moses-Seele auf die Nachwelt kommen konnte. – Dann ging es weiter mit der Korruption in spiritueller Beziehung.

Wie die Menschheit herunterfallen konnte, wie sie ganz in den Materialismus sich verkehren konnte, namentlich in bezug auf die Anschauungen, das stand lebendig vor des Markus Seele. Und gerade eines erlebte Markus, was – zwar in ganz anderer Form, aber in einer gewissen Weise ähnlich – der Mensch heute wieder erleben kann, allerdings nur der Mensch, der Gefühl und Empfindung dafür hat. Denn wir erleben eigentlich heute das Wiederaufgehen der ägyptischen Kultur. Ich habe öfter betont, wie eigentümlich die Verkettungen in der Menschheitsevolution sind, und gesagt, wie von den sieben aufeinanderfolgenden Kulturperioden eines größeren Zeitraumes die vierte Kulturperiode mit dem Griechentum und dem Mysterium von Golgatha für sich dasteht. Aber der dritte Kulturzeitraum mit der ägyptisch-chaldäischen Kultur kommt, nur in einer unspirituellen Weise, in der heutigen Kultur wieder heraus in unserer heutigen Wissenschaft. In unserer materialistischen Kultur, ja selbst in den äußeren Kulturerscheinungen, haben wir eine gewisse Auferweckung des dritten Kulturzeitraumes im fünften. Ebenso wird in gewisser Beziehung der zweite im sechsten und der erste im siebenten wiedererscheinen. So umgreifen, so umspannen sich diese Zeiträume. Das ist öfter hervorgehoben worden. Man erlebt es heute, was damals ein Geist wie Markus in intensivster Weise erleben konnte.

Man richte den Blick hin auf die Kultur – der Außenwelt braucht man es nicht so zu schildern, weil sie es nicht vertragen kann –, und, sehen wir ab von den radikalsten Korruptionserscheinungen, so kann man sagen: Alles ist mechanisiert; und angebetet wird in Wahrheit heute innerhalb unserer materialistischen Kultur eigentlich nur der Mechanismus, wenn auch die Leute es nicht Gebete nennen und wenn sie es auch nicht Frömmigkeit nennen. Aber die Seelenkräfte, wie man sie einst hingelenkt hat zu den geistigen Wesenheiten, sie lenkt man heute zu den Maschinen, zu den Mechanismen hin, widmet ihnen die

Aufmerksamkeit, wie man sie einst, wirklich man kann sagen, den Göttern gewidmet hat. So ist es namentlich in bezug auf die Wissenschaft, diese Wissenschaft, die gar nicht weiß, wie wenig sie wirklich auf der einen Seite mit der Wahrheit, mit der wirklichen Wahrheit zu tun hat, und andererseits, wie wenig sie mit wirklicher Logik zu tun hat.

Von einem gewissen höheren Gesichtspunkt aus gesehen, haben wir heute allerdings ein ernstes, ein tief intensives Streben und eine tief intensive Sehnsucht. Es ist in München in einem Vortrage gesprochen worden von der Sehnsucht in unserer Zeit, besonders wie sich diese Sehnsucht herausgebildet hat bei einzelnen Seelen. Aber in der eigentlichen «offiziellen» Wissenschaft ist diese Sehnsucht nicht vorhanden, sondern, man möchte sagen, ein gewisses sattes Zufriedensein, aber ein Zufriedensein mit etwas Sonderbarem: mit Unwirklichem und Unlogischem. Nirgends ist diese Wissenschaft imstande, auch nur zu erkennen, wie tief sie in dem Gegenteil von aller Logik drinnensteckt. Das alles nimmt man wahr, das alles erlebt man, und es ist wirklich so, daß an dem einen Pol sich der andere entzünden muß in der Menschheitsevolution. Gerade dieses Ungenügen der äußeren Wissenschaft, dieses Unwirkliche und Unlogische der äußeren Wissenschaft und dieses Sichblähen und Garnicht-einmal-Ahnen, wie es eigentlich mit der äußeren Wissenschaft steht, das wird und muß nach und nach die edelste Reaktion, die Sehnsucht nach dem Spirituellen in unserer Zeit in den Menschenseelen erzeugen.

Es wird noch lange so dauern, daß die Menschen, die tief drinnenstecken in unserer Unnatur und Unlogik, sich über eine spirituelle Wissenschaft vielleicht lustig machen, sie verspotten oder als allerlei Gefahr bezeichnen. Aber durch die innere Kraft der Tatsachen wird sich ganz von selber der andere Pol entzünden. Und wenn nur nicht die, welche etwas davon verstehen, in die Krankheit der Kompromisse verfallen würden und klar sehen würden, so würde es auch schneller gehen können, als es jetzt geht. Denn wir erleben es ja immer wieder: wenn nur einmal ein Gelehrter auftritt und etwas sagt, wovon ein anderer glaubt, das ist «ganz anthroposophisch», da wird gleich viel Wesens davon gemacht. Und wenn gar jemand auf einer Kanzel predigt, wovon der andere glaubt, das ist «ganz anthroposophisch», dann wird noch mehr Wesens davon gemacht. Es kommt nicht darauf an, daß solche Kompromisse gemacht werden, sondern daß wir uns ganz klar und wahr in das spirituelle Leben hineinstellen und dieses durch seine Impulse auf uns wirken lassen. Je mehr wir uns darüber klar sind, daß die innere Lebendigkeit des spirituellen Lebens entzündet werden muß, und je mehr wir uns davon überzeugen, daß wir aus keinem Grunde die Berechtigung anerkennen können, aus dem materialistischen Denken unserer Zeit irgend etwas anderes herauszuholen, als was Hand und Fuß hat, desto besser ist es. Das ist etwas anderes, als zu zeigen, daß die wirklich vorrückende Wissenschaft in Harmonie steht mit der spirituellen Forschung. Das kann man zeigen, und man kann es wirklich zeigen auf Schritt und Tritt.

Denn diese Wissenschaft begeht wirklich fast auf jeder Seite ihrer Literaturwerke logische Schnitzer von der Art, wie der ist, auf den in humoristischer Weise einer unserer Freunde wiederholt aufmerksam gemacht hat, hinweisend darauf, daß es der logische Schnitzer des Professors Schlaucherl aus den «Fliegenden Blättern» ist, der beweisen will, wodurch ein Frosch eigentlich hört. Der Professor Schlaucherl läßt dazu den Frosch auf den Tisch springen, schlägt dann auf die Tischplatte. Der Frosch hüpft fort; also hat er es gehört. Aber dann reißt er ihm die Beine aus und klopft dann wieder auf die Tischplatte. Der Frosch hüpft jetzt nicht fort; also ist es klar, daß der Frosch mit den Beinen gehört hat. Denn als er noch die Beine hatte, da hüpfte er fort, als auf die Tischplatte geklopft wurde, nachher nicht. – Mit dem Frosch machen zwar auch Gelehrte allerlei Experimente; aber ihre logischen Schlußfolgerungen auf anderen Gebieten sind genau nach diesem Beispiele, so zum Beispiel bei der vielgerühmten Gehirnforschung. Da macht man darauf aufmerksam: Wenn dieser oder jener Teil des Gehirnes vorhanden ist, kann man zum Beispiel ein Wortgedächtnis haben, oder man kann diese oder jene Gedanken hegen; wenn dann dieser Teil nicht mehr da ist, kann man die Gedanken nicht haben oder verliert das Wortgedächtnis – ganz nach dem Beispiele des Frosches, der mit den Beinen hört. Es gibt keine Logik in diesen Dingen. Denn dafür, daß der Mensch mit einem Teile seines Gehirns denken kann oder daß er nicht denken kann, wenn er diesen Teil des Gehirnes nicht hat, dafür gibt es keine anderen Gründe, als die sind, daß der Frosch nicht hört, wenn ihm die Beine ausgerissen worden sind. Es ist ganz dasselbe, nur merken die Leute nicht, daß die ganze Schlußfolgerung auf nichts anderem beruht als auf Denkfehlern. So könnte man Denkfehler über Denkfehler nachweisen in allem, was heute als festes wissenschaftliches Resultat geglaubt wird. Aber je mehr man Fehler macht, desto stolzer wird man auf die Wissenschaft und schimpft auf die spirituelle Wissenschaft.

Das wird die edelste Reaktion, die Sehnsucht nach der spirituellen Wissenschaft immer mehr und mehr erzeugen. Das ist nur die für unsere Zeit geartete Reaktion dessen, was eine Seele wie Markus erleben mußte, indem sich ihm gerade in seiner Zeit zeigen konnte, wie die Menschheit heruntergestiegen ist von ihrer einstigen spirituellen Höhe und heruntergekommen ist zu dem bloßen Hängen am Materiellen. Dadurch ergab sich ihm ein so tiefes Verständnis dafür, daß der größte Impuls in einem Übersinnlichen lebt; und das unterstützte dann auch noch sein Lehrer. Was ihm Petrus gegeben hatte, das war nicht etwas, was von einer sinnlichen Überlieferung des Mysteriums von Golgatha hat kommen können, wie wenn jemand es hätte mit Augen schauen können, was in Jerusalem sich zugetragen hatte; sondern hellseherisch sind die Dinge hinterher erforscht worden. So sind alle Nachrichten über den Christus Jesus und über das Mysterium von Golgatha entstanden.

Das Mysterium von Golgatha ist ein Ereignis, das sich auf dem physischen Plan zugetragen hat, aber nur hellseherisch hinterher hat geschaut werden können. Das bitte ich Sie ganz besonders ins Auge zu fassen, daß das Mysterium von Golgatha ein physisch-sinnliches Ereignis ist, zu dem aber der Weg des Verständnisses auf überphysischem, auf übersinnlichem Wege gesucht werden muß, und auch trotz der Dokumente, die geblieben sind, gesucht werden muß. Wer das nicht versteht, mag darüber streiten, wieviel das eine oder das andere Evangelium gilt. Für den, der den Tatbestand kennt, existieren alle diese Fragen nicht. Er weiß, daß wir nötig haben, durchzuschauen durch die mangelhaften Überlieferungen, welche die Evangelien vielfach darstellen, auf das, was uns heute noch die hellseherische Forschung zeigen kann. Und da sehen wir, wenn wir die Wahrheit dessen untersuchen, was geschehen ist, an den Wiederherstellungen nach den Daten der Akasha-Chronik, wie wir die Evangelien aufzufassen haben und was wir an den einzelnen Stellen zu lesen haben, zu lesen haben darüber, was in jener Zeit, da die Menschheit am tiefsten heruntergestiegen war von ihrer einstigen Höhe, sich als des Menschen wahre Würde, als des Menschen wahres Wesen vor die Menschheit hingestellt hat.

Die göttlich-geistigen Mächte haben dem Menschen sein äußeres Bild, seine äußere Form gegeben. Aber was in dieser äußeren Form seit der alten lemurischen Zeit gewohnt hat, das stand immer unter dem Einfluß der luziferischen und dann im weiteren Fortgang der Entwickelung auch der ahrimanischen Kräfte. Unter diesen Einflüssen bildete sich dann das heraus, was die Menschen Wissenschaft, Erkenntnis, Verständnis nannten. Kein Wunder, daß vor die Menschheit hätte hingestellt werden können, gerade zu jener Zeit, des Menschen wahres, übersinnliches Wesen, und die Menschen würden es am wenigsten erkannt haben, würden am wenigsten gewußt haben, was der Mensch geworden ist. Des Menschen Wissen, des Menschen Erkenntnis hatte sich immer mehr und mehr in das Sinnensein verstrickt. Des Menschen Erkenntnis konnte nach und nach immer weniger an das wahre Menschenwesen herandringen.

Das ist es, worum es sich handelt, und das müssen wir in Erwägung ziehen, wenn wir uns noch einmal hinwenden zu dem verlassenen Menschensohn, zu der Gestalt des Menschen, die vor uns steht in dem Augenblick, da nach dem Markus-Evangelium der kosmische Christus nur mehr in einem losen Zusammenhange mit dem Menschensohn war. Da stand vor der Menschheit, vor der das alles hingestellt war, der Mensch, der Mensch in seiner Gestalt, wie sie die göttlich-geistigen Mächte dem Menschen gegeben haben. So stand er da, aber veredelt, durchgeistigt durch den dreijährigen Aufenthalt des Christus in dem Jesus von Nazareth. So stand er da vor den Mitmenschen. Die Menschen hatten sich in bezug auf ihr Verständnis nur das errungen, was aus Verstehen und Erkennen geworden war durch den jahrtausendelangen Einfluß von Luzifer und Ahriman. Da aber stand der Mensch, der während der drei Jahre aus sich herausgetrieben hatte die luziferischen und ahrimanischen Einflüsse. Da stand wiederhergestellt vor den anderen Menschen, was der Mensch war, bevor Luzifer und Ahriman gekommen sind. Erst durch den Impuls des kosmischen Christus war der Mensch wieder so, wie er, aus der geistigen Welt ausgehend, in die physische Welt versetzt worden war. Da stand der Geist der Menschheit, der Menschensohn, vor jenen, die damals in Jerusalem die Richter, die Henker waren; aber so stand er da, wie er werden konnte, wenn alles, was ihn heruntergebracht hatte, wieder herausgetrieben war aus der menschlichen Natur. Da stand der Mensch, als das Mysterium von Golgatha sich vollzog, im Bilde vor seinen Mitmenschen, vor dem die andern Menschen hätten stehen sollen und anbetend sagen: Da bin ich selbst in meiner wahren Wesenheit, in meinem höchsten Ideal, da bin ich in der Gestalt, die ich aus mir machen soll durch das allerheißeste Streben, das nur aus meiner Seele herauskommen kann. Da stehe ich vor dem, was allein verehrungswürdig und anbetungswürdig an mir selbst ist, da stehe ich vor dem Göttlichen in mir, von dem die Apostel, wenn sie Selbsterkenntnis hätten üben können, sich hätten sagen müssen: Es gibt im ganzen weiten Umkreise nichts an Bestand und Größe, was sich vergleichen läßt mit dem, was da vor uns ist im Menschensohn.

Dies Selbsterkennen hätte die Menschheit in jenem historischen Moment haben sollen. Und was tat diese Menschheit? Sie spie an den Menschensohn, geißelte ihn, führte ihn hinaus zur Kreuzigungsstätte. Das ist der dramatische Wendepunkt zwischen dem, was hätte sein sollen, zwischen der Anerkennung dessen, daß hier etwas stand, mit dem sich nichts in aller Welt vergleichen läßt, und dem, was uns nun dargestellt wird. Geschildert wird der Mensch, der sich selber, statt sich zu erkennen, in den Staub tritt, der sich selber tötet, weil er sich nicht erkennt, und der nur durch diese Lektion, durch diese kosmische Lektion den Impuls empfangen kann, nach und nach seine Wesenheit in der weiteren Perspektive der Erdenentwickelung sich zu erringen.

So war der welthistorische Augenblick, und so müssen wir ihn charakterisieren, wenn wir ihn in der richtigen Weise charakterisieren wollen, wie ihn uns gerade in markanten, gewaltigen Sätzen das Markus-Evangelium andeutet. Denn das will nicht bloß verstanden werden, das will gefühlt, empfunden werden. Von diesem In-den-Staub-Treten der eigenen Wesenheit ging dann dasjenige aus, was in meinem Vortragszyklus «Von Jesus zu Christus» in Karlsruhe als das «Phantom» geschildert worden ist. Denn dadurch, daß der Mensch seine eigene Wesenheit in den Staub trat, verwandelte sich das, was das äußere Ebenbild der Gottheit war, in das «Phantom», das sich vermehrt und in der weiteren Entwickelung der Menschheit vermehrt in die Seelen dringen kann, wie es in dem Karlsruher Zyklus dargestellt worden ist.

Wenn man so die Dinge ansieht, dann tritt wahrhaftig der große Unterschied hervor zwischen dem, was eigentlich das Markus-Evangelium darstellen will, und dem, was man vielfach heute daraus machen will. Wer ein Evangelium, und insbesondere das Markus-Evangelium, versteht, es so versteht, daß er das, was geschildert wird, seinem künstlerischen Aufbau und seinem tiefen Inhalt nach empfindet, fühlt, bei dem wird dieses Gefühl zu einer realen inneren Tatsache, zu jener realen inneren Tatsache, die allerdings da sein muß, wenn man ein Verhältnis zu dem Christus Jesus gewinnen will. Es muß sich die Seele schon ein wenig der gefühls- und empfindungsmäßigen Betrachtung hingeben, die sich etwa so charakterisieren läßt, daß man sich aus so etwas, wie es das Markus-Evangelium ist, die Vorstellung macht: Wie waren meine Mitmenschen, die den Menschensohn umstanden, da, wo sie sich hätten selber in ihrem höchsten Ideal sehen sollen, wie waren sie im Irrtum befangen!

Wenn man so recht ein Mensch unserer materialistischen Zeit ist, dann schreibt man so eine Bemerkung hin oder läßt sich entringen eine solche Bemerkung, wie man sie vielfach heute lesen oder hören kann, insbesondere bei den monistisch Abergläubigen – will sagen, bei den monistisch Aufgeklärten: Warum ist das Dasein so, wie es ist? Dies hat noch kein Mensch beantworten können. Warum leiden wir Schmerz? Buddha, Christus, Sokrates, Giordano Bruno haben nicht einen Zipfel dieses Schleiers zu lüften vermocht. – Wir hören es in unzähligen Variationen wiederholt. Solche Menschen, die das hinschreiben, merken nicht, daß sie sich für etwas viel Höheres erklären als

Buddha, Christus, Sokrates und so weiter, und daß sie alles in diesem Sinne verstehen. Wie sollte es aber auch nicht in einer Zeit so sein, in welcher ein jeder Privatdozent die Dinge besser versteht, die in der Geschichte verlaufen sind, und über die jeder Privatdozent seine Bücher schreibt, die er professionsmäßig schreiben muß?

Es könnte den Anschein haben, als ob dies aus einer Sucht nach Kritik unserer Zeit heraus gesprochen wäre. Nein, das ist es nicht. Sondern diese Dinge müssen vor unsere Seele treten, weil wir nur dadurch, daß wir sie vor unsere Seele treten lassen, die richtige Distanz zu etwas so übermächtig Großem gewinnen, wie es die Evangelien sind, wie es zum Beispiel das Markus-Evangelium ist. Es ist ja aus keinem anderen Grunde, als weil die Menschen sich nur so langsam hinaufringen können zu solcher Höhe, daß diese Dinge immer wieder und wieder mißverstanden werden und in den äußersten Zerrbildern vor die Menschen hingebracht werden. Die Evangelien sind großartig in allen Einzelheiten, und im Grunde genommen lehrt uns jede Einzelheit etwas Außerordentliches.

So können wir auch noch im letzten Kapitel des Markus-Evangeliums manches lernen. Freilich, ich müßte noch lange fortsprechen, wenn alle die großen Gedanken des Markus-Evangeliums herausgestellt werden sollten. Aber eine solche Einzelheit wie gleich der Anfang des sechzehnten Kapitels zeigt uns, wie tief der Evangelienschreiber eingedrungen ist in die Geheimnisse des Daseins. Gerade der Autor des Markus-Evangeliums drang tief ein in die Geheimnisse des Daseins. Er wußte also – wie es eben dargestellt worden ist –, wie die Menschheit von ihrer spirituellen Höhe heruntergekommen ist in den Materialismus. Er wußte, wie wenig das menschliche Verständnisvermögen dem Menschenwesen gewachsen war, wie wenig die Menschen in der Zeit des Mysteriums von Golgatha geneigt waren, zu verstehen, was da geschehen ist.

Nun erinnern Sie sich an etwas, was ich öfter ausgeführt habe in bezug auf das Weibliche und Männliche, ausgeführt habe in bezug darauf, daß das weibliche Element gewissermaßen – nicht als Individualität, nicht als die einzelne Frau, aber die «Frauenheit» – nicht ganz heruntergestiegen ist zum physischen Plan; während der Mann – aber wieder nicht die einzelne Individualität, nicht das Wesen in der einzelnen Inkarnation, aber die «Mannheit» – den Punkt nach unten hin überschritten hat, so daß in Wahrheit das wahre Menschentum zwischen Mann und Weib liegt. Daher wechselt auch in den einzelnen Inkarnationen der Mensch als solcher das Geschlecht. Aber es ist nun schon einmal so, daß das Weib als Weib durch die andersartige Bildung des Gehirns, durch die andere Art, wie es das Gehirn gebrauchen kann, die spirituellen Ideen leichter erfassen kann. Dagegen ist der Mann viel mehr dazu organisiert – eben durch die äußere physische Körperlichkeit –, sich mehr in den Materialismus hineinzudenken, weil, wenn wir es grob ausdrücken wollen, sein Gehirn härter ist. Das weibliche Gehirn ist weicher, ist nicht so eigensinnig, nicht so in sich verhärtet, wobei also nichts über die einzelne Persönlichkeit gesagt ist. Es braucht sich dies die einzelne Persönlichkeit nicht zum Guten und nicht zum Schlimmen anzurechnen; denn es sitzt auf manchem Frauenkörper ein recht eigensinniger Kopf, von dem Gegenteil gar nicht zu sprechen. Aber im ganzen und großen ist es so, daß das weibliche Gehirn leichter zu brauchen ist, wenn es sich darum handelt, Besonderes zu verstehen, wenn sonst der Wille dazu vorhanden ist. Darum läßt der Evangelienschreiber Frauen zuerst hinzutreten, als sich das Mysterium von Golgatha vollzogen hat.

«Und wie nun der Sabbath vorüber war, da kauften Maria von Magdala und Maria, des Jakobus Mutter, und Salome Gewürze, um hinzugehen und ihn einzusalben.» (16, 1.)

Und ihnen erscheint er zuerst, der Jüngling, das heißt der kosmische Christus; dann erst den männlichen Bekennern. Bis in diese Einzelheiten der Komposition spielt wahrer Okkultismus, wahre Geisteswissenschaft hinein, bis in die Einzelheiten der Komposition und in den Inhalt der Evangelien und insbesondere des markigen Markus-Evangeliums.

Wenn wir so fühlen, was aus den Evangelien spricht, und uns anregen lassen durch das, was wir fühlen und empfinden, dann finden wir dadurch allein den Weg zu dem Mysterium von Golgatha. Und dann existiert die Frage nicht mehr: Sind diese Evangelien in einem äußeren historischen Sinne echt oder unecht? Das mag denen, die nichts von der Sache verstehen, zu untersuchen überlassen sein. Denjenigen aber, die sich durch die Geisteswissenschaft zum Empfinden und Verstehen der Evangelien hinaufranken, wird es allmählich klar werden, daß diese zunächst gar nicht historische Dokumente sein wollen, sondern solche Urkunden, die sich hineinergießen in unsere Seelen. Und wenn sie in unsere Seelen ihre Impulse hineinergießen, dann werden die Seelen ergriffen – ohne Dokumente – durch das, was sie fühlen und erleben, wenn sie den Blick hinwenden zu dem Mysterium von Golgatha, wenn sie anschauen, wie menschliches Verständnis, menschliches Wissen und menschliche Erkenntnis heruntergekommen sind gegenüber der menschlichen Wesenheit, wie sie anspieen und kreuzigten diese Wesenheit, die sie hätten in weiser Selbsterkenntnis verehren sollen als höchstes Ideal. Und dann wird von dieser Empfindung ausgehen die höchste Kraft, um sich hinaufzuranken zu dem, was durch dieses Ideal von Golgatha herüberglänzt und leuchtet zu allen denen, die es empfinden, die es wahrnehmen wollen. Denn, daß die Erde zusammenhängt mit den geistigen Welten, das werden die Menschen in Realität erst dann begreifen, wenn sie verstehen werden, wie die geistige Realität, der Christus, als kosmische Entität in dem Leibe des Jesus von Nazareth gelebt hat; wenn sie verstehen werden, wie alles, was sonst an Menschheitsführern in der Welt vorhanden war, zuerst ausgesandt worden ist von dem Christus als seine Vorläufer, als diejenigen, die ihm den Weg bereiten sollten, damit er erkannt, verstanden werden könne. In dem Augenblick, als das Mysterium von Golgatha geschah, hat allerdings alle Vorbereitung wenig Nutzen gehabt; denn im entscheidenden Momente versagte ja alles. Aber immer mehr und mehr wird die Zeit kommen, da die Menschen verstehen werden nicht nur das Mysterium von Golgatha, sondern auch die anderen Ereignisse, die sich um das Mysterium von Golgatha herumgruppieren, und durch deren Hilfe auch das Mysterium von Golgatha immer mehr und mehr verstanden werden kann.

Vorläufig lassen sich vielleicht die europäischen Völker noch scheel ansehen, weil sie es nicht wie viele andere Völker machen, die nur ihre Religionsbekenntnisse, die ihrer Nation, Rasse, entsprungen sind, als die wahre Religion anerkennen, wie wir es zum Beispiel in Indien so hervorragend sehen, wo nur gelten soll, was dem eigenen Blute entsprungen ist. Oh, man spricht auch oft auf theosophischem Felde von der Gleichheit, von der Anerkennung aller Religionen, während man aber in Wahrheit doch nur die eigene durchdrücken will und diese als die Weisheitsreligion ansieht. Die Europäer können das gar nicht tun; denn kein einziges europäisches Volk hat jetzt noch irgendeine Nationalgottheit, irgendeine auf seinem eigenen Grund und Boden gewachsene Gottheit, wie es die asiatischen Völker haben. Der Christus Jesus gehört Asien an, und die europäischen Völker haben ihn übernommen, haben ihn auf sich wirken lassen. Es ist kein Egoismus in der Annahme des Christus Jesus, und es wäre eine völlige Entstellung der Tatsachen, wenn man das Sprechen des Europäers über den Christus Jesus vergleichen wollte mit der Art und Weise, wie andere Völker über ihre nationalen Gottheiten sprechen, zum Beispiel, wie der Chinese über seinen Konfuzius oder wie der Inder über Krishna und Buddha spricht.

Über den Christus Jesus kann gesprochen werden rein vom Standpunkte objektiver Geschichte aus. Diese objektive Geschichte hat es auch nicht zu tun mit irgend etwas anderem als mit der großen Aufforderung zur Selbsterkenntnis des Menschen, die so gründlich in ihr Gegenteil verzerrt worden ist, während das Mysterium von Golgatha stattgefunden hat. Aber durch das Mysterium von Golgatha ist der Menschheit die Möglichkeit gegeben worden, den Impuls zu empfangen, um zu sich selber zu kommen, wogegen dazumal für die Erkenntnis, für die äußere Erkenntnis, alles versagte bei der Menschheit in bezug auf das Mysterium von Golgatha, wie wir gesehen haben. Und so werden dereinst, sich richtig verstehend, alle Religionen der Welt zusammenwirken nach und nach, um das, was im Mysterium von Golgatha liegt, zu verstehen, um es den Menschen als Impuls zugänglich zu machen.

Wird man einmal einsehen, daß man es nicht mit einem egoistischen Religionsbekenntnis zu tun hat, wenn von dem Christus Jesus gesprochen wird, sondern mit etwas, was als eine historische Tatsache der Menschheitsevolution jedes Religionsbekenntnis in gleichem Sinne zugestehen kann, dann erst wird man zu einem Begreifen des

Weisheits- und Wahrheitskernes in allen Religionen kommen. Und das Maß, in welchem man Geisteswissenschaft im wahren Sinne noch nicht will, ist das Maß, in welchem Grade man das wahre Verständnis des Mysteriums von Golgatha noch zurückweist. Das Maß aber des Verständnisses für Geisteswissenschaft ist gegeben in dem Maße des Verständnisses, das ein Mensch hat für das Mysterium von Golgatha. So kann sich der Christ, der sich zur Geisteswissenschaft bekennt, eigentlich mit allen Menschen der Welt verständigen. Und wenn in einem schon ans Maßlose grenzenden Hochmut – der aber ganz verständlich ist und berechtigt genannt werden kann – von den Vertretern anderer Religionssysteme gesagt wird: Ihr Christen habt nur eine einmalige Inkarnation des Gottes, wir können aber mit mehreren aufwarten; also haben wir in reicherem Maße das, was ihr habt, – so sollte der Christ nicht dadurch antworten, daß er etwa dem nacheifert in bezug auf den Christus Jesus, denn dann würde er das Mysterium von Golgatha nicht verstehen. Das Richtige ist ja dies, daß der Christ tatsächlich sagen kann – auch zu dem, der viele Inkarnationen seines Religionsstifters aufweisen kann –: Nun gewiß, alle diejenigen aber, die viele Inkarnationen haben, konnten eben nicht das Mysterium von Golgatha vollbringen. Und das suche man in der Weise, wie es innerhalb des Christentumes dargestellt wird, in irgendeiner der anderen Religionen!

Bei anderen Gelegenheiten habe ich schon dargestellt, daß wir, wenn wir das Buddha-Leben verfolgen, bis zu dem Punkte kommen, den wir im Markus-Evangelium für den Christus gegeben haben als die Verklärung, wo Buddha, am äußersten Ende des Menschenlebens angekommen, sich auflöst in Licht, wie es dargestellt wird, was ja der okkulten Wahrheit entspricht. Da tritt für den Christus – wie Sie es geschildert finden in dem «Christentum als mystische Tatsache» – das ein, was in der Verklärungsszene eintritt, nur nicht, daß er als ein Einzelner die Verklärung hat, sondern daß er sich unterredet auf dem Berge, auf der Stelle, wo sich die kosmischen Angelegenheiten abspielen sollen, mit Elias und Moses. *Dann erst beginnt das Mysterium von Golgatha, nach dieser Verklärungsszene.* Das ist so anschaulich in den Dokumenten selbst enthalten, daß die Leugnung dieser Tatsache, wenn man sie einmal durch den Vergleich des Buddha-Lebens mit dem Christus-Leben erkannt hat, im Grunde genommen als unmöglich erscheint. Und im Grunde genommen ist auch das, was ich Ihnen heute sagen konnte über die Gefühle, die in uns aufsteigen gegenüber der großen Verkennung des Menschensohnes durch die Menschen, nur eine Folge dessen, was Sie auch schon angedeutet finden in meinem Buche «Das Christentum als mystische Tatsache».

In einer gewissen Beziehung darf ich sagen jetzt am Abschlusse der Betrachtungen über das Markus-Evangelium: Es ist in einer gewissen Weise das Programm, das damals im Beginne unserer anthroposophischen Bewegung Mitteleuropas gegeben war in bezug auf das Christentum, es ist dieses Programm im einzelnen ausgebaut. Als wir begonnen haben, wurde der Grundzug gegeben, inwiefern die Religionen eine Fortentwickelung zeigen und im Christus-Problem gipfeln können. Wir haben die einzelnen Evangelien, wir haben mancherlei von den Welterscheinungen betrachtet. Wir haben versucht, immer tiefer und tiefer in die Schachte des okkulten Lebens einzudringen, ausführend, was damals angedeutet worden ist. Konsequent suchten wir fortzuarbeiten. Nichts haben wir im Grunde genommen getan, als nur im einzelnen ausgebaut, was damals an unserem Ausgangspunkt klar und deutlich gesagt war. War das nicht der natürlichste Fortgang in bezug auf das Christus-Problem innerhalb der anthroposophischen Bewegung Mitteleuropas? Wo solches geschehen ist, da darf man, wenn sich andere Leute vor drei Jahren zu einem im Sinne des Christentums unmöglichen Christus-Gedanken bekehrt haben, wahrhaftig nicht von uns etwa verlangen, daß wir uns mit unserer konsequenten Arbeit zu diesem vor drei Jahren erfundenen Christus-Gedanken bekehren sollten. Es ist oftmals in der letzten Zeit betont worden, daß die Theosophische Gesellschaft ein Feld sein sollte für alle Meinungen. Gewiß, das sollte sie sein. Nur nimmt es sich anders aus, wenn sie auch ein Feld sein soll für die aufeinanderfolgenden verschiedenen Meinungen derselben Persönlichkeit, wenn dieselbe Persönlichkeit jetzt etwas anderes als vor vier Jahren behauptet und nun verlangt, daß die Theosophische Gesellschaft ein Feld für diese Meinung sein soll. Das mag vielleicht möglich sein, nur braucht man es nicht mitzumachen.

Und man braucht nicht darum ein Ketzer zu sein, weil man diese Dinge nicht mitmacht. In Mitteleuropa geht man aber noch weiter; man geht so weit, daß man das Weiße schwarz und das Schwarze weiß nennt!

Es ist gerade ein feierlicher Augenblick, wo wir den letzten Schlußpunkt unserer programmatisch seit zehn Jahren durchgeführten Arbeit setzen. Da wollen wir feststehen in dieser Arbeit und auch nicht mutlos werden und auch nicht verständnislos anderen gegenüber. Aber wir wollen klar einsehen, was wir tun müssen, wollen fest auf unserem Boden stehen und uns durch nichts beirren lassen, selbst wenn man das Weiße schwarz und das Schwarze weiß nennt oder selbst wenn man gegenüber allem, was innerhalb unserer mitteleuropäischen anthroposophischen Bewegung geschehen ist, wo ein jeder nach den besten Kräften strebt, das zu geben, was er zu geben hat, wo ein jeder aufgefordert wird, ohne Rücksicht auf irgendeine Autorität sein Bestes zu geben, wenn man diesem gegenüber behauptet, diese mitteleuropäische anthroposophische Bewegung enthalte Fanatiker und Dogmatiker, und wenn jene, die von einem Dogma sprechen, das kaum drei Jahre alt ist, eine Gegnerschaft gegenüber dem schrecklichen Dogma von Mitteleuropa begründen möchten. Es ist hart, zu sehen, welcher Unfug heute mit dem Christus-Namen getrieben wird. Aber das berechtigt uns auch, selbst in dem Gebrauch eines solchen Wortes nichts anderes als einen objektiven Terminus technicus zu sehen. Wir bezeichnen nur die betreffende Tatsache, ohne Emotion, ohne Kritik; sie ist selbst schuld, diese objektive Tatsache, daß sie mit einem solchen Worte bezeichnet werden muß.

Uns aber können diese Tatsachen gegenüber dem, was uns aus einem wirklichen Verständnis von so etwas fließen kann, wie es das Markus-Evangelium ist, auch zu nichts anderem führen, als in dem Sinne fortzuarbeiten, den wir als den richtigen erkannt haben, der sich uns erprobt hat nicht nur in dem allgemeinen Programm, das aber schon den positiven Tatsachen entnommen ist, sondern der sich uns an jedem Tage aufs neue erprobt, wenn wir ihn anwenden auf die einzelnen Probleme, auf die einzelnen Tatsachen. Und nichts anderes als eine Bestätigung dessen, was an unserem Ausgangspunkte gesagt worden war, hat sich uns gezeigt, indem wir Schritt für Schritt unseren

Lauf weiter genommen haben durch die Einzelheiten der Dinge, die wir zu erforschen haben.

So kann selbst da, wo wir das Größte betrachten, kein anderes Gefühl in uns aufkommen als nur das Gefühl des echten und wahren Strebens zur Wahrheit. Solche Dinge wie der Blick auf das Mysterium von Golgatha haben schon die nötige heilende Kraft, um den Irrtum zu vertreiben, wenn man sich ihnen wirklich im Geiste naht, und um einzusehen, wie im Grunde genommen nur der mangelnde Wille zur Wahrheit die Menschen nicht zum wahrhaften Verfolgen des Weges kommen läßt, der sich eröffnet von dem Irdischen zum Kosmischen, wenn untersucht wird in dem Jesus von Nazareth der kosmische Christus. Er aber zeigt sich uns so deutlich, wenn wir eine solche Schrift wie das Markus-Evangelium wahrhaftig verstehen.

So werden solche Schriften, indem sie dem Verständnis der Menschen sich eröffnen, durch geisteswissenschaftlich-spirituelle Betrachtungen sich eröffnen, allmählich auch in die übrige Menschheit hinausdringen und immer mehr und mehr verstanden werden. Und es werden immer mehr und mehr in den Evangelien die Worte gesehen werden, die gefunden werden mußten, sogar mit Außerachtlassung des Sinnenscheins, durch nachheriges hellseherisches Hinblicken auf das Mysterium von Golgatha. Die, welche die Evangelien geschrieben haben, sie haben aus hellseherischer Beobachtung hinterher die physischen Ereignisse beschrieben. Das muß man verstehen, dafür muß man aber auch die Notwendigkeit einsehen, da die Menschen als Zeitgenossen der Ereignisse in Palästina nicht verstehen konnten, was damals geschah, weil erst dieses Ereignis selbst den Impuls geben konnte zu seinem Verständnis. Bevor dieses Ereignis geschehen war, konnte keiner da sein, der es verstehen konnte. Es mußte erst wirken. Daher kann es erst hinterher verstanden werden. Denn der Schlüssel zum Verständnisse dieses Mysteriums von Golgatha ist das Mysterium von Golgatha selber. Der Christus mußte erst mit allem, was er wirken sollte, bis zum Mysterium von Golgatha hin wirken. Dann konnte erst durch das, was er wirkte, das Verständnis von ihm selber ausgehen. Dann konnte sich durch das, was er war, das Wort entzünden, das zu gleicher Zeit der Ausdruck ist seiner wahren Wesenheit.

Und so entzündet sich denn durch das, was der Christus war, das Urwort, das uns mitgeteilt ist und das wiedererkannt werden kann in hellseherischer Betrachtung, dieses Wort, das auch verkündet das wahre Wesen des Mysteriums von Golgatha. Und auch an dieses Wort dürfen wir denken, wenn wir sprechen von den eigenen Worten des Christus, von den Worten, die er selber nicht nur gesprochen hat, die er auch entzündet hat in den Seelen derer, die ihn verstehen konnten, so daß sie sein Wesen aus den Menschenseelen heraus bezeichnen und beschreiben konnten.

Die Menschen werden die Impulse des Mysteriums von Golgatha aufnehmen, solange die Erde bestehen wird. Dann wird eine Zwischenzeit zwischen der «Erde» und dem «Jupiter» kommen. Eine solche Zwischenzeit ist immer damit verbunden, daß nicht nur der einzelne Planet, sondern alles, was um ihn herum ist, sich verändert, in das Chaos geht, durch ein Pralaya durchgeht. Nicht nur die Erde selbst wird anders im Pralaya, sondern auch der zur Erde hinzugehörige Himmel. Was aber der Erde gegeben worden ist durch das Wort, das der Christus gesprochen hat, das er entzündet hat in denen, die ihn erkannten, und das fortdauern wird in denen, die ihn erkennen, das ist die wahre Essenz des Erdendaseins. Und ein richtiges Verständnis gibt uns die Wahrheit des Spruches, der uns den kosmischen Verlauf andeutet, wie die Erde und der Himmelsaspekt, der Himmelsaspekt von der Erde aus gesehen, anders wird, nachdem die Erde ihr Ziel gefunden hat und Himmel und Erde vergehen werden. Aber ein solches Wort des Christus, das über Himmel und Erde gesprochen werden kann, das wird bleiben. Wenn man die Evangelien richtig versteht, dann fühlt man die innersten Impulse der Evangelien, dann fühlt man nicht nur die Wahrheit, sondern auch die Kraft des Wortes, das sich uns selber als Kraft mitteilt und uns feststehen läßt auf dem Erdengrund und uns hinausblicken läßt über das Erdenrund, indem wir mit vollem Verständnis das Wort aufnehmen:

«Himmel und Erde werden vergehen, meine Worte aber werden nicht vergehen.» (Matth. 24, 35.)

Des Christus Worte werden niemals vergehen, und wenn auch Himmel und Erde vergehen. Man darf so sagen nach der okkulten Erkenntnis, denn es werden noch geblieben sein die Wahrheiten, die über das Mysterium von Golgatha gesprochen worden sind. Das Markus-Evangelium entzündet in unseren Seelen die Erkenntnis dafür, daß Himmel und Erde vergehen, daß aber dasjenige, was wir wissen können über das Mysterium von Golgatha, hinausziehen wird in künftigen Zeiten mit uns, auch wenn Himmel und Erde vergangen sein werden.

Textgrundlage: Dieser Vortragszyklus wurde von Walter Vegelahn, Berlin, mitstenographiert. Der Druck erfolgte nach der von ihm vorgenommenen Textübertragung. Die Originalstenogramme liegen nicht vor.

Der *Titel* «Das Markus-Evangelium» stammt von Rudolf Steiner.

Die in den Vorträgen zitierten *Evangelienstellen* sind von Rudolf Steiner fast alle nach der Lutherschen Bibelübersetzung wiedergegeben worden. Wo bei den Textstellen in der Klammer nur Kapitel und Vers angegeben sind, handelt es sich um Stellen aus dem Markus-Evangelium.

Zum Vorwort zur ersten buchförmigen Ausgabe (1930): Das dieser Ausgabe vorangestellte Vorwort von Marie Steiner ist jetzt enthalten in Band I ihrer Gesammelten Schriften: «Die Anthroposophie Rudolf Steiners. Gesammelte Vorworte zu Erstveröffentlichungen von Werken Rudolf Steiners», Dornach 1967.

Werke Rudolf Steiners innerhalb der Gesamtausgabe (GA) werden in den Hinweisen mit der Bibliographie-Nummer angegeben. Siehe auch die Übersicht am Schluß des Bandes.

Zu Seite:

13 *Giotto di Bondone*, 1266–1337, italienischer Maler und Architekt, Schüler von Cimabue.

Dante Alighieri, 1265–1321, italienischer Dichter.

14 *David*, zweiter König von Israel (um 1000 bis etwa 965 v. Chr.).

Homer, griechischer Dichter, dessen große Epen ihm den Ruhm des größten Dichters aller Zeiten eingetragen haben; lebte wahrscheinlich im 8. Jahrhundert v. Chr.

William Shakespeare, 1564–1616.

15 *Arthur Schopenhauer*, 1788–1860, Philosoph.

Eduard von Hartmann, 1842–1906, Philosoph.

16 *Ram Mohan Roy*, 1772–1833, Begründer des Brahma Samaj.

17 *Debendranath Tagore*, 1817–1905, seit 1842 Führer des Brahma Samaj.

Einer der Nachfolger: Keshab Chandra Sen, 1838–1884.

22 *Empedokles*, 483–423 v. Chr., griechischer Philosoph und Arzt.

39/44 *in den sieben Makkabäersöhnen* und *den sieben Söhnen der Makkabäermutter:* Hier liegen offensichtlich Fehler in der Nachschrift vor. Gemeint sind die sieben Brüder aus 2. Makkabäer 7. Diese hießen früher gewöhnlich die *sieben makkabäischen Brüder,* weil sie in der makkabäischen Zeit den Tod erlitten und dieser in den Büchern der Makkabäer erzählt ist; sie sind aber keine Makkabäer – als Makkabäer werden die Mitglieder der Familie des Mattathias bezeichnet, und später werden auch die Anhänger des Judas Makkabäus, des dritten Sohnes des Mattathias, Makkabäer genannt.

49 *ich habe gelegentlich der letzten Generalversammlung der Deutschen Sektion der Theosophischen Gesellschaft in Berlin gerade etwas ausführlicher über den Propheten Elias gesprochen:* «Der Prophet Elias im Lichte der Geisteswissenschaft», 14. Dezember 1911, in «Menschengeschichte im Lichte der Geistesforschung», GA 61.

56 *Raffael,* eigentlich *Raffaelo Santi,* 1483–1520; neben Michelangelo und Leonardo Hauptmeister der italienischen Renaissance.

   einen Beweis, dessen Elemente ich schon in München angedeutet habe: In dem am 31. August 1912 gehaltenen Vortrag «Die Theosophie und das Geistesleben der Gegenwart», veröffentlicht in dem Vortragszyklus «Von der Initiation. Von Ewigkeit und Augenblick. Von Geistesicht und Lebensdunkel», GA 138.

57 *Herman Grimm,* 1828–1901; «Leben Michelangelos», 1860–1863, 2 Bde.; «Das Leben Raphaels», 1872, 1886, 1896; «Raphael als Weltmacht», in «Fragmente», 2. Bd., Berlin und Stuttgart 1902, S. 151–184.

74 *Sokrates,* 470–399 v. Chr.

74/75 *das Bild..., das der große Philosoph Plato von Sokrates entworfen hat:* In den Schriften «Protagoras», «Ein Gastmahl», «Gorgias», «Verteidigung des Sokrates», «Kriton» und «Phaidon».

75 *Plato,* 427–347 v. Chr.

   Aristoteles, 384–322 v. Chr.

78 *Gespräch Buddhas mit dem Schüler Sona:* Vinayapitaka I, 181 der Ausgabe von H. Oldenberg.

93 *Johann Gottlieb Fichte,* 1762–1814.

   Friedrich Wilhelm Joseph Schelling, 1775–1854.

   Georg Wilhelm Friedrich Hegel, 1770–1831.

94 *Hegels «Enzyklopädie der philosophischen Wissenschaften im Grundriß»:* Erschien zuerst im Jahre 1817.

97 «Wie erlangt man Erkenntnisse der höheren Welten?» (1904/05), GA 10.

115 *Alfred Percy Sinnett,* 1840–1921, «Esoteric Buddhism», London 1883, deutsch «Die esoterische Lehre oder Geheimbuddhismus», Leipzig 1884.

131 *jene Übertragung der Schlüsselmacht, von der im Matthäus-Evangelium die Rede ist und von der auch bei der Erklärung des Matthäus-Evangeliums gesprochen worden ist:* Siehe Rudolf Steiners Vortragszyklus über «Das Matthäus-Evangelium», GA 123, 11. und 12. Vortrag.

139 *Deshalb ja ist es auch so dankenswert, daß Sie heute morgen die Hegelsche Darstellung dieses Zeitpunktes haben hören können:* Vortrag von Michael Bauer «Wie sah Hegel die große Zeitwende?»

142 *Pherekydes von Syros,* 6. Jahrh. v. Chr. Verfasser einer in Bruchstücken erhaltenen Kosmogonie.

143 *Thales* von Milet, geb. um 625, gest. um 545 v. Chr., gilt seit Aristoteles als Begründer der Philosophie.

Anaximenes, geb. 585, gest. um 525 v. Chr., Naturphilosoph aus Milet.

Anaximander, geb. um 610, gest. um 546 v. Chr., Naturphilosoph aus Milet.

Heraklit, geb. etwa um 540, gest. 480 (oder 483) v. Chr., Philosoph.

144 *in der nachgelassenen Schrift «Die Philosophie im tragischen Zeitalter der Griechen»:* In: Friedrich Nietzsche, Werke, Bd. X: Schriften und Entwürfe 1872 bis 1876, Leipzig 1896.

Parmenides aus Elea, geb. um 540, gest. nach 480 v. Chr.

Anaxagoras, geb. um 499, gest. 427 v. Chr.

146 *Empedokles:* Siehe über ihn die Ausführungen im 1. Vortrag dieses Bandes.

152 *Die Gestalt des Moses ist Ihnen ja hinlänglich bekannt, auch von jener okkulten Seite her, von der sie öfter beleuchtet worden ist:* Vergleiche hierzu besonders die vorausgegangenen beiden Vortragszyklen «Das Lukas-Evangelium» (Basel, Sept. 1909), GA 114, und «Das Matthäus-Evangelium» (Bern, Sept. 1910), GA 123.

186 *William Benjamin Smith,* 1850–1934. «Ecce Deus. Die urchristliche Lehre des reingöttlichen Jesu», Jena 1911, und «Der vorchristliche Jesus. Vorstudien zur Entstehungsgeschichte des Urchristentums», Jena 1911.

191 *Es ist in München in einem Vortrage:* «Die Theosophie und das Geistesleben der Gegenwart», Sondervortrag, gehalten am 31. August 1912.

196 *was in meinem Vortragszyklus «Von Jesus zu Christus» in Karlsruhe als das «Phantom» geschildert worden ist:* Siehe die Ausführungen im 6. Vortrag des genannten Zyklus.

201 *Verklärungsszene:* Siehe Rudolf Steiner «Das Christentum als mystische Tatsache und die Mysterien des Altertums» (1902), GA 8, 1975, S. 105 f.

LITERATURHINWEIS

(GA = Rudolf Steiner Gesamtausgabe / TB = Rudolf Steiner Taschenbücher)

Zur Weiterführung und Vertiefung der Darstellungen des vorliegenden Bandes sei auf folgende Auswahl von Ausgaben Rudolf Steiners verwiesen:

Schriften

Das Christentum als mystische Tatsache und die Mysterien des Altertums (1902). GA 8 (TB 6190)

Die geistige Führung des Menschen und der Menschheit. Geisteswissenschaftliche Ergebnisse über die Menschheits-Entwickelung (1912), GA 151 (TB 6140)

Vorträge

Kosmogonie. Populärer Okkultismus. Das Johannes-Evangelium (drei Vorträge Berlin 1906). Die Theosophie anhand des Johannes-Evangeliums (acht Vorträge München 1906). Zusammenfassung und Notizen von 43 Vorträgen in verschiedenen Städten 1906. GA 93

Ursprungsimpulse der Geisteswissenschaft. Christliche Esoterik im Lichte neuer Geist-Erkenntnis. 21 Vorträge Berlin 1906/07. GA 96

Das christliche Mysterium. Einunddreißig Vorträge in verschiedenen Orten 1906/07. GA 97

Menschheitsentwickelung und Christus-Erkenntnis. Vierzehn Vorträge Kassel, und acht Vorträge «Das Johannes-Evangelium», Basel 1907. GA 100

Das Johannes-Evangelium. Zwölf Vorträge Hamburg 1908. GA 103 (TB 6440)

Die Apokalypse des Johannes. Dreizehn Vorträge Nürnberg 1908. GA 104

Das Johannes-Evangelium im Verhältnis zu den drei anderen Evangelien, besonders zu dem Lukas-Evangelium. Vierzehn Vorträge Kassel 1909. GA 112

Das Lukas-Evangelium. Zehn Vorträge Basel 1909. GA 114

Der Christus-Impuls und die Entwickelung des Ich-Bewußtseins. Sieben Vorträge Berlin 1909/10. GA 116

Die tieferen Geheimnisse des Menschheitswerdens im Lichte der Evangelien. Zwölf Vorträge in verschiedenen Städten 1909. GA 117

Das Ereignis der Christus-Erscheinung in der ätherischen Welt. Sechzehn Vorträge in verschiedenen Städten 1910. GA 118

Das Matthäus-Evangelium. Zwölf Vorträge Bern 1910. GA 123

Exkurse in das Gebiet des Markus-Evangeliums. Dreizehn Vorträge Berlin, München, Hannover, Koblenz 1910/11. GA 124

Von Jesus zu Christus. Elf Vorträge Karlsruhe 1911. GA 131 (TB 6450)

Die Bhagavad Gita und die Paulusbriefe. Fünf Vorträge Köln 1912/13. GA 142

Die Mysterien des Morgenlandes und des Christentums. Vier Vorträge Berlin 1913. GA 144

Aus der Akasha-Forschung. Das Fünfte Evangelium. Achtzehn Vorträge in verschiedenen Städten 1913/14. GA 148

Christus und die geistige Welt. Von der Suche nach dem Heiligen Gral. Sechs Vorträge Leipzig 1913/14. GA 149

Vorstufen zum Mysterium von Golgatha. Zehn Vorträge in verschiedenen Städten 1913/14. GA 152

Christus und die menschliche Seele. Über den Sinn des Lebens. Theosophische Moral. Anthroposophie und Christentum. Zehn Vorträge Kopenhagen 1912, Norrköping 1912/14. GA 155

Bausteine zu einer Erkenntnis des Mysteriums von Golgatha. Kosmische und menschliche Metamorphose. Siebzehn Vorträge Berlin 1917. GA 175

Wie kann die Menschheit den Christus wiederfinden? Das dreifache Schattendasein unserer Zeit und das neue Christus-Licht. Acht Vorträge Basel und Dornach 1918/19. GA 187

Die neue Geistigkeit und das Christus-Erlebnis des 20. Jahrhunderts. Sieben Vorträge Dornach 1920. GA 200

Das Sonnenmysterium und das Mysterium von Tod und Auferstehung. Exoterisches und esoterisches Christentum. Zwölf Vorträge in verschiedenen Städten 1922. GA 211

Das Geheimnis der Trinität. Der Mensch und sein Verhältnis zur Geistwelt im Wandel der Zeiten. 11 Vorträge in verschiedenen Städten 1922. GA 214

AUSFÜHRLICHE INHALTSANGABEN

von Marie Steiner zur ersten Buchausgabe der Vorträge 1930

althebräische Volk ausersehen war: dem Ich dasjenige zuzuführen, was aus der natürlichen Weisheit des Menschen durch die Blutsorganisation dem Menschen zugeführt werden kann: Intellektualität, Urteilskraft – auf dem Wege der Vererbung; damit die physische Grundlage für die Ichheit. Durch diese zwei Strömungen vereint sich die Gesamtheit der Gottesoffenbarung, die im jüdischen Volke lebt mit dem, was durch das Mysterium von Golgatha geschieht: wie die spirituellen Kräfte zusammenfließen, das soll in imaginativer Erkenntnis vor die drei einzuweihenden Jünger treten. – Jesu Salbung in Bethanien; besonders stark wird hervorgehoben, daß man auch für das etwas tun soll, was jenseits des Sinnenseins Bedeutung hat: der Wert des Übersinnlichen für das Ich. – Der Feigenbaum (Bodhi-Baum), auf dem keine Früchte mehr wachsen sollen: nun wird uns gesagt, daß die Zeit der alten Erkenntnis hin ist; der neue Baum erwächst aus dem toten Holz des Kreuzes, damit von ihm ausstrahle die neue Erkenntnis.

Ein Umschwung im Verhältnis der Menschen zu den Evangelien wird eintreten, wenn man das tief Künstlerische in ihnen erkennen wird. Die okkulten Hintergründe wird man im rechten Lichte sehen durch das Eingehen auf das Künstlerisch-Kompositionelle. Griechische Kunst ist wie eine Art *Abschluß* der Menschheitskultur durch ihr inneres Geschlossensein in der Form. Die Evangelienkunst zeigt einen neuen *Anfang* durch das innere Verschlungensein der künstlerischen Fäden, die zugleich okkulte Fäden sind, durch den Ton der Darstellung. Man sehe z. B. auf die innere Komposition bei der Frage: wie sich das Verständnis arten konnte, das dem Mysterium von Golgatha damals entgegengebracht werden konnte. Ein dreifaches Verständnis war möglich: dasjenige der auserwählten Jünger für den kosmischen Geist in Christus; das der Juden für den Erfüller der Sendung des althebräischen Volkes, den Sohn Davids, für den Höhepunkt ihrer eigenen Entwickelung; das der Römer für die Bedeutung der Juden als einen Teil der Welt, für die Ausbreitung jüdischer Bildung. – Den Jüngern fehlt noch die Kraft, das Band aufrecht zu erhalten bis zum Mysterium von Golgatha, das gewoben war zwischen ihnen und dem Christus. Sie können sich nicht aufrecht halten. Er ist zur seeleneinsamen Vollbringung der Tat bestimmt. Dem Volke als ganzem fehlt die Glaubenskraft, die der Blinde aufbringt, als er den Sohn Davids anruft. Auch das dritte Verständnis fehlt. Die weithingehende kosmische Aura Christi, die nicht auf die Persönlichkeit des Jesus von Nazareth beschränkt war, sondern ausstrahlte auch durch die Seelen, mit denen er verbunden war, zieht sich gegen das Ende des Lebens von dem Menschen Jesus zurück, tritt herein als junger kosmischer Impuls in das Erdenleben, umschwebt nur noch den Menschensohn. Und als er entweicht (der weiße Jüngling), ist nur noch ein loser Zusammenhang da, bis das Mysterium von Golgatha vollbracht ist. Doch ist er wieder da, als die drei Tage vorüber sind, der junge Impuls, der nun als das kosmische Prinzip der Erde wirkt und mitwirkt in den Taten der Jünger nach der Erfüllung des Mysteriums von Golgatha. Durch die feinen Untertöne im Künstlerisch-Kompositionellen der Darstellung werden wir nun auf die Zukunft verwiesen. Das dreifach mangelnde Verständnis muß immer mehr und mehr in den Menschen sich entwickeln. – Jedes Zeitalter muß mehr Verständnis entgegenbringen. – Es ist die Aufgabe der Anthroposophischen Bewegung, etwas von diesem neuen Verständnis zu entwickeln.

Der Weg des Menschen zum Verständnisse des Mysteriums von Golgatha. Materialisten können ihn nicht finden, denn die Dokumente genügen nicht. Nacherlebendes Empfinden und Gefühl kann zur hellseherischen Betrachtung führen. Den Schülern des Christus wurden nach der Auferstehung die Augen hellseherisch geöffnet; es leuchtete auf die Erinnerung an die Ereignisse, bei denen sie nicht unmittelbar anwesend waren. Markus, Schüler des Petrus, erhält auch noch in Alexandrien durch das Beste der heidnischen Gnosis das Verständnis dafür, daß der größte Impuls in einem Übersinnlichen lebt. – Des Menschen übersinnliches Wesen, der Geist der Menschheit steht im Bilde vor seinen Mitmenschen, als das Mysterium von Golgatha sich vollzieht, und wird getötet, weil der Erdenmensch sich nicht erkannte, und nur durch diese kosmische Lektion den Impuls empfangen konnte, nach und nach im Laufe der Erdenentwickelung seine Wesenheit sich zu erringen. Die empfindende volle Erkenntnis dieser Tatsache, die sich im Nacherleben dieses Bildes in uns entzünden kann, kann uns führen zum wahrhaftigen Verfolgen des Weges, der sich im Irdischen zum Kosmischen eröffnet. Durch das, was der Christus war, hat sich entzündet das Urwort, das uns mitgeteilt ist und das wieder erkannt werden kann als die Essenz des Erdendaseins.

Das Lebenswerk, welches Rudolf Steiner der Nachwelt hinterlassen hat, dürfte nach Gehalt und Umfang innerhalb der Kulturwelt wohl ohne Beispiel dastehen. Seine Schriften – die Werke und Aufsätze – bilden die Grundlage für das, was er im Laufe seines Lebens in Vorträgen und Kursen seinen Zuhörern als «anthroposophisch orientierte Geisteswissenschaft» von immer neuen Aspekten aus darstellte und ausführte. Der größte Teil dieser rund sechstausend Vorträge ist in Nachschriften erhalten geblieben. Daneben entfaltete er auch auf künstlerischem Gebiet eine große Tätigkeit, welche ihren Höhepunkt in der Errichtung des ersten Goetheanumbaues in Dornach fand. So liegen eine große Anzahl malerischer, plastischer und architektonischer Arbeiten, Entwürfe und Skizzen von seiner Hand vor. Die durch ihn gegebenen Anregungen für die Erneuerung zahlreicher Lebensgebiete beginnen in der gegenwärtigen Zeit vermehrte Beachtung zu finden.

Seit dem Jahre 1956 wird durch die «Rudolf Steiner-Nachlaßverwaltung» an der Herausgabe der *«Rudolf Steiner Gesamtausgabe»* gearbeitet, die einen Umfang von etwa 330 Bänden erhalten wird. In den beiden ersten Abteilungen erscheinen die *Schriften* und das *Vortragswerk*, während in einer dritten Abteilung das *künstlerische Werk* in geeigneter Form zur Wiedergabe gelangt.

Einen systematischen Überblick über das Gesamtwerk gibt der Band «Bibliographische Übersicht. Das literarische und künstlerische Werk von Rudolf Steiner», auf welchen sich die im folgenden verwendete Bezeichnung «Bibl.-Nr.» bezieht. Über den jeweiligen Stand der erschienenen Bände orientieren die Bücherverzeichnisse und der Gesamtkatalog des «Rudolf Steiner Verlages».

Chronologischer Lebensabriß
(zugleich Übersicht über die geschriebenen Werke)

1861	Am 27. Februar wird Rudolf Steiner in Kraljevec (damals Österreich-Ungarn, heute Jugoslawien) als Sohn eines Beamten der österreichischen Südbahn geboren. Seine Eltern stammen aus Niederösterreich. Er verlebt seine Kindheit und Jugend an verschiedenen Orten Österreichs.
1872	Besuch der Realschule in Wiener-Neustadt bis zum Abitur 1879.

1879	Studium an der Wiener Technischen Hochschule: Mathematik und Naturwissenschaft, zugleich Literatur, Philosophie und Geschichte. Grundlegendes Goethe-Studium.
1882	Erste schriftstellerische Tätigkeit.
1882–1897	Herausgabe von Goethes Naturwissenschaftlichen Schriften in Kürschners «Deutsche National-Litteratur», fünf Bände (Bibl.-Nr. 1 a–e). Eine selbständige Ausgabe der Einleitungen erschien 1925 unter dem Titel *Goethes Naturwissenschaftliche Schriften* (Bibl.-Nr. 1).
1884–1890	Privatlehrer bei einer Wiener Familie.
1886	Berufung zur Mitarbeit bei der Herausgabe der großen «Sophien-Ausgabe» von Goethes Werken. *Grundlinien einer Erkenntnistheorie der Goetheschen Weltanschauung mit besonderer Rücksicht auf Schiller* (Bibl.-Nr. 2).
1888	Herausgabe der «Deutschen Wochenschrift», Wien (Aufsätze daraus in Bibl.-Nr. 31). Vortrag im Wiener Goethe-Verein: *Goethe als Vater einer neuen Ästhetik* (in Bibl.-Nr. 30).
1890–1897	Weimar. Mitarbeit am Goethe- und Schiller-Archiv. Herausgeber von Goethes Naturwissenschaftlichen Schriften.
1891	Promotion zum Doktor der Philosophie an der Universität Rostock. 1892 erscheint die erweiterte Dissertation: *Wahrheit und Wissenschaft. Vorspiel einer «Philosophie der Freiheit»* (Bibl.-Nr. 3).
1894	*Die Philosophie der Freiheit. Grundzüge einer modernen Weltanschauung. Seelische Beobachtungsresultate nach naturwissenschaftlicher Methode* (Bibl.-Nr. 4).
1895	*Friedrich Nietzsche, ein Kämpfer gegen seine Zeit* (Bibl.-Nr. 5).
1897	*Goethes Weltanschauung* (Bibl.-Nr. 6) Übersiedlung nach Berlin. Herausgabe des «Magazin für Literatur» und der «Dramaturgischen Blätter» zusammen mit O. E. Hartleben (Aufsätze daraus in Bibl.-Nrn. 29 bis 32). Wirksamkeit in der «Freien literarischen Gesellschaft», der «Freien dramatischen Gesellschaft», im «Giordano Bruno-Bund», im Kreis der «Kommenden» u. a.
1899–1904	Lehrtätigkeit an der von W. Liebknecht gegründeten Berliner «Arbeiter-Bildungsschule».

1900/01	*Welt- und Lebensanschauungen im 19. Jahrhundert*, 1914 erweitert zu: *Die Rätsel der Philosophie* (Bibl.-Nr. 18). Beginn der anthroposophischen Vortragstätigkeit auf Einladung der Theosophischen Gesellschaft in Berlin. *Die Mystik im Aufgange des neuzeitlichen Geisteslebens* (Bibl.-Nr. 7).
1902–1912	Aufbau der Anthroposophie. Regelmäßige öffentliche Vortragstätigkeit in Berlin und ausgedehnte Vortragsreisen in ganz Europa. Marie von Sivers (ab 1914 Marie Steiner) wird seine ständige Mitarbeiterin.
1902	*Das Christentum als mystische Tatsache und die Mysterien des Altertums* (Bibl.-Nr. 8).
1903	Begründung und Herausgabe der Zeitschrift «Luzifer», später «*Lucifer-Gnosis*» (Aufsätze in Bibl.-Nr. 34).
1904	*Theosophie. Einführung in übersinnliche Welterkenntnis und Menschenbestimmung* (Bibl.-Nr. 9).
1904/05	*Wie erlangt man Erkenntnisse der höheren Welten?* (Bibl.-Nr. 10). *Aus der Akasha-Chronik* (Bibl.-Nr. 11). *Die Stufen der höheren Erkenntnis* (Bibl.-Nr. 12).
1910	*Die Geheimwissenschaft im Umriß* (Bibl.-Nr. 13).
1910–1913	In München werden die *Vier Mysteriendramen* (Bibl.-Nr. 14) uraufgeführt.
1911	*Die geistige Führung des Menschen und der Menschheit* (Bibl.-Nr. 15).
1912	*Anthroposophischer Seelenkalender. Wochensprüche* (in Bibl.-Nr. 40, und selbständige Ausgaben). *Ein Weg zur Selbsterkenntnis des Menschen* (Bibl.-Nr. 16).
1913	Trennung von der Theosophischen und Begründung der Anthroposophischen Gesellschaft. *Die Schwelle der geistigen Welt* (Bibl.-Nr. 17).
1913–1923	Errichtung des in Holz als Doppelkuppelbau gestalteten ersten Goetheanum in Dornach/Schweiz.
1914–1923	Dornach und Berlin. In Vorträgen und Kursen in ganz Europa gibt Rudolf Steiner Anregungen für eine Erneuerung auf vielen Lebensgebieten: Kunst, Pädagogik, Naturwissenschaften, soziales Leben, Medizin, Theologie. Weiterbildung der 1912 inaugurierten neuen Bewegungskunst «Eurythmie».

1914	*Die Rätsel der Philosophie in ihrer Geschichte als Umriß darge-stellt* (Bibl.-Nr. 18).
1916–1918	*Vom Menschenrätsel* (Bibl.-Nr. 20). *Von Seelenrätseln* (Bibl.-Nr. 21). *Goethes Geistesart in ihrer Offenbarung durch seinen «Faust» und durch das «Märchen von der Schlange und der Lilie»* (Bibl.-Nr. 22).
1919	Rudolf Steiner vertritt den Gedanken einer «Dreigliederung des sozialen Organismus» in Aufsätzen und Vorträgen, vor allem im süddeutschen Raum. *Die Kernpunkte der sozialen Frage in den Lebensnotwendigkeiten der Gegenwart und Zukunft* (Bibl.-Nr. 23). *Aufsätze über die Dreigliederung des sozialen Organismus* (Bibl.-Nr. 24). Im Herbst wird in Stuttgart die «Freie Waldorfschule» begründet, die Rudolf Steiner bis zu seinem Tode leitet.
1920	Beginnend mit dem Ersten anthroposophischen Hochschulkurs finden im noch nicht vollendeten Goetheanum fortan regelmäßig künstlerische und Vortragsveranstaltungen statt.
1921	Begründung der Wochenschrift «Das Goetheanum» mit regelmäßigen Aufsätzen und Beiträgen Rudolf Steiners (in Bibl.-Nr. 36).
1922	*Kosmologie, Religion und Philosophie* (Bibl.-Nr. 25). In der Silvesternacht 1922/23 wird der Goetheanumbau durch Brand vernichtet. Für einen neuen in Beton konzipierten Bau kann Rudolf Steiner in der Folge nur noch ein erstes Außenmodell schaffen.
1923	Unausgesetzte Vortragstätigkeit, verbunden mit Reisen. Zu Weihnachten 1923 Neubegründung der «Anthroposophischen Gesellschaft» als «Allgemeine Anthroposophische Gesellschaft» unter der Leitung Rudolf Steiners.
1923–1925	Rudolf Steiner schreibt in wöchentlichen Folgen seine unvollendet gebliebene Selbstbiographie *Mein Lebensgang* (Bibl.-Nr. 28) sowie *Anthroposophische Leitsätze* (Bibl.-Nr. 26), und arbeitet mit Dr. Ita Wegman an dem Buch *Grundlegendes für eine Erweiterung der Heilkunst nach geisteswissenschaftlichen Erkenntnissen* (Bibl.-Nr. 27).
1924	Steigerung der Vortragstätigkeit. Daneben zahlreiche Fachkurse. Letzte Vortragsreise in Europa. Am 28. September letzte Ansprache zu den Mitgliedern. Beginn des Krankenlagers.
1925	Am 30. März stirbt Rudolf Steiner in Dornach.

Erste Abteilung: Die Schriften

I. Werke

Goethes Naturwissenschaftliche Schriften, eingeleitet und kommentiert von R. Steiner, 5 Bände, 1884–97, Neuausgabe 1975 (Bibl.-Nr. 1 a–e); separate Ausgabe der Einleitungen, 1925 (Bibl.-Nr. 1)

Grundlinien einer Erkenntnistheorie der Goetheschen Weltanschauung, 1886 (Bibl.-Nr. 2)

Wahrheit und Wissenschaft. Vorspiel einer «Philosophie der Freiheit», 1892 (Bibl.-Nr. 3)

Die Philosophie der Freiheit. Grundzüge einer modernen Weltanschauung, 1884 (Bibl.-Nr. 4)

Friedrich Nietzsche, ein Kämpfer gegen seine Zeit, 1895 (Bibl.-Nr. 5)

Goethes Weltanschauung, 1897 (Bibl.-Nr. 6)

Die Mystik im Aufgange des neuzeitlichen Geisteslebens und ihr Verhältnis zur modernen Weltanschauung, 1901 (Bibl.-Nr. 7)

Das Christentum als mystische Tatsache und die Mysterien des Altertums, 1902 (Bibl.-Nr. 8)

Theosophie. Einführung in übersinnliche Welterkenntnis und Menschenbestimmung, 1904 (Bibl.-Nr. 9)

Wie erlangt man Erkenntnisse der höheren Welten? 1904/05 (Bibl.-Nr. 10)

Aus der Akasha-Chronik, 1904–08 (Bibl.-Nr. 11)

Die Stufen der höheren Erkenntnis, 1905–08 (Bibl.-Nr. 12)

Die Geheimwissenschaft im Umriß, 1910 (Bibl.-Nr. 13)

Vier Mysteriendramen: Die Pforte der Einweihung – Die Prüfung der Seele – Der Hüter der Schwelle – Der Seelen Erwachen, 1910–13 (Bibl.-Nr. 14)

Die geistige Führung des Menschen und der Menschheit, 1911 (Bibl.-Nr. 15)

Anthroposophischer Seelenkalender, 1912 (in Bibl.-Nr. 40)

Ein Weg zur Selbsterkenntnis des Menschen, 1912 (Bibl.-Nr. 16)

Die Schwelle der geistigen Welt, 1913 (Bibl.-Nr. 17)

Die Rätsel der Philosophie in ihrer Geschichte als Umriß dargestellt, 1914 (Bibl.-Nr. 18)

Vom Menschenrätsel, 1916 (Bibl.-Nr. 20)

Von Seelenrätseln, 1917 (Bibl.-Nr. 21)

Goethes Geistesart in ihrer Offenbarung durch seinen «Faust» und durch das «Märchen von der Schlange und der Lilie», 1918 (Bibl.-Nr. 22)

Die Kernpunkte der sozialen Frage in den Lebensnotwendigkeiten der Gegenwart und Zukunft, 1919 (Bibl.-Nr. 23)

Aufsätze über die Dreigliederung des sozialen Organismus und zur Zeitlage 1915 bis 1921 (Bibl.-Nr. 24)

Kosmologie, Religion und Philosophie, 1922 (Bibl.-Nr. 25)

Anthroposophische Leitsätze, 1924/25 (Bibl.-Nr. 26)

Grundlegendes für eine Erweiterung der Heilkunst nach geisteswissenschaftlichen Erkenntnissen. Von Dr. Rudolf Steiner und Dr. Ita Wegman, 1925 (Bibl.-Nr. 27)

Mein Lebensgang, 1923–25 (Bibl.-Nr. 28)

II. Gesammelte Aufsätze

Gesammelte Aufsätze zur Dramaturgie 1889–1901 (Bibl.-Nr. 29)

Methodische Grundlagen der Anthroposophie. Gesammelte Aufsätze zur Philosophie, Naturwissenschaft, Ästhetik und Seelenkunde 1884–1901 (Bibl.-Nr. 30)

Gesammelte Aufsätze zur Kultur- und Zeitgeschichte 1887–1901 (Bibl.-Nr. 31)

Gesammelte Aufsätze zur Literatur 1884–1902 (Bibl.-Nr. 32)

Biographien und biographische Skizzen 1894–1905 (Bibl.-Nr. 33)

Luzifer-Gnosis. Grundlegende Aufsätze zur Anthroposophie und Berichte aus der Zeitschrift «Luzifer» und «Lucifer-Gnosis» 1903–1908 (Bibl.-Nr. 34)

Philosophie und Anthroposophie. Gesammelte Aufsätze 1904–1918 (Bibl.-Nr. 35)

Der Goetheanumgedanke inmitten der Kulturkrisis der Gegenwart. Gesammelte Aufsätze aus der Wochenschrift «Das Goetheanum» 1921–1925 (Bibl.-Nr. 36)

III. Veröffentlichungen aus dem Nachlaß

Briefe – Wahrspruchworte – Bühnenbearbeitungen – Entwürfe zu den Vier Mysteriendramen 1910 bis 1913 – Anthroposophie. Ein Fragment aus dem Jahre 1910 – Gesammelte Skizzen und Fragmente – Aus Notizbüchern und -blättern (Bibl.-Nrn. 38–47)

Zweite Abteilung: Das Vortragswerk

I. Öffentliche Vorträge

Die Berliner öffentlichen Vortragsreihen («Architektenhaus-Vorträge») 1903/04 bis 1917/18 (Bibl.-Nrn. 51–67)

Öffentliche Vorträge, Vortragsreihen und Hochschulkurse an anderen Orten Europas 1906–1924 (Bibl.-Nrn. 68–84)

II. Vorträge vor Mitgliedern der Anthroposophischen Gesellschaft

Vorträge und Vortragszyklen allgemein-anthroposophischen Inhalts – Evangelien-Betrachtungen – Christologie – Geisteswissenschaftliche Menschenkunde – Kosmische und menschliche Geschichte – Die geistigen Hintergründe der sozialen Frage – Der Mensch in seinem Zusammenhang mit dem Kosmos – Karma-Betrachtungen (Bibl.-Nrn. 91–244)

Vorträge und Schriften zur Geschichte der anthroposophischen Bewegung und der Anthroposophischen Gesellschaft (Bibl.-Nrn. 251–263)

III. Vorträge und Kurse zu einzelnen Lebensgebieten

Vorträge über Kunst: Allgemein-Künstlerisches – Eurythmie – Sprachgestaltung und Dramatische Kunst – Musik – Bildende Künste – Kunstgeschichte (Bibl.-Nrn. 271–292)

Vorträge über Erziehung (Bibl.-Nrn. 293–311)

Vorträge über Medizin (Bibl.-Nrn. 312–319)

Vorträge über Naturwissenschaft (Bibl.-Nrn. 320–327)

Vorträge über das soziale Leben und die Dreigliederung des sozialen Organismus (Bibl.-Nrn. 328–341)

Vorträge für die Arbeiter am Goetheanumbau (Bibl.-Nrn. 347–354)

Dritte Abteilung: Das künstlerische Werk

Reproduktionen und Veröffentlichungen aus dem künstlerischen Nachlaß

Originalgetreue Wiedergaben von malerischen und graphischen Entwürfen und Skizzen Rudolf Steiners in Kunstmappen oder als Einzelblätter: Entwürfe für die Malerei des Ersten Goetheanum – Schulungsskizzen für Maler – Programmbilder für Eurythmie-Aufführungen – Eurythmieformen – Entwürfe zu den Eurythmiefiguren, u. a.

Die Bände der Rudolf Steiner Gesamtausgabe sind innerhalb einzelner Gruppen einheitlich ausgestattet. Jeder Band ist einzeln erhältlich. Ausführliche Verzeichnisse können beim Verlag angefordert werden.